Mãe Luiza
Construindo otimismo

Mãe Luiza
Construindo otimismo

Editado por
Ion de Andrade
Tomislav Dushanov
Nicole Miescher
Lars Müller

Paulo Lins
A construção de um novo sol

Mãe Luiza
Construindo otimismo

Com o texto "A Construção de Um Novo Sol" de Paulo Lins

Editores: Ion de Andrade, Tomislav Dushanov, Nicole Miescher, Lars Müller
Assistência editorial: Maya Rüegg
Traduções: Adriana Lisboa (Ingl./Franc.-Port.), Rafael Rocca (Alem.-Port.)
Copidesque (texto de Paulo Lins): Heloisa Jahn
Copidesque final e revisão final (texto de Paulo Lins): Flávia Helena
Copidesque (segunda parte): Fabiana Camargo

The original edition was published in English by Lars Müller Publishers © 2021 The Ameropa Foundation and Lars Müller Publishers

"Creating a New Sun": © 2021 Paulo Lins, by arrangement with Literarische Agentur Mertin Inh. Nicole Witt e.K., Frankfurt am Main, Germany

Créditos de imagem

Todas as fotos © Nicole Miescher exceto como indicado abaixo.

p. 78/79, 89, 90, 91, 116 topo, 117 topo, 119 topo, 178 © Direitos autorais desconhecidos

p. 98/99
© Verner Monteiro

p. 100 superior esquerdo
Região Metropolitana de Natal-Extremoz: trecho Ponta Negra-Genipabu

p. 101 baixo, 132 topo, 218/219, 220, 221, 224 topo, 225 topo, 226 baixo, 227/228, 244/45
© Iwan Baan

p. 102 baixo
© Archive Centro Sócio Pastoral

p. 118 baixo Fotografia: Igor Jácome/G1.Globo

p. 122, 148, 151, 201
© Raboud

p. 217
© Penzberg

p. 224 baixa
© Tomislav Dushanov

CIP-BRASIL. CATALOGAÇÃO NA PUBLICAÇÃO
SINDICATO NACIONAL DOS EDITORES DE LIVROS, RJ

L732m

    Lins, Paulo, 1958-
      Mãe Luiza: construindo otimismo : a construção de um novo sol / Paulo Lins ; organização Ion de Andrade ... [et al.] ; tradução Adriana Lisboa, Rafael Rocca. - 1. ed. - Rio de Janeiro : Gryphus, 2022.
      276 p. : il. ; 23 cm.

      Tradução de: Mãe Luiza : building optimism.
      ISBN 978-65-86061-46-8

      1. Ficção brasileira. I. Andrade, Ion de. II. Lisboa, Adriana. III. Rocca, Rafael. IV. Título.

22-79372   CDD: 869.3
                             CDU: 82-3(81)

Sumário

7	Paulo Lins A Construção de Um Novo Sol	
82	**Introdução** Os editores	5
88	**Origem do povoamento** Ion de Andrade	
94	**A chegada a Mãe Luiza** Tomislav Dushanov	
106	**Marcos históricos**	
111	**Cronologia**	
122	**Fichas técnicas**	
136	**Padre Sabino Gentili** Ion de Andrade e Nicole Miescher	
140	**Luta pela vida e sobrevivência** Ion de Andrade	
150	**Mortalidade Infantil** Ion de Andrade	
152	**Homicídios em Mãe Luiza** Ion de Andrade	
154	**Lutas pelo desenvolvimento e pela inclusão social** Ion de Andrade	
165	**Condições urbanas em Mãe Luiza** Verner Monteiro	
176	**A Lei de Mãe Luiza** Dulce Bentes	
184	**Princípios Institucionais** Ion de Andrade	
188	**O envelhecimento da populaço em Mãe Luiza** Loyse de Andrade	

6		
	192	**Carta de Natal** Ion de Andrade
	194	**Rede Inclusão** Ion de Andrade
	197	**Força do pertencimento no bairro de Mãe Luiza** Padre Robério Camilo da Silva
	208	**O que mudou e o que não mudou** Padre Robério Camilo da Silva, Ion de Andrade, Loyse de Andrade, Edilsa Gadelha, Nicole Miescher, Josélia Silva dos Santos
	210	**Mãe Luiza – relato de uma visita em julho de 2018** Erminia Maricato
	212	**Arena do Morro** Jacques Herzog, Ascan Mergenthaler e Lars Müller em Conversa
	230	**Construindo otimismo: Mãe Luiza em ascensão** Raymund Ryan
	234	**Idealismo** Nicholas Fox Weber
	238	**Música como capacitação e identidade** Andrea Lorenzo Scartazzini
	242	**A fragilidade do projeto** Nicole Miescher
	247	**Círculo ou espiral: reflexões de um salmão anádromo** Mô Bleeker
	264	Agradecimentos
	268	Lista dos principais apoiadores
	272	Biografias

Paulo Lins

A construção
de um novo sol

Prefácio

A primeira parte deste livro é ficcional, mas baseada na realidade dura dos bairros pobres e das favelas do Brasil, onde a criminosa desigualdade social reina desde sua formação. A partir do momento em que entramos na era padre Sabino Gentili, a narrativa é baseada em fatos reais.

A melhor posição em que uma pessoa pode se encontrar é ajudando alguém sem querer nada em troca. Há várias maneiras de ajudar: a si mesmo para se tornar uma pessoa mais solidária; ao próximo, seja de modo pessoal, ou para que seja incluído socialmente; ao planeta para que possamos ter uma boa qualidade de vida, usufruindo dos benefícios da natureza.

Ajudar não é uma atitude factual e momentânea, que resolve o problema de quem é ajudado apenas por algum tempo. Ajudar é tornar a pessoa autossuficiente para que nunca mais precise de ajuda, para que ela possa seguir sozinha durante a vida toda, sendo soberana de si mesma para ajudar a outras pessoas que também precisem de ajuda.

É claro que a equidade social não deveria precisar ser conquistada. Qualquer indivíduo deveria estar incluso socialmente de forma natural, só pelo fato de ter nascido. A questão é que a distribuição de riquezas é desigual entre nações, estados, cidades e sociedades. Por isso, a luta para termos um mundo mais justo deve partir de toda pessoa de boa vontade.

Há anos que estou incluso socialmente. Recebi ajuda de duas de minhas professoras que, além de darem aulas regulares na escola, levavam seus alunos a teatros, a shows musicais, e nos abrigavam em suas próprias residências, em finais de semana e nas férias, para dar reforço escolar, nos preparando para concursos públicos e para o vestibular. Essas mulheres foram capazes de romper o determinismo histórico de eu ser mais um excluído socialmente por ser negro, filho de migrantes nordestinos num país onde a desigualdade social é uma das maiores do mundo e onde, ao redor de todo o planeta, a escravidão durou mais tempo e aprisionou o maior número de seres humanos.

Hoje, sou formado em Letras, sou escritor, trabalho com cinema e televisão graças às pessoas de boa vontade que trabalharam e lutaram por justiça social, da mesma forma que as pessoas que encontrei em Mãe Luiza. Fui convidado para escrever esse romance – de final feliz – sobre como se pode ajudar pessoas a terem os seus direitos humanos reconstituídos, devolvidos ou até mesmo adquiridos.

Na primeira parte, teremos a história de pessoas refugiadas da seca que chegam a Natal à procura de melhores condições de vida. Inicialmente, elas dormem nas ruas, pedem esmola para saciarem a fome e constroem uma favela como o único recurso de habitação fora das vias públicas.

Na favela Mãe Luiza, em seu começo, a fome assolou o dia a dia das famílias, as diversas doenças tomaram conta do corpo das pessoas de todas as idades, a mortalidade infantil era intensa, o número de idosos vivendo em condições insalubres era grande, as escolas públicas eram pouco aparelhadas, com professores mal remunerados que não davam conta de uma educação de qualidade, a criminalidade pegando jovens para o seu seio. A vida sem assistência do estado. O criminoso abandono das autoridades e dos políticos que promovem, até hoje, na vida dos excluídos, a ausência de qualquer direito humano.

A segunda parte mostra como o trabalho de inclusão social executado por pessoas do Brasil e do exterior transformou a favela Mãe Luiza no bairro Mãe Luiza.

Esse livro prova como podemos viver com dignidade numa sociedade justa e igualitária, com investimento e trabalho naquilo que o mundo tem de melhor: o ser humano.

Paulo Lins

Sol, o assassino que mata brilhando

Aprendi a gostar, dentre todas as coisas, apenas das noites sem lua, porque não enxergo nada que te reflita. Odeio quando me vês, quando me envolves, quando tomas conta de tudo com teu olhar dono do mundo, desgraçando o que é meu.

O que importa se para alguns és o distribuidor de belezas, a luminosidade dos caminhos, a cura das trevas, se para mim és o mal da minha família, das estradas que me cruzam, dos animais que me enfeitam, que me protegem, que me fazem festa, que matam a minha fome. Tu reinas enfumaçando o meu ar. És senhor da morte e da miséria, baluarte da dor, anúncio do vazio.

Eis aqui o meu pranto, essa água que me resta, para que tu o transformes em vapor, em nada, como os rios cujas pernas quebras, impedindo-os de chegar ao seu destino de morrer no oceano. Sucumbem jovens, sem a caminhada que poderiam seguir, produzindo flores, distribuindo riquezas, gerando florestas.

Sobram só pedras, em vez de frutas. Os pastos são cemitérios com cadáveres à flor da terra.

Quisera eu viver no fundo do mar, num cume de montanha coberto de neve, num qualquer lugar em que não chegas. Daqui, onde estou agora, vejo as ossadas do gado, a maldade de teus olhos se espalhar no que já foi plantação. Enxergo o poço vazio, as árvores mortas, a doença de teus raios como praga nos humanos. Quantos já morreram por tua presença? Quantos já deixaram de nascer?

Eu nasci neste lugar, num tempo em que a chuva ainda vinha de quando em quando, no inverno, beijando os rostos dos velhos, acariciando o dorso do gado, colorindo as flores. Mas depois vieste, deixando a noite coberta de lua e estrelas, como falsa felicidade, porque não vem carregada de água, chega sem a alegria do sereno, sem brisa molhada que nos afague, sem a esperança de te afastar para sempre.

És aquele que morre e renasce para matar. A aurora é o desespero anunciado. O azul que te cerca é uma metáfora do inferno.

Sol, tu és o assassino que mata brilhando.

José foi ao poço antes de o famigerado nascer. Encontrou Valdir com o balde cheio de lama. Não havia mais água. A solução era cavar outro poço perto da nascente do último rio a secar. José não acreditava que encontrariam o menor fio d'água naquela região. Os dois caminhavam calados, segurando o balde vazio. Nem para cozinhar teriam água naquele dia.

Oswaldo e Joana iam ao encontro deles. A notícia de que o poço havia secado colocou lágrimas nos olhos da mulher. Não teriam nada para beber. Não sobrara comida do dia anterior. José tinha um pouco de água em casa. Pelo menos as crianças não passariam sede.

Quando chegaram ao pequeno vilarejo, os poucos vizinhos iam na direção do poço.

— Pode voltar, que o poço secou. Só tem lama que não dá para coar. Se a gente não fugir daqui hoje, morre de sede — enfatizou Valdir.

Joana olhou para o céu, abriu os braços e suplicou, com lágrimas inundando os olhos:

— Meu Deus, só uns pingos de chuva, eu te peço em nome de Jesus.

— Deus tá mandando a gente ir para São Paulo, Rio de Janeiro ou Natal mesmo. Essa terra aqui, o diabo tomou conta. Ele com certeza é amigo do sol. Não, amigo, não. O diabo é ele, o sol.

— Que é isso, Lúcia? Vamos à capela rezar. Quem sabe Deus atende nossas orações.

— Nem o padre, que vinha todo domingo, está vindo mais. A capela ficou largada às traças. O desgraçado do pastor também sumiu desde que o coronel deixou de vir. O dízimo acabou e o sangue de Jesus parou de ter poder. Deus quer que a gente crie força e saia deste lugar como eles. Jesus nos deu a inteligência para ser usada no livre-arbítrio nosso de cada dia.

— Lúcia, você quer abandonar o lugar da gente, nossas terras? Nossos mortos, que estão enterrados aqui? O meu lugar é onde estão os meus defuntos.

— Não, José, eu só não quero morrer de sede. Entendeu?

— Eu e Valdir vamos sair por aí atrás de água. Deve haver uma poça grande que o rio deixou e que o sol ainda não teve fogo para secar.

— José, se você não encontrar nada a gente morre, entendeu? A gente morre de sede! Eu vou embora hoje. Temos água para passar o dia, para todo mundo. Amanhã não tem mais.

A discussão durou mais um pouco, todos concordaram com Lúcia. Foram para suas casas arrumar as poucas roupas que tinham, fotos antigas, bíblias, antigos presentes de aniversário e de Natal. Partiriam à noite. Se fossem durante o dia, morreriam queimados.

Cada família arrumou seus trapos, que não eram muitos. À tarde iriam ao cemitério despedir-se dos mortos. Na casa de José e de Lúcia houve uma briga com Fefedo. Era o filho mais ligado àquele lugar, que, ao contrário das irmãs Regina e Neuza e de Chico, o irmão mais novo, disse que não sairia dali. Tinha medo da cidade grande, não iria ao cemitério se despedir dos mortos, queria ser enterrado perto deles. Dona Lúcia tentou, com calma, convencer o filho a partir. Ele tinha só dezoito anos, viveria um tempo em Natal. Quando voltasse a chover, regressariam. Fefedo não arredava pé. Ela falou, falou e falou e o rapaz, de cara emburrada, ficou sentado num canto, só dizendo que não queria ir.

Deixaram-no de lado por um tempo. Até a noite ele mudaria de ideia. Foram ao cemitério. Dona Lúcia pensou que seria fácil dizer adeus aos finados, mas não. Deixar aquele espaço sagrado era como abandonar toda a sua história, abrir mão dos laços que a amarravam aos entes queridos. Fazia muito tempo que nem flores havia para enfeitar as sepulturas, os ossos já tinham virado pó sem água que lhes desse um pouco de sobrevida. A choradeira durou até a noite começar a cair, quando a família saiu de rota batida em direção a Natal.

Tinham que andar rápido para chegar a Monte Alegre, onde possivelmente conseguissem água de beber. Fefedo demorou a sair de seu canto. Desejava ficar ali e ser enterrado junto aos avós, aos primos e aos tios que perdera naquela vida seca que não queria abandonar.

Depois de muito conversar com dona Lúcia e seu José, Fefedo se levantara para romper as léguas rumo à capital com sua família e os vizinhos.

Passaram pela casa grande da fazenda morta, tudo estava caindo de podre, de estragado. O fazendeiro carregara a família dali, dizendo que o diabo era o dono do sol e que Deus tinha perdido a luta naquele vasto pedaço de céu de um azul sem limites.

O casal e os filhos já tinham andando bastante quando Lúcia avisou ao marido que sua menstruação estava atrasada havia algum tempo. Tinha a certeza de que esperava outro filho. Abraçaram-se sorrindo, dando graças a Deus porque aquela criança não conheceria a seca, quando Fefedo voltou atrás em disparada, berrando que tinha esquecido uma coisa. Os pais ainda gritaram para ele voltar, mas o rapaz seguiu sem dar bola, entrou na capela, pegou as imagens de Nossa Senhora Aparecida e de São José com o menino Jesus no colo e voltou para perto dos pais para seguirem viagem. Lúcia deu um beijo nele. Deixaram aquele lugar sem nenhum resto de esperança. Seguiam pelo fundo de um rio seco na expectativa de ele ter esquecido uma poça naquilo que fora, um dia, seu dorso d`água.

Chico, de sete anos, estava ávido, feliz com a nova vida que se anunciava. Não entendia por que o irmão era tão apegado àquele lugar que só tinha prenúncio de fome, de sede e de morte. Na capital iria estudar, o pai arrumaria um emprego, morariam numa casa com torneira na cozinha, banheiro dentro de casa, quartos e sala, igual na fazenda.

Fefedo tinha o coração bruto. Para ele a desgraça maior não era a seca, mas precisar abandonar sua terra. Tinha certeza de que a chuva um dia iria voltar, achariam água naquele lugar que era seu ninho. Não gostava de cidade grande, de muita gente junta, muito carro para lá e para cá. Toda vez que foi à cidade com o pai, pedia para voltar rápido. Lembrava que, ali onde nascera, quando queria espairecer, saía mata afora, ficava sozinho com o universo, seus bichos, com a certeza de ser feliz para sempre. Seus olhos eram de lágrimas ralas. Ali ganhara colo dos avós pela última vez. Andaram em silêncio por quase toda a noite. Assim que o sol despontou, a lama seca e rachada já escalpelava os pés de todos, os calcanhares estavam pesados de sangue. Fefedo pôs Chico na corcunda, o papagaio ia nas costas da cadela, que com a língua preta degustava os restos de algum animal morto. Durante um momento ela viu como um preá vivo se fazia de morto para garantir sua existência. Baleia não perdeu a viagem que fez em disparada: abocanhou o alimento e trouxe o bicho para que seu José o abrisse ao meio, lascasse fogo e dividisse entre as crianças. Baleia lambeu o sangue derramado na terra quente e se deu por satisfeita. O papagaio só falou: até que fim.

Seguiram viagem.

Acharam uma poça de água salobra logo em seguida. O líquido descia e deixava remela de terra na garganta, porém matou a sede que se alastrava pelos corpos dos retirantes.

Depois de mais uma noite de caminhada, chegaram a Natal com o dia amanhecendo. Na entrada da cidade olharam a miséria da periferia. Lúcia tinha a esperança de que não moraria num lugar como aquele, pois logo José arrumaria um emprego de pintor de parede.

Fora ele quem pintara toda a fazenda onde moravam e repintava sempre que chegavam as festas de fim de ano. Ainda criança, aprendera o ofício com seu José, pai dele, já falecido. Lúcia ia trabalhar de doméstica.

Nunca falta trabalho em casa de família. Talvez conseguisse emprego antes do marido, ainda mais que não se assinava carteira para esse tipo de emprego. Trabalharia até os cinco meses de gravidez, pelo menos.

Encontraram uma padaria bem modesta, aberta. Com o pouco dinheiro que tinham, os dez adultos e as oito crianças beberam água e comeram pão com mortadela. O padeiro, sensibilizado com o estado doentio daquelas pessoas, ofereceu bolo, refresco, refrigerante e balas para os pequenos. Desejou também que Deus botasse no caminho deles alguém que os ajudasse. Seguiram com mais disposição rumo à cidade. O papagaio começou a falar que só queria ser feliz e nada mais.

José achava melhor ficarem num bairro de ricos, onde era mais fácil conseguir dinheiro para comer e beber. Um bairro de praia, pois dormiriam na areia, a céu aberto. Caso não arrumassem lugar para tomar banho, se lavariam no mar para tirar a terra incrustada na pele. A água salgada também cura as feridas do corpo, tira a sujeira do nariz. Apesar do sal, é água. As pessoas com quem cruzavam, mesmo se esquivando deles pela aparência, pelo odor dos corpos, davam esmolas. Com o pouco dinheiro arrecadado, eles comeram sanduíches e beberam água.

A primeira noite à beira-mar foi como dormir num hotel de luxo. O barulho das ondas era música aos ouvidos de Fefedo, que se perguntava baixinho por que não existia um oceano de água doce em todos os lugares? Por que seus pais eram tão pobres? Por que não havia água no lugar de onde eles vinham? Por que não havia nascido na capital e se acostumado a viver ali desde criança? Por que nascer, se a vida era tão ruim? Por que Deus não fez todos iguais? Todos com direito a vida farta?

Os refugiados da seca já dormiam, quando Fefedo viu três policiais militares com armas e cassetetes em punho se aproximando em passo rápido. Questionou os céus mais uma vez: será que era Deus que tinha mandado aqueles policiais?

Com medo, tentou chamar o pai, mas José, cansado, nem se mexeu. Ia acordar a mãe, mas os policiais já chegaram gritando e chutando os refugiados da seca.

Lúcia, como todas as mulheres, tratou de proteger as crianças. Os guardas, batendo nos homens, gritavam que já tinham avisado que era proibido dormir ali. Os habitantes daquela região de ricos não queriam moradores de rua dormindo no bairro nem na praia. Um deles, na hora em que fazia seu cooper, vira os retirantes se acomodando na areia e avisara a polícia de que havia um monte de vagabundos deitados no local. Na certa iam assaltar os transeuntes.

Os viajantes explicaram que tinham chegado pouco antes, que eram de Lagoa Salgada e estavam fugindo da seca. Os policiais não lhes davam ouvidos. Homens, mulheres e crianças foram enxotados a cacetadas, chutes e pontapés. Fefedo foi o único dos filhos que não chorou. Olhava duro nos olhos dos agressores sem pronunciar palavra, procurando marcar a cara deles. Baleia, latindo, conseguiu morder a perna de um guarda com tanta força que fez correr sangue. Saiu em disparada, fugindo dos tiros que os outros militares deram nela. O papagaio sobrevoava o grupo em silêncio.

Saíram andando a esmo pelas ruas, afastando-se da praia depois de um PM dizer que se voltassem para ali, mataria todos. E ainda que ia perseguir aquela cachorra maldita que quase arrancara a perna de seu amigo.

Um tempo depois, passaram a seguir as placas que indicavam a região central da cidade. Foi a decisão que tomaram depois que José argumentou que, nas capitais, o centro fica deserto à noite.

Chegando ao destino, encontraram várias pessoas dormindo embaixo das marquises, mas não foram logo se acomodando. As áreas eram demarcadas. Havia o povo que morava muito longe dali e que dormia no centro só de segunda a sexta para não perder horas de sono no transporte; o pessoal expulso de suas comunidades pelos bandidos; a turma que era mesmo sem-teto; os criminosos recém-saídos da prisão e que não tinham para onde ir; as crianças abandonadas ao deus-dará; e os velhos largados pelos filhos. Cada grupo em seu quadrado, mas todos juntos e misturados.

Depois de algum tempo, conseguiram chão para deitar os corpos numa obra ao lado de uma praça. Sabiam que teriam que levantar cedo. Baleia apareceu com a língua para fora, a boca suja de sangue da perna do guarda. Logo o papagaio pousou ao lado de Fefedo, que exalava raiva enquanto carregava no colo Chico dormindo como se fosse feliz.

Todos pegaram logo no sono, só Fefedo ficou acordado, olhando o movimento da rua. Via, do outro lado da praça, o vai-e-vem das prostitutas. A cada minuto um carro parava perto de uma delas, que conversava com o motorista. Algumas logo entravam nos carros, que aceleravam depressa. Outras esperavam um pouco para negociar as condições.

Também via rapazes fumando maconha e, ao mesmo tempo, vendendo a erva e papelotes de cocaína para os compradores que chegavam a pé, de carro e de motocicleta.

O que mais o surpreendeu foi a polícia chegar para recolher dinheiro do homem que ficava ali no meio das prostitutas e dos rapazes que vendiam drogas. Pareciam íntimos nos cumprimentos, no jeito parceiro de falar. Ficou pasmo quando viu os policiais fardados fumando maconha, cheirando cocaína e rindo com os traficantes. Não tinha noção do que exatamente acontecia naquela praça, mas deduzia de acordo com as notícias que via na televisão quando morava na fazenda.

Eram sete horas da manhã quando os donos das lojas, com seus seguranças e empregados, começaram a chegar. Os retirantes foram para o meio da praça. Concordaram que não poderiam ficar todos juntos porque chamaria muito a atenção. Tinham que deixar dois adultos com as crianças num local seguro, pedindo esmola enquanto os outros tratavam de conseguir trabalho ali mesmo, no centro da cidade. À noite se encontrariam no mesmo lugar para descansar. Fefedo, cheio de sono, não se aguentava em pé. Foi para debaixo de uma árvore e ali adormeceu.

Oswaldo e Joana ficaram com as crianças na praça mesmo. Lúcia voltou à região dos ricos para tentar conseguir emprego como empregada doméstica. José e os outros homens ficaram na construção onde haviam passado a noite. O mestre de obras que também fora retirante da seca recebeu-os bem. Só José conseguiu emprego de pintor. Feliz da vida, ganhou um macacão, botas, capacete e começou o batente. Os demais homens, em busca de outras construções, partiram para o local indicado pelo mestre de obras.

Para as mulheres, a vida foi mais difícil naquele dia. Pelos trajes surrados, o odor dos corpos e a aparência doentia, os porteiros dos prédios não as recebiam. Quando tocavam a campainha das casas, as madames mal as viam e já fechavam os portões. Gritavam lá de dentro que não tinham nada para dar, pensando que elas eram mendigas pedindo esmola.

As mulheres não desistiam. Às vezes tinham a sorte de encontrar alguém de bom coração que, mesmo sem dar emprego, lhes oferecia água e algum alimento. Elas comiam uma parte e guardavam a outra para as crianças. Ficaram até a noitinha tentando encontrar trabalho e depois voltaram para a praça.

Fefedo ainda dormia, debaixo de uma árvore. A alegria tomou conta do grupo quando José chegou anunciando que o mestre de obras tinha autorizado todos eles a tomar banho e a lavar as roupas na construção. Era a primeira vez que faziam isso depois de sair de Lagoa Salgada. Estavam com a pele encardida, com crostas de sujeira e perebas das rachaduras provocadas pelo sol. Foi a noite mais feliz, depois de muito tempo.

A água é a senhora de toda felicidade. Na forma de lágrima, desprende o coração das mazelas dos relacionamentos e das tristezas acumuladas; na forma original, afaga a vontade de ser feliz debaixo do sol, porque sempre há de haver uma semente jogada no chão; na forma de rio, faz a vida ter esperança de mar à vista; na forma de copo, revigora o sangue; na forma de chuva, torna os seres que a recebem fartos e felizes. Os que não a têm, tornam-se infelizes por ser obrigados a abandonar sua terra, seus templos, seus mortos.

Na forma de jato, a água que sai da mangueira banha o corpo de Fefedo trazendo a revolta, a vontade de fazer o que for preciso para a vida se tornar mais fácil. Mesmo que, num futuro bem próximo, seja necessário matar quantos desgraçados atravessarem seu caminho. É a lei do toma lá, dá cá. Se não tem água, o troco do nada é a violência. Achava que, para ser feliz, o ser humano não deveria depender de nada que fosse crucial, como comida, casa ou água. Se não dependêssemos dessas coisas não haveria maldade, ganância, inveja e latrocínio.

Fefedo, que foi o que ficou menos tempo no banho, vestiu a roupa e foi para a praça apressado, mesmo com Chico querendo seu colo, seu afago, suas brincadeiras, sua segurança.

O movimento na praça ainda era de trabalhadores saindo do serviço, pessoas jantando nos botequins e nos poucos bares. Fefedo deu a volta na praça comendo os restos de comida que as mulheres trouxeram. Depois, andou por ruas próximas averiguando, prestando atenção nos mínimos detalhes. Era assim que fazia no campo. Sabia de tudo e de todos, em cada hora do dia. Ali, queria conhecer os pormenores da noite, de onde vinham e para onde iam as putas, os malandros, os traficantes, os consumidores e, sobretudo a polícia.

Esperou deitado, com Chico no colo, a turma da madrugada chegar. Assim que todos adormeceram, acomodou o irmão em cima do corpo do pai, que dormia um sono pesado, e foi para o outro lado da praça. Andava pra lá e para cá no meio dos traficantes, até que foi abordado.

— Tá querendo alguma coisa?

— Dinheiro.
— Quer fazer o quê, para conseguir?
— Qualquer coisa que precisar.
— Gostei da atitude.
— Você é de onde?
— Fugitivo da seca.
— Tá com fome?
— Fome e sede.
— Vai ali no bar, pede um salgado e um refrigerante e fala que é do Marçal Aquino.

Fefedo foi e voltou rapidamente comendo uma salsicha empanada.

— Senta aí e observa os movimentos. Gostei de você. Sujeito de atitude.

O rapaz se sentou, ficou olhando o lugar onde Marçal e seus parceiros escondiam a maconha e a cocaína que vendiam. Observou as prostitutas se organizando numa esquina para receber os clientes.

Lá, na outra parte do centro da cidade, o número de moradores de rua era maior. Eram também retirantes da seca, bêbados, desempregados, doentes mentais, alcoólatras, ex-presidiários, injustiçados de toda sorte.

Os comerciantes locais e alguns moradores viviam reclamando com as autoridades daquela população de rua, que viam como bandidos. Várias vezes a polícia chegava para expulsar os pobres coitados abaixo de cacetadas, atirando para o alto. Vez por outra, matava um miserável à queima-roupa, alegando troca de tiros.

Nossos personagens preferiam dormir naquela praça porque havia mais marquises, mais movimento para vender coisas nos sinais de trânsito, mais gente a quem pedir esmola durante o dia, lugares onde tomar banho e botecos para pegar resto de comida. Ali era o point da juventude intelectual. Não havia problema em conviver com quem frequentava aqueles bares alternativos. Era todo mundo de esquerda. Os retirantes não sabiam porque ali era mais calmo, só tinham a certeza que não seriam incomodados e isso bastava.

Com tanta reclamação dos moradores e comerciantes locais, o prefeito Djalma Maranhão foi pessoalmente ver as condições em que vivia aquele povo de rua, só que do outro lado da cidade. Ficou chocado, triste. Sem ter muito que fazer, teve a ideia de avisar as pessoas que nas dunas existia um matagal bem em frente a um poço artesiano. Era um terreno da prefeitura e o povo poderia ocupar o lugar sem pagar nada. Poderia construir suas casinhas, ir se arrumando devagar, que depois ele mesmo garantiria a essas pessoas a propriedade dos terrenos.

No outro dia de manhã, foi uma romaria de pobres em direção a esse morro difícil de subir por ser todo de areia e mato. A polícia não soube o que fazer, quando viu tantos miseráveis andando na mesma direção. Tentou dispersar o grupo a cacetadas e tiros para o alto. Só depois que o prefeito apareceu para acompanhar os pobres, a caravana seguiu seu destino em paz.

Só que, quando chegaram, nenhum deles quis ficar naquela mata densa, infestada de cobras e escorpiões. Aquilo não era lugar para humano dormir. Melhor ficar na cidade, onde era mais fácil conseguir água e comida. Pedro olhou para dona Luiza, que entendeu o significado do olhar dele e fez que sim com a cabeça. As pessoas foram se retirando, mas quando olharam para trás, viram que os dois não arredavam pé. Pedro disse que ele e a mulher permaneceriam ali. Se Djalma Maranhão oferecera aquele terreno para eles, era lá que iam ficar. Chega dessa tristeza de dormir embaixo das marquises, nas calçadas sujas do centro da cidade. Você é muito homem para trazer sua mulher para um lugar assim, disse um dos moradores de rua.

— Ele é muito homem mesmo, e é por isso que estou com ele— respondeu dona Luiza, e completou: — E eu sou muito mulher!

O povo foi embora e Pedro Muito Homem olhou para um lado e depois para o outro. Falou para a mulher que esperasse por ele na beira da praia. Ele ia tentar arrumar uma enxada, uma pá e um facão. Saiu andando na direção de um prédio em construção.

Chegando lá, explicou a situação ao mestre de obras, que lhe emprestou as ferramentas. Voltou rapidamente, pegou a mão de Luiza e os dois entraram no matagal.

— Quanto mais para dentro, melhor.

Antes, encheram a pança de água; depois, guiados pela luz do sol, que às vezes sumia por trás das copas das árvores, entraram com dificuldade naquele novo lugar. Ela ia atrás com a enxada e ele na frente com o facão e a pá, abrindo caminho no mato. Iam batendo na folhagem para espantar as cobras e os escorpiões. Andaram no plano por quase duas horas, até ter que subir por mais um quilômetro até avistar o mar.

E foi ali, bem dentro da mata, que Pedro Muito Homem abriu uma clareira, pegou os pequenos troncos de árvore para mais tarde fazer o seu barraco. Quando a noite começou a cair, voltaram para o centro da cidade para esmolar, comer e dormir.

Foi assim por trinta dias, até erguerem uma casa de taipa de sopapo com dois quartos, sala e cozinha. Naquele lugar não era possível cavar um poço, por isso Pedro andou mata adentro, sem encontrar riacho ou cachoeira. Tiveram que esmolar por mais tempo, arrumar dinheiro para comprar ferramentas de trabalho e latões para estocar água para depois fazer uma imensa horta, um grande galinheiro, um chiqueiro. Para conseguir isso tudo, só precisaram de sete meses.

Ao mesmo tempo, tinham certeza de que moravam isolados do mundo e também tão perto de tudo que lhes permitia serem felizes para sempre.

Na Praça Augusto Severo, Fefedo já era gerente da boca. Tentou alugar um apartamento para a família, mas os pais não quiseram. Sabiam das atividades ilícitas do filho e tentavam de tudo para ele sair da vida bandida. Fefedo não arredava pé. Não fora ele quem inventara o sol.

O único da família com quem Fefedo se comunicava era Chico. Às escondidas dos pais, que faziam vista grossa, dava comida da melhor qualidade ao irmão mais novo, levava-o até seu apartamento para dormir e tomar banho.

José estava entrando em desespero com a gravidez avançada de Lúcia. Tinha medo de que ela parisse na rua. Mas um dia, se lamentando com um amigo, soube que o prefeito Djalma Maranhão tinha oferecido um pedaço de terra para alguns moradores de rua. O amigo contou que apenas Pedro Muito Homem tinha erguido morada lá. O terreno era grande e dava para fazer uma casa do tamanho que a pessoa quisesse. O amigo também contou que no lugar, Pedro Muito Homem havia criação de galinha, bode e carneiro. Dona Luiza tinha plantado uma grande horta e um pomar. O casal não precisava gastar dinheiro com comida. O dinheiro do trabalho era só para remédios, roupa e bobagens do dia a dia.

Chegaram ao terreno domingo bem cedo. Lúcia quase se arrastava, passava a mão na barriga, parava para descansar com a respiração ofegante. José se assustou com o matagal. Não seria fácil morar ali, nem tinha coragem de adentrar aquele sítio inóspito. Chico, horrorizado com a possibilidade de ser picado por uma cobra, fez cara feia. Ficou calado escutando o pai contar para a mãe que a casa de Pedro Muito Homem e Luiza era bem para dentro. Lúcia não queria ir, não tinha condições. José disse a ela que esperasse com Chico, Regina e Neuza. Disse que iria sozinho. Faria um barraco ali, um barraco improvisado, de qualquer jeito. Essa coisa de viver embaixo de marquise tinha que acabar. O prefeito tinha doado o terreno. Se ele fizesse um pequeno barraco, depois poderia ter uma casa grande. Entrou na mata com alguma coisa lhe dizendo que Lúcia também deveria ir. Talvez para ver e gostar da casa de Pedro Muito

Homem e de dona Luiza. Ela percebeu, e pediu ao marido que a esperasse. Disse que iria se ele andasse bem devagar.

Neuza pôs Chico nas costas. Sabia que o irmão estava morrendo de medo das cobras. A cachorra foi na frente, afugentando os animais, e o papagaio ia e vinha voando baixo ao lado deles.

Era um feriado prolongado. Os consumidores de cocaína e de maconha haviam viajado. Marçal Aquino, o chefe da boca, tinha retirado uma quantia grande para que sua mãe fizesse uma operação num hospital particular. A boca de fumo estava sem dinheiro. Três guardas chegaram querendo arrego, mas Fefedo estava sem grana. Por causa do feriado, os homens não eram os mesmos que costumavam aparecer na boca para pegar propina.

Sim, os policiais só tratam bandido bem quando têm certeza de poder ganhar algum dinheiro. O cabo chegou a puxar arma para Fefedo, que não se intimidou e afirmou não ter medo de levar tiro. Os outros dois homens se meteram, para que a confusão não aumentasse. O bandido argumentou que desde que ele estava na gerência nunca tinha faltado dinheiro aos três policiais que iam pegar dinheiro na boca. Pediu mais dois dias para que a grana deles estivesse lá, nota em cima de nota. O feriado e a doença da mãe do chefe haviam dado aquele vazio no caixa. Antes de ir embora, o policial trocou olhares sinistros com Fefedo. A coisa não era mais a mesma. Mal-entendido entre polícia e bandido só se resolve quando um mata o outro. E havia mais um problema: aqueles policiais eram os mesmos que tinham batido nos pais e irmãos de Fefedo no dia em que a família chegara à cidade e dormira na praia. Não se sabe se foi Deus que os mandou ali.

Dois dias se passaram. À noite os PMs foram à boca de fumo para receber a propina. Fefedo, com sua cara de sol forte, passou o dinheiro para a mão do homem com quem havia encrencado. Quando o agente começou a contar a grana, o bandido puxou a arma, rendeu os três policiais e mandou que entrassem na viatura. Foi dando a direção e mandando o motorista andar rápido. Chegaram a um local ermo, onde ele matou os três. Depois voltou para a boca de fumo, tranquilo, com o dinheiro.

Naquele dia, Lúcia se arrastava mata adentro. Não tinha força para desviar das cobras, que José afugentava com um grosso galho de árvore. Ia ofegante, suor lavando o rosto, mão na barriga, arrependida de ter ido, mas quando avistou a casa de Pedro Muito Homem e de dona Luiza abriu um grande sorriso — que, aliás, sempre lhe voltava ao rosto quando se lembrava desse episódio ou o contava para alguém.

Lembrou-se de sua antiga casa, que um dia também fora assim, quando a chuva ainda se fazia dona daquele pedaço de mundo onde nascera e fora criada. A família toda ficou surpresa ao ver a residência. Pararam para olhar aquela formosura de habitação. Depois avançaram para a casa, chamando a atenção dos cachorros.

Com o barulho, dona Luiza foi olhar pela janela, observou os visitantes um a um e arregalou os olhos quando viu Lúcia. Correu ao encontro da gestante, pôs a mão em sua testa para medir a temperatura, depois segurou seu pulso para checar a pulsação, sem dar atenção aos cumprimentos que lhe dirigia o resto da família. Pediu a José que pegasse no colo a esposa prestes a dar à luz e a colocasse deitada em uma cama, dentro da casa. Pegou o material para fazer o parto improvisado, depois que a bolsa estourou. Foi de novo examinar Lúcia e viu que havia tempo para José dar um banho na mulher.

Pedro preparou uma comidinha para Neuza, Regina e Chico e serviu para eles numa mesa de madeira, bem lá no fundo do quintal. Falava para as crianças que a dor do parto era muita. A mãe deles ia gritar, mas depois o sufoco ia passar. Regina já sabia. Tinha escutado os gritos da mãe quando os irmãos nasceram. Somente Chico, por ser o caçula da família, não ouvira berro nenhum.

Marçal Aquino deu razão a Fefedo. Aqueles desgraçados na certa iam armar uma emboscada. Onde já se viu não esperar um dia para receber o arrego. Tinha que passar fogo nos policiais mesmo. Fefedo tinha agido certo matando os caras bem longe dali. Com certeza, alguém tinha visto Fefedo rendendo os policiais, mas não teria coragem de denunciá-lo. Todos ali gostavam dele, e as ordens, naquele lugar, eram dadas pelos traficantes. A polícia só aparecia para pegar dinheiro da boca e dos comerciantes.

O parto foi tranquilo. Até que Lúcia não gritou muito, pois, como ela mesma disse, se o segundo filho já é mais fácil de parir, o quinto era muito mais natural, mais leve, mais simples.

Chico olhava para Severino pensando em protegê-lo por toda a vida, em compreendê-lo nas mais diversas situações, em dar o ombro amigo, o abraço forte diante das dificuldades da pobreza, em defendê-lo de todo mal que as pessoas e o sol podem fazer ao ser humano. Ensinaria o irmão mais novo a ler, a subir em árvore, a comer de garfo, e faca e tantas outras coisas que nem mesmo ele ainda sabia. Ia ajudá-lo a compreender as dores dos dias, a entender a fome, a burlar a sede, a suportar o calor canibal que o astro-rei joga naquela parte do planeta e que depois sai de dentro da terra seca para doer o corpo todo.

Luiza entregou Severino a José. O homem deu um beijo na testa do filho e entregou-o para Regina, que repetiu o gesto do pai e passou o bebê para Neuza. Chico teve que se sentar para pegar o irmão no colo. Só então o bebê parou de chorar.

Lúcia estava ali, meio triste, meio feliz por lembrar-se de Fefedo. Sentia no peito uma dor que sabia de onde vinha. Deveria estar totalmente alegre, pois ter um filho, mesmo no meio da miséria, era algo de bom, a mistura do escuro da vida real do presente com a luz imaginária do futuro. Porém aquele mal-estar era maior que a dor do parto, parecia a aflição da morte rompendo sua alma.

Lúcia escuta a conversa de José com Pedro Muito Homem. O antigo morador dizia que terem se mudado para aquele lugar havia sido a melhor coisa que ele podia ter feito. Sua vida era outra, ali. A comida vinha do chão, dos animais que criava. Tinha um teto protetor das chamas das velas que acendia para Deus. Havia arrumado um jeito de guardar a água da chuva, que sempre se fazia presente.

José teria a ajuda de Pedro Muito Homem para levantar sua residência. Queria uma morada de taipa. Se erguesse a casa em cima de pedras, se conseguisse madeira boa, se socasse bem o barro, se cobrisse com folhas de árvores, a construção ficaria perfeita. Poderia deixar a família morando com Luiza e Pedro, enquanto construísse a casa. Tudo era bom naquele lugar, mas ainda faltava gente. Vizinho, sorriso de criança em correria, um amigo com quem prosear à noite tomando uma pinga antes de dormir.

Fefedo estranhou a ausência da família na praça. Ficou com medo de ter acontecido alguma coisa de ruim, que o irmão tivesse nascido e eles tivessem procurado abrigo longe dali. Sentia falta de Chico. Esperou o dia amanhecer para falar com José antes de o pai entrar no serviço.

O pai abraçou Fefedo, falou que Severino nascera pleno de saúde. Contou que eles agora tinham onde morar e estavam na casa de um amigo que haviam feito da noite para o dia, mas que era como um irmão. Insistiu que Fefedo largasse o mundo do crime e mudasse de vida. Poderia ajudar o pai a construir a casa, depois a fazer a horta, o pomar, a criar os bichos de que tanto gostava. O rapaz falou que um dia iria. Ofereceu dinheiro a José para que ele erguesse uma casa de tijolo, mas o homem recusou, com lágrimas nos olhos. O filho deu um beijo na testa do pai.

— Largue essa vida, meu filho.

— Pai, agora já é tarde.

— Você não devia ter entrado.

— Se eu não tivesse vindo pra cidade, eu não entraria. Prometo que se voltar a chover lá em casa, eu volto. Eu não estava preparado pra vida de cidade, nem pra trabalhar que nem escravo. Não devia existir rico, muito menos pobre.

— Mas você pode morrer de uma hora pra outra.

— Eu, se morrer, só vou sentir falta de vocês. Não gosto de nada do mundo, pai. Só de vocês.

Fefedo passa a mão nos olhos do pai, tentando enxugar suas lágrimas, e lhe dá um beijo.

— Não vou ser escravo dos ricos da cidade grande. Reza pra chover lá em casa, pai. Um dia Deus te atende. Já não tenho voz pra rezar nem mãos limpas pra fazer o sinal da cruz.

José era só lágrima dentro do silêncio no qual Fefedo se afastava, seguindo calçada afora, imutável como o passado.

O rapaz atravessou a rua. Não era seu horário de trabalho. Ia só tomar café da manhã, coisa que nunca fazia por sempre trabalhar vendendo drogas à noite e acordar na hora do almoço.

Cumprimentou o parceiro com sinais, foi até o balcão da padaria, pediu um café e pão com manteiga. Foi quando viu cinco carros da polícia chegando na esquina. Manteve a calma, olhou para o lado oposto e viu que outras viaturas se aproximavam.

Foi Mãe Luiza que escolheu o local onde os novos amigos deveriam construir a casa. Um terreno plano, com vista para a praia e sem passagem de água de chuva. Isso mesmo, Lúcia começou a chamar de Mãe Luiza aquela mulher que fizera o parto de seu filho, que dera água, comida e teto para toda a sua família e que agora auxiliava na construção do lugar onde ela ia morar com os filhos e o marido. Só uma pessoa com vocação para ser mãe de todos que precisassem dela para ser tão generosa assim.

Foram capinando, aplainaram o solo, araram a terra onde fariam o pomar e a horta. Tudo com muito gosto. Lúcia, com Severino no colo, só olhava e se entristecia por não poder desfrutar da felicidade que a vida lhe oferecia. Estava dividida entre o contentamento pela nova moradia e a tristeza por causa do filho mais velho.

Fefedo bebeu o café tranquilamente. Viu o parceiro ser preso ao tentar correr e, sem expressar nervosismo, pediu um suco de laranja. Disfarçadamente, engatilhou a arma que guardava dentro do cós da calça. Pagou a conta, saiu do bar, olhou o lugar onde havia a maior concentração de policiais e foi na direção deles. Viu que dois rapazes negros caminhavam na mesma direção. Andava firme, altivo, olhando para a frente, e abriu um sorriso interior quando os guardas abordaram os dois rapazes. Foi tranquilo na direção da obra em que o pai trabalhava.

Os negros, sem carteira de trabalho assinada, receberam socos e pontapés da polícia. Foram jogados dentro da viatura, mesmo dizendo que não eram bandidos, mas desempregados à procura de serviço. Quanto mais eles falavam, mais apanhavam. A solução foi ficarem calados.

Na obra, Fefedo disse ao pai que queria conhecer Severino. O homem olhou a praça, sentiu a situação, disse ao filho que permanecesse na obra naquele dia. O rapaz entendeu a estratégia e aceitou. O encarregado da construção, que estava passando mal, não só permitiu que ele ficasse por lá, como também pagou sua diária.

Fefedo começou a trabalhar com a roupa que estava vestindo. Tinha habilidade. Quando moravam na fazenda, sempre ajudava o pai, pintando quase tão bem quanto ele.

Quando saíram do serviço, Fefedo nem quis tomar banho. Com o corpo e a roupa sujos de tinta, saiu com as ferramentas de trabalho na mão. A polícia não estava mais nas imediações. As rádios anunciavam que eles haviam prendido os suspeitos de assassinar os policiais. Com sinais, Fefedo avisou os parceiros que iria ficar um bom tempo sem aparecer por ali. Marçal Aquino, sentado num banco da praça, fez sinal de positivo.

Quando Lúcia viu o filho mais velho, correu na direção dele com Severino no colo. Baleia fez festa, o papagaio pousou no ombro dele.

— Ele é a tua cara.

Chico fez cara de raiva e disse que não, que Severino se parecia com ele. Todos riram. Lúcia apresentou Fefedo a Pedro Muito Homem e a Mãe Luiza.

Enquanto jantavam, Fefedo pouco falou, mas exalava felicidade vendo a família naquele lugar verde, cheio de vida. Pedro Muito Homem sugeriu que ele também fizesse uma casa ali.

Indagado sobre onde trabalhava, respondeu que naquele dia havia trabalhado com o pai, mas que no dia seguinte não sabia se seria aceito no serviço. O pai, assim como a mãe, estava ciente de que ele não falava a verdade. Foi numa conversa depois do jantar, num cantinho do quintal, que tudo foi posto em pratos limpos.

— Eu não gosto da cidade, não gosto de polícia, não gosto de patrão, não gosto de rico.

— Meu filho, o mundo é assim, a gente tem que lutar, se quiser modificar alguma coisa. Eu sou sua mãe e não quero ver meu filho preso nem morto pela polícia.

— Prefiro morrer a ter que trabalhar para rico. Esse prédio que o pai está pintando... Ele nunca vai poder entrar lá.

— Eu sei, mas na fazenda era a mesma coisa, nada ali era nosso. Eu trabalhei lá a vida toda e nada era meu.

— Pai, mas lá a gente tinha a nossa casa, comia a mesma comida, não tinha polícia batendo na gente só por não ter onde dormir. Os ricos odeiam pobres, querem só nosso trabalho, nosso suor. E a gente nem preto é. Com os pretos é muito pior.

— Mas você não vai mudar nada agindo assim. Melhor você vir pra cá. Faça uma casa para você, comece a plantar aqui. Alguma coisa tá me dizendo que você não deve voltar pro centro agora.

— Tá, mãe, eu vou ficar uns dias aqui.

Lúcia abraçou Fefedo. José entrou no abraço. Pai e mãe pensando que a questão do filho estava resolvida.

Na praça, a polícia andava por todos os lados com o retrato falado de Fefedo. Foi o próprio dono do bar que descreveu o rapaz na delegacia. Tratava os traficantes bem, recebia proteção dos bandidos, mas no fundo odiava todos eles. Seu filho havia se viciado em cocaína, largado a mulher com criança pequena, vivido no vício até morrer, perambulando pela rua. Havia entrado naquele clima de falsa amizade com os traficantes porque não tinha opção. Quando foi à delegacia denunciar Fefedo, afirmou que o vira render os policiais, mandando-os entrar no camburão. Disse também que o vira, várias vezes, entrar na rua Dr. Barata. Que sem dúvida ele vivia ali e sua família morava nas imediações. A sorte de Fefedo era o comerciante não saber que José trabalhava na obra que ficava bem próxima ao boteco.

Os policiais reviraram o apartamento de Fefedo. Não encontraram nada além de algumas roupas. Não havia drogas nem documentos que o identificassem. A polícia rodou por todos os cantos da praça, encontrou Marçal Aquino, fez diversas indagações. Marçal afirmou que nunca um homem dele mataria policiais, ainda mais três de uma vez. Estava trabalhando ali, na venda de drogas, havia mais de dez anos, e sempre teve um bom relacionamento polícia.

O oficial da PM respondeu que esse tal Fefedo deveria ser um débil mental e que enquanto não o prendessem não sossegariam. Nesse momento o dono da boca falou então em aumentar a propina. Disse que pagaria a eles o dobro do que vinha dando por semana. Argumentou que eles já tinham prendido três negros, que poderiam muito bem ser julgados e condenados para acabar com aquele caso.

O guarda falou que já estava quase tudo certo. Iriam mesmo pôr a culpa nos negros. Se não fosse o dono do bar acusando Fefedo, eles nem estariam ali. O dono da boca olhou para o bar para o qual o policial apontara enquanto dizia que a única pessoa a dar queixa sobre a venda de drogas naquela região era o dono daquele estabelecimento. O policial tinha certeza porque estava na delegacia quando o alcaguete chegara falando de Fefedo.

O filho mais velho saiu sozinho pelo mato com o papagaio e Baleia, fazia questão de erguer sua moradia num local de difícil acesso.
A casa foi feita num espaço de onde se avistavam todas as entradas daquele lugar. José o ajudou a construir. Com o dinheiro que havia guardado, comprou os móveis de que precisava e ficou por ali uns dois meses, sem aparecer na boca de fumo.

    Quando resolveu conversar com o dono da boca, quase rolou briga. Foi um bate-boca de mais ou menos duas horas. Fefedo argumentava que vira no rosto do policial a determinação de vingar-se por não receber a propina. Talvez nem fosse por causa do dinheiro, mas pelo puro ódio que todo policial tem armazenado no peito. Disse que sentira a maldade no olhar do homem. Para ficar tudo certo, combinaram que o rapaz retornaria à boca e trabalharia duas vezes mais para pagar o dobro aos policiais. Marçal Aquino comentou também que fora o dono do bar quem dissera ao delegado que Fefedo é que havia matado os policiais.

— Um café, por favor.

    O comerciante arregalou os olhos para Fefedo, que sorria a sua promessa de vingança. O homem ficou sério e apavorado, convencido de que o bandido estava ali para matá-lo, mas Fefedo fez questão de continuar sorrindo, falando que estava alegre por seu time ter sido campeão no Rio de Janeiro. Torcia pelo Flamengo, que dera de três a zero no Vasco. O dono do bar disfarçou quando viu o rapaz apontar a arma para ele, indicando com sinais que saíssem do bar sem fazer alarde.

    Sem opção, o homem obedeceu. Entraram num táxi que já estava à espera. Foram até a beira da praia e se sentaram lado a lado.

— Tô sabendo que você que me entregou na delegacia. Não adianta mentir. Por isso eu te trouxe até aqui. Vou te matar e jogar no mar.

— Pelo amor de Deus, por piedade, não faça isso!

— Posso não te matar, mas com uma condição: você vai até a delegacia, fala que se enganou. Que tinha bebido. Que quem entrou com os três

PMs na viatura foram aqueles pretos que foram presos. Você percebeu quando viu a cara dos dois no jornal.

E assim foi feito. O delegado estranhou, mas acreditou. À noite quando os policias chegaram para receber a propina, o dono do bar, como combinado, foi falar com eles.

— Mas como você confundiu, se os outros são pretos e ele é branco?

— Achei que ele estava junto com os pretos, estava meio bêbado.

Os policiais acreditaram ou fingiram que acreditaram, como antes o delegado. E o caso terminou.

Marçal Aquino ficou contente com a atitude de Fefedo. Espantou-se quando ele disse com um riso tranquilo e rápido que ficaria na atividade, só que não ia mais dormir no apartamento que alugara. Mentiu, dizendo que tinha alugado outro imóvel em outra parte da cidade.

Com o filho voltando para casa todos os dias, Lúcia e José ficaram mais descansados. Acreditavam que logo ele largaria a vida do crime e faria as pazes com o sol, já que ali água não faltava.

O tempo foi passando. Para alegria de Mãe Luiza e Pedro Muito Homem, José contou com tanto entusiasmo a Valdir, Oswaldo e Joana sobre o lugar onde morava que eles haviam resolvido ir para lá. Devagar, fizeram suas casas, assim como todos os que haviam fugido juntos de Lagoa Salgada por causa da seca. Um pequeno vilarejo se formara com aquelas pessoas.

Sempre que ia à cidade, Lúcia trazia uma mulher grávida em situação de rua. Falava à moça que havia uma parteira excelente num lugar maravilhoso, com um abrigo onde ela poderia se recuperar depois do parto. Algumas mulheres iam com seus esposos; outras, abandonadas pelos pais dos filhos que teriam, iam sozinhas. Lá encontravam carinho, assistência. Logo arrumavam emprego como domésticas. Deixavam os filhos aos cuidados de Mãe Luiza, que adorava criança e que, para completar, rezava-as quando alguma ficava doente, jogando a enfermidade para longe. Foram muitas as crianças que vieram à luz pelas mãos de Mãe Luiza. Muitas mulheres, covardemente abandonadas com os filhos, recebiam ajuda para construir seus barracos e a vila foi crescendo.

Sabino gostava de poesia, era nela que se reconhecia, mesmo antes de aprender a ler. Quando alguém falava um verso ou escutava uma música, ele atravessava todos os tempos naquela ânsia de ser sempre uma pessoa melhor, onde quer que estivesse. Mas não era para ser o melhor na sala de aula, o melhor no esporte ou no trato com as meninas. Era ser melhor em sua vontade de ver todos felizes ao redor. Era ser amigo, antes de mais nada. Sim, tudo na vida viera para fazer o bem a ele, por isso gostava de qualquer coisa, mesmo se a coisa fosse ruim, porque sempre há a glória da mudança. Para ele tudo que existe pode ser transformado. Só o nada é ruim, porque não tem o poder da mudança. Gostava mais dos substantivos abstratos porque seus significados são praticamente iguais para todo mundo: amor é amor e pronto. Os substantivos concretos mudam e são diferentes para todo mundo e se perdem, se quebram, se alteram, se extraviam como casa, comida, saúde e escola.

E foi assim quando leu a Bíblia. Ali, naquelas páginas, viu a poesia da maior humanidade que pode caber em uma pessoa. Não queria ser Cristo, queria só seguir, acima de tudo, a simplicidade e o bem querer de Cristo. Aprendeu que a melhor posição em que uma pessoa pode se encontrar é quando ela está ajudando a si mesma, ao próximo, ao distante, a qualquer um ou ao planeta. Foi por isso que saiu de casa aos onze anos para estudar numa instituição salesiana. Queria tornar-se padre. Depois da ordenação, prontificou-se a trabalhar em países pobres da América, Ásia ou África, em qualquer lugar onde a congregação desenvolvesse algum trabalho.

Chegara ao Brasil aos trinta e quatro anos de idade. Sua vinda para o país fora uma escolha de seus superiores. Viera para trabalhar como diretor no Colégio Salesiano, em Natal.

Quando estava em casa, nem maconha Fefedo fumava. Dava à família a alegria de carregar água para encher os tonéis, abria picada na mata para ampliar a horta e o pomar, ajudava a fazer os barracos que se multiplicavam a cada dia.

O bairro cresceu tanto que lhe deram o nome de Mãe Luiza, em homenagem àquela mulher que não se furtava a fazer os partos das mulheres que chegavam ali quase dando à luz, e que cuidava delas até que pudessem seguir a vida sem cuidados especiais. Fazia comida aos domingos e convidava as pessoas para almoçar na casa dela. Mas o tempo foi passando, ela já se sentia cansada, sem ânimo, sem saber que estava doente, e sem a motivação que a acompanhava desde o dia em que fora morar ali.

Fefedo seguia firme em sua carreira de traficante. Para não ficar mais marcado do que estava ali, no lugar em que começara a vida de bandido, foi traficar em outra parte da cidade. Lá encontrou Lelé, e não gostou muito disso. Lelé também era morador de Mãe Luiza, onde ninguém tinha conhecimento da verdadeira ocupação dos dois; falou para Fefedo que queria continuar a vida em Mãe Luiza assim, na disciplina. Sabia havia tempo quem era Fefedo, e não falara nada justamente para manter a discrição. Fefedo adotou a maneira como Lelé pretendia levar a vida no bairro onde moravam. Ali tinha que ser o refúgio deles, lugar de descanso, de vida familiar, de dormir com os dois olhos fechados, sem essa de descansar com um olho nos sonhos e outro na polícia. Precisavam preservar as famílias, ter um local que não atraísse a atenção de ninguém. Fefedo sentiu firmeza no semblante e segurança nas palavras de Lelé. Arrumou um novo amigo, que também ficou sendo seu vapor.

Só que a parte da cidade onde estava agora não era tão segura quanto a de antes. A região era próxima ao Passo da Pátria, onde volta e meia a polícia chegava em busca de foragidos da justiça e de produtos de roubo. Outro problema era a movimentação imensa da boca. Clientes e mais clientes, a qualquer hora do dia. A circulação de dinheiro era muito grande. Essa ou aquela patrulha sempre atrás de dinheiro. Mas o pior mesmo era que a outra quadrilha de traficantes tinha a intenção de tomar aquele ponto justamente devido a seu alto faturamento.

Marçal Aquino, em conversa com Lelé e Fefedo, confessou ter receio de que traficantes de outra região tentassem tomar o ponto dele por causa do volume de dinheiro que entrava naquela boca de fumo. No Rio de Janeiro havia guerra entre quadrilhas de traficantes, que disputavam pontos de venda de droga. Marçal fora criado ali, todo mundo o conhecia e o respeitava, mas mesmo assim seria bom tomar cuidado, pois alguém podia crescer o olho no dinheiro deles.

Na praça Augusto Severo, o volume de venda era bem menor, os clientes eram universitários, gente do teatro, da música, que só queria fumar maconha e ser feliz, falando de arte, ciência e cultura. Cocaína tinha pouca saída, mas rendia bom dinheiro porque era cara, só gente rica consumia. Tanto é que os consumidores de pó não eram conhecidos. Os ricos nem iam à boca, mandavam os empregados pegarem a droga.

Ali o consumo era grande porque a boca era antiga. O próprio Marçal Aquino começara criança, comprando coisas para os traficantes na padaria, na farmácia e no mercado. Depois passara a olheiro e logo estava de vapor. Com o passar do tempo, seus chefes foram morrendo um a um e sendo presos por se negarem a dar cinquenta por cento do faturamento que a polícia exigia. Marçal Aquino preferia negociar. Achava que malandro não tinha de brigar com a polícia e sim fazer acordo. Ganhava um bom dinheiro, mas dizia à polícia que ganhava menos, e assim foi levando. Expandiu os negócios quando um rapaz de classe média viciado em maconha lhe falou que na praça Augusto Severo havia um monte de gente que queria comprar droga mas tinha medo de ir até ali. Marçal falou que mandaria um vapor levar umas trinta trouxas de maconha até lá toda sexta-feira. Logo, a boca foi aberta. O local era tranquilo, divertido e mais seguro, porque a polícia não chegava atirando, matando os transeuntes que nem viciados eram. Não era lugar de pobre que a polícia não gosta.

Em Mãe Luiza a vida continuava alegre para Chico, que pegava Severino, pendurava na cacunda e saía pela mata. Passavam o dia brincando com outras crianças, maiores e menores. Matavam cobra, caçavam passarinho, brincavam de tudo na beleza da infância.

Mãe Luiza e Pedro Muito Homem começaram a ter preocupações com o número de pessoas que iam morar ali. Vinham famílias com mulheres grávidas de quem Mãe Luiza fazia o parto, sempre com muito amor e carinho. Mas a questão é que, além de o lugar não ter água encanada, não tinha esgoto nem posto médico nem, muito menos, escola. O bairro de Mãe Luiza era um paraíso, mas sem nenhuma assistência social por parte do governo. A fome marcava o corpo das pessoas, muitas mães famintas e esquálidas saíam a pedir esmolas pele e ossos com seus bebês de colo também desnutridos, nos cruzamentos da avenida Salgado filho ou da Prudente de Morais. Além disso, os arredores do bairro estavam sendo povoados por pessoas ricas que não queriam aquele monte de pobres fugidos da seca ao lado deles. A luta para permanecer em sua terra marcou toda a trajetória da população de Mãe Luiza.

Chico ainda não compreendia que o dinheiro não traz felicidade, mas sabia que a falta dele traz fome, a miséria, má alimentação, doença, falta de ensino. Essas coisas juntas provocam uma dor constante, que vai virando raiva, depois ódio, e se transforma em tiro.

Com prudência, Fefedo e Lelé disseram aos policias que iriam pagar o arrego de três mil cruzeiros somente uma vez por semana. Era necessário ter organização. Não iam ficar dando grana para as várias patrulhas que apareciam a toda hora. Os policiais que combinassem a divisão do dinheiro entre eles. Os guardas também precisavam avisar o dia e a hora em que receberiam o arrego. Não podiam chegar expondo armas, porque ninguém ali tinha a intenção de dar tiros neles. Também estavam proibidos de dar bote em fregueses viciados nas imediações da boca.

O dono da boca, que era quem mandava no morro, não permitiria nenhum tipo de infração no bairro, nem nos lugares próximos. Garantiu que na área em que eles davam policiamento não haveria crime de nenhum tipo.

Os policiais ficaram estremecidos e surpresos com essa atitude, mas ao saber que Fefedo oferecia o dobro do que vinham recebendo, fecharam o acordo. Quando estavam saindo, Fefedo declarou, em alto e bom som:

— Lembrem-se de que somos malandros. E malandro não briga, malandro faz acordo. Aqui no meu pedaço vocês nunca mais vão ouvir tiro.

Os policiais fizeram sinal positivo. Comentaram que em todo lugar deveria ser assim. Que se não houvesse nenhuma infração, a sociedade dormiria tranquila.

Com a ausência de policiamento, o número de viciados aumentou. A tranquilidade reinava no pedaço; Fefedo e Lelé começaram a ganhar mais dinheiro; a polícia estava feliz; Marçal Aquino, radiante.

Só que em Mãe Luiza a coisa não andava bem. O lugar foi ganhando mais nome, a cada dia chegava mais gente e, agora, havia até especuladores que demarcavam grandes pedaços de terra, faziam cerca, construíam pequenos barracos nos bons lugares que ainda restavam e depois revendiam, mesmo que por um valor barato.

Lelé e Fefedo não queriam se meter, deixavam correr frouxo. Se fossem falar alguma coisa, todos ficariam sabendo quem eles eram e a paz que tinham ali iria por sol abaixo. Melhor ficarem calados diante do crescimento desordenado da bairro, dos barracos de madeira malfeitos, das poças de lama que se formavam nos becos apertados.

Chegavam juntos, paravam numa venda, bebiam alguma coisa e comiam um tira-gosto. Ficaram surpresos quando viram três moleques armados gritando que tinham cocaína e maconha para vender. Sim, os três compravam drogas numa área longe dali e revendiam com um acréscimo de cinquenta por cento no valor original. Tinham virado ladrões de comida por causa da fome passada nos tempos da seca, no interior. Entravam nos mercados e enfiavam alimentos dentro da roupa, mas eram vistos pelos seguranças, que batiam neles e os entregavam à polícia. Ficavam um tempo presos, mas logo saíam porque não eram fichados nem perigosos. Até que um deles arrumou uma arma.

A coisa também não andava bem na casa de Luiza. Até os partos ela tinha parado de realizar, depois de contrair câncer e perder o apetite para a fome, para cuidar das pessoas e para o sexo. Não queria que Pedro Muito Homem a abandonasse, mas sabia que isso haveria de acontecer, pois ele ainda sentia desejo e sempre a procurava, mesmo ela negando. Por isso acabou permitindo que ele tivesse uma amante. O caso foi um baque para aqueles e aquelas que adoravam a família.

Lúcia ficou triste, sem querer sair da cama, imaginando se José faria a mesma coisa com ela. Não, o marido não era um ser superior, não era perfeito, mas erros como esse ele não cometeria. Por outro lado, Fefedo não largava a vida de bandido. O filho sentia raiva por ter sido obrigado a deixar sua terra. Culpava o sol. Mas agora ele tinha outro lugar, poderia trabalhar num serviço de gente honesta, estudar à noite, fazer uma faculdade e mudar a realidade dele e da família.

Lúcia era informada, lia as notícias dos jornais que embrulhavam as compras que José trazia para casa. Gostava de saber sobre política e economia e sobre as coisas da cidade. Sabia que o bairro de Mãe Luiza era agora um lugar, com bandidos que nada mais eram senão frutos de uma sociedade injusta com os negros, com os migrantes da seca e com os índios desde a colonização do Brasil. Os jornais falavam mal do bairro mas nunca explicavam o porquê das coisas. Tinha consciência de que os ricos daqui apoiavam os Estados Unidos e os países europeus, nações escravocratas que hoje posam de boazinhas, mas que na verdade participam dessa política econômica que provoca a fome, o desemprego e a miséria nos continentes mais pobres.

Sentia alívio misturado a uma falsa felicidade por Regina e Neuza estarem trabalhando como empregadas domésticas, sem carteira assinada, em residências de madames. Elas faziam de tudo na casa das peruas, sem horário para terminar o serviço. Dormiam naquela senzala urbana, chamado quarto de empregada, de menos de um metro, onde mal conseguiam esticar as pernas nas míseras camas que as patroas ofereciam. Mas gostava de saber que as meninas estavam longe do bairro, onde agora a polícia chegava dando tiro, revistando todo mundo, batendo na cara de trabalhador, mesmo recebendo a pequena propina que os pobres traficantes da área lhe passavam. Sua preocupação maior era Chico, que ainda saía com Severino no colo e ia para a parte verde que restava no entorno da comunidade para subir em árvore e pegar as frutas de que tanto gostava. Criança não vive sem outras crianças. Fizera amigos e alguns eram das famílias daqueles ladrões que roubavam porque faltava comida em casa, daqueles assaltantes que não tinham nem roupa direito para vestir, daquelas pessoas que furtavam por necessidade. Lúcia estava triste, deprimida, sem saber o que é depressão. Tinha vontade de morrer e só não se matava por conta do amor que nutria pelos filhos e pela vontade de ver Fefedo sair da criminalidade.

Na boca o clima ficou pesado com a chegada de três traficantes vindos de outra região. Eles estavam de olho no faturamento da boca que Fefedo gerenciava. Primeiro quiseram saber de onde vinham a maconha e a cocaína de Fefedo, porque o produto que recebiam era de péssima qualidade. Lelé já estava posicionado pertos das armas, mas ficou quieto depois de Fefedo fazer sinal para ele dizendo que estava tudo certo e, sem mostrar preocupação, explicou aos bandidos que a droga dele era melhor porque tinha mais saída. O matuto daquela região sabia disso.

— Quem é o matuto?

— O cara que tá na frente, eu não conheço e nunca vou conhecer. O dono mesmo nem sabe que a gente existe. Tô falando do empregado dele que vem aqui vender.

— Entendi. Eu tenho meus empregados que trabalham para mim. Não gosto de ficar de frente. Quero ficar que nem esses ricos aí.

Fefedo achou graça, mas quando o bandido falou que era por isso que Fefedo não estava reconhecendo ele, Fefedo firmou o olhar e se lembrou de já ter visto aquele sujeito em Mãe Luiza. Andava sempre sozinho, brincando com uma criança. Depois o bandido comentou que Mãe Luiza seria um bom lugar para vender drogas, porque se a polícia chegasse, havia lugar para onde fugir. Disse que não ia ficar de frente, que botaria alguém para vender para ele, quem nem os ricos.

Fefedo não queria entrar em confusão naquele lugar que era seu refúgio, mas disse ao outro que podia apresentar Marçal Aquino a ele. Que na certa Marçal Aquino ia querer abrir mais um ponto de venda. O rapaz deu uma risada e revelou que estava ali porque já tinha falado com Marçal. O chefe já aceitara a proposta, mas não sabia se Fefedo ia gostar. Fefedo riu.

— Como você chama?

— Lourenço! Esses são o Mário e o Aderaldo.

Os outros dois se aproximam de Fefedo para saudá-lo. Só agora Lelé, disfarçadamente, saiu de perto do lugar onde as armas estavam escondidas para apertar a mãos dos novos amigos.

O bairro Mãe Luiza estava constituído: centenas de pessoas comendo mal, pois a maioria era de trabalhadores pessimamente remunerados, gente desempregada, pedintes, empregadas domésticas, crianças sem escola, sem acompanhamento médico e dentário. O retrato do Brasil de valas abertas, lixo nas ruas, gente morrendo de fome, doentes sem remédios, ratos em toda parte e bebês morrendo de diarreia. Havia ainda a boca de fumo, funcionando muito bem e atraindo jovens que viam ali uma possibilidade de ganhar dinheiro fácil. O ponto de venda de drogas cresceu e contava com vários meninos fazendo rodízio para executar as vendas.

Lourenço, Mário e Aderaldo começaram a proibir a especulação imobiliária no local. Deram uma lição em Florisvaldo, porque ele tomava terra dos outros e vendia. Por ser forte, valentão e andar armado, expulsava os moradores de suas propriedades. Um belo dia, acordou uma família que investira todas as suas economias para morar em uma casinha no meio do mato. Mãe, pai e dois filhos tinham realizado o velho sonho da casa própria. Chegaram ali logo depois de Lúcia, que ajudara aqueles retirantes a escolher o lugar onde levantariam sua moradia. O terreno acabara se valorizando porque ficava no início da rua principal da comunidade.

Florisvaldo era uma espécie de corretor de imóveis. Conforme a comunidade foi crescendo, cercou vários terrenos e foi vendendo a quem quisesse comprar. Daquela vez, um comerciante queria um ponto para abrir uma mercearia e a casa dessa família seria ideal. Florisvaldo pediu um valor alto pelo local e o homem aceitou. Sem se dar conta de que o bairro agora tinha o dono da boca e que era ele quem estabelecia todas as regras, Florisvaldo foi lá, arrombou a porta, mandou a família pegar depressa os documentos, a roupa do corpo e o que pudesse levar, porque aquela propriedade agora seria dele. Florisvaldo só não esperava que os moradores fossem reclamar com Lourenço, Mário e Aderaldo. Os três foram ao encontro do invasor. Além de baterem nele, deram-lhe um tiro no pé e o expulsaram do bairro.

A boa nova foi que a prefeitura resolveu construir uma escola. A parte ruim é que o colégio empregava métodos retrógrados. Os professores e as professoras ainda usavam palmatória para punir os estudantes e castigavam as crianças, mandando-as ajoelhar no milho. Além disso, não havia lugar suficiente para que todas as crianças do bairro se matriculassem.

Outro que chegou foi o padre João Perestrello, que comprou um barraco e fundou o conselho comunitário. No local, era oferecido reforço escolar e os moradores se organizavam para exigir dos governos municipal e estadual medidas que favorecessem o bairro de Mãe Luiza. Logo depois veio o padre Aloysio, que ajudou a fortalecer o centro. Foi organizado um jardim da infância, para que as crianças fossem alfabetizadas. A parte religiosa era a que recebia menos atenção. Quem quisesse rezar o Pai Nosso ou a Ave Maria, rezava, mas quem não quisesse não seria expulso daquele local de fraternidade.

Adelaide não perdeu tempo. Quando viu aquele monte de meninas comendo mal, pedindo esmola na praia, tratou de falar com Lourenço, Mário e Aderaldo. Pediu a eles que comprassem uma casa bem dentro do mato, muito discreta, na Ribeira, e abrissem um cabaré com vários quartos e uma boa cozinha. Ela transformaria aquelas meninas carentes e bonitas em prostitutas e eles nadariam no dinheiro. Afirmava que as meninas também deviam ser bem remuneradas. Caso contrário, transariam a contragosto com os clientes e puta de má é igual a café frio. Ninguém aguenta.

E assim foi. Em menos de cinco meses, a boate estava pronta, com meninas bem tratadas, alimentadas, fazendo sexo dia e noite com aqueles porcos. Esses homens passavam na boca, compravam maconha e iam direto para a boate, onde bebiam, se alimentavam e depois faziam sexo com as moças. Os policiais também eram bem tratados por ali.

Fefedo nunca foi visto chorando depois dos sete anos de idade. Sempre que algum coisa ruim lhe acontecia, eram aqueles olhos trincados, a expressão séria, a esperança de vingança se desenhando na alma. Mas naquele dia, quando encontrou todo mundo de pé no quintal, desabou num pranto profundo. Chico e Severino tinham ido brincar no mato e Baleia seguira os dois. No meio do caminho, os policiais chegaram atirando a esmo. Houvera um assalto no bairro Tirol e eles queriam matar alguém para provar que tinham pegado os assaltantes que haviam trocado tiros com a polícia. Um dos tiros acertou o crânio de Baleia. O papagaio, que viu tudo, também caiu morto no chão, fez do luto a própria morte.

Ao ver seus bichos de estimação mortos em cima de um pano, Fefedo desabou a chorar. José não tinha mais forças para dar colo ao filho. Lúcia abraçou o rapaz, que deitou a cabeça no ombro da mãe.

Fefedo não era como essa gente que ama mais os bichos do que as pessoas, mas conseguia ver em Baleia e no papagaio a beleza de sua infância sem aquela tristeza que era a vida que levava hoje. Seus animais eram o campo florido em que ele corria atrás do nada, com o sorriso aberto. E o que era o nada? O nada eram as plantas, as aves cantando nas biqueiras, a água do riacho que ele atravessava de pés descalços, as frutas das árvores e tudo mais que o fazia recordar seu tempo de criança. Nunca esperou que essa felicidade terminaria assim, com tiro da polícia, que adora matar os pobres e tudo o que os acompanha, inclusive os seus animais.

Ele mesmo cavou duas pequenas sepulturas na frente do seu barraco e enterrou os dois bichos. Entrou em casa e, de joelhos, começou a rezar diante das imagens de Nossa Senhora Aparecida e de São José. Depois da reza, pegou as imagens e deu à mãe para que ela rezasse todo dia por ele e pela família. Tinha certeza de que as preces dele não seriam mais ouvidas. Rezava por rezar. Rezou naquele dia pelo seu passado, pela alma dos bichos, pois seu presente não carecia de reza nenhuma. Aqueles animais vinham do tempo em que ele vivia em paz. Se tivessem ficado onde moravam, nunca que sua cachorra morreria de tiro. Baleia morreria de morte morrida, como deve ser a vida.

Fefedo decidiu que não ia mais trabalhar como vapor de Marçal Aquino. A morte de seus bichos enchia-o de raiva. Como pode uma pessoa atirar num animal indefeso? Lembrou-se do dia em que os policiais haviam batido em seus pais e logo lhe veio a imagem dos três desgraçados morrendo em suas mãos. Ia mudar de vida, ganharia mais dinheiro para levar a família para um lugar de rico. Por um tempo faria como Marçal Aquino e logo seria como o matuto rico, que não aparece, que ninguém sabe quem é, mas que é o dono geral de tudo.

Naquele dia, dirigiu-se ao seu ponto de venda, deu instruções a Lelé e foi embora. Quando chegou a Mãe Luiza, foi a uma birosca perto da boca de fumo e, com cara de poucos amigos, pediu uma cerveja. Lourenço, Mário e Aderaldo se aproximaram e ele foi logo dizendo que queria metade do dinheiro do faturamento porque aquele ponto de vendas só existia por causa dele. O olhar, o tom de voz de Fefedo fizeram os traficantes aceitar sem pestanejar. Fefedo ficou mais animado ao ver a reação positiva dos três. Quando não havia mais ninguém querendo comprar maconha, eles foram até o forró de seu Mané, onde beberam mais e dançaram até altas horas. Depois, foram para a boate, onde Fefedo fez sexo com três mulheres e dormiu até meio-dia.

Quando saiu da boate, não entendeu bem aquele grupo imenso de pessoas caminhando em direção à praia. Só ao chegar mais perto pôde ver Pedro Muito Homem chorando e carregando, junto com José, Lúcia, Regina e Neuza, o caixão de Mãe Luiza, que havia morrido sentada num banco enquanto dava milho às galinhas junto com Chico e Severino.

O caixão foi posto no carro funerário e todos seguiram até a beira da pista para pegar a precária condução que os levaria até o cemitério.

Mãe Luiza estava deserta quando Fefedo se aproximou da boca de fumo onde Lourenço, Mário e Aderaldo observavam os vapores vendendo maconha. Fefedo, com sua cara séria, mandou Aderaldo ir até a boca de fumo onde trabalhava antes, pegar cinquenta papelotes de cocaína com Lelé e dizer que depois iria até lá pagar.

Quando chegava um cliente de maconha, perguntava aos três sócios da boca se era um maconheiro que consumia bastante. Queria saber, daqueles, quem não trabalhava, quem roubava, quem bebia. Ia dando cocaína de graça, dizendo que era melhor que maconha, que não provocava cheiro, que deixava doidão por horas e horas, que era droga de rico e que, se a polícia chegasse na hora em que estivessem usando, seria mais fácil descartar, era só assoprar para não ganhar um flagrante. Por uma semana, deu a droga àqueles com mais potencial de se viciar.

A vida foi passando e logo a boca vendia mais cocaína do que maconha. Lourenço, Mário e Aderaldo passaram a usar roupas caras, compraram carros, fizeram obras em suas casas e saíam com mulheres iguais a eles, que gostavam de luxo e riqueza.

Num domingo, Fefedo chegou à casa dos pais. Fazia tempo que não ia vê-los. Estavam todos de cara amarrada, pois sabiam de sua atividade naquele lugar. Como de costume, pediu a benção aos dois, que o abençoaram, mas não mais pronunciaram uma palavra sequer. Só Severino se jogou para ele. Nem Chico, que era seu xodó, se manifestou. O menino já entendia as coisas e via o sofrimento dos familiares com a atividade do irmão mais velho. Aquela coisa de pôr a culpa no sol, na seca, era muito fácil; difícil era trabalhar para viver bem, estudar e conseguir fazer um serviço digno.

De repente, Lúcia começou a falar da vida ilícita do filho. De como sofria com aquilo, que passava as noites em claro, preocupada. Fefedo não respondia, abaixava a cabeça como uma criança que leva um pito. Lúcia foi ficando nervosa, falando mais alto. José, pedindo calma, olhou para Fefedo e disse que o rapaz ia conseguir sair daquela vida. Fefedo permaneceu calado. Só levantou os olhos quando a mãe teve um infarto e morreu.

Ele avançou para socorrê-la, mas Chico se pôs na frente dele falando em alto em bom som que agora ela não precisava mais de ajuda.

— O que você podia fazer por ela, não fez. Agora ela não precisa mais da sua ajuda.

Mandou o irmão embora dali. Fefedo saiu em passos curtos, ouvindo os gritos de dor de toda a família, que mal havia perdido a mulher que os abrigara e agora perdia a mãe de forma tão dolorida.

Mas os acontecimentos ruins não ficaram por aí. No enterro, na hora em que os coveiros começaram a jogar as primeiras pás de terra sobre o caixão de Lúcia, José começou a tremer, a perder sangue pela boca, e caiu morto na cova da mulher que amou a vida toda.

Foi Chico quem deu a ideia de arrumarem outro caixão e sepultarem marido e mulher juntos, para que os dois passassem uma possível eternidade de mãos dadas, de corações juntos, mesmo sem batimento.

Pedro Muito Homem foi outro que não aguentou. Depois que Mãe Luiza partiu, mesmo recebendo os carinhos da mulher jovem que havia arrumado, vivia pelos cantos. Parou de comer, pouco bebia água e morreu sentado na areia da praia olhando o mar, achando que estava vendo Luiza a banhar-se nas ondas. Foi embora sorrindo.

Seu enterro também foi grandioso. Quase toda o bairro de Mãe Luiza foi ao sepultamento, como antes fora no de sua mulher. Dia de reza e choro pelos becos do bairro. A sensação de orfandade tomou conta daquele povo que tinha fugido da seca. O bairro era como um copo de água levando a sede embora — e agora tinha virado um lugar sem pai e sem mãe.

A partir desse momento, o lugar parecia não ter dono, como na verdade nunca tivera: tinha era protetor. Agora o dono de Mãe Luiza era Fefedo, o dono da boca, que vendia cocaína e maconha para moradores e para o pessoal que vinha de fora. O movimento crescia a cada dia. Fefedo mandava e desmandava, tudo dependia de seu humor, da força de sua raiva, de seu rancor, do ódio ao sol.

Com a morte de Mãe Luiza, Pedro Muito Homem, Lúcia e José, a comunidade perdeu a força. Ficou sendo um monte de pobres juntos, sem pai, sem mãe, com fome, com dores causadas pelas mais variadas doenças, sem ninguém que ouvisse seus pedidos de socorro e, agora, sem a reza de Mãe Luiza para benzer aqueles corpos danificados pela pobreza. Parecia que a comunidade tinha perdido a ancestralidade, o conselho dos mais velhos, a voz da experiência, a predisposição da bondade humana.

Oswaldo e Joana também morreram. Depois que eles morreram, seus filhos foram para São Paulo num pau-de-arara e hoje moram no Capão Redondo sob as rédeas do PCC. Conseguiram uma casinha que foram aumentando e estão lá. Envelheceram depressa nas conduções lotadas, no trabalho pesado, na alimentação deficitária e na falta de acompanhamento médico eficiente.

O Brasil é um país ruim, de gente ruim que se fortalece em cima da miséria. Uma elite que, por ser branca, se acha superior. A Europa também não presta, odeia negros, índios, latinos e pobres. Toda essa miséria começou com a colonização, com a escravidão, com a matança dos índios, que se deu em todo o Ocidente e que levantou a moderna economia europeia e norte-americana. Todos sabem de toda a desgraça que essa elite plantou no mundo, lucrando com a nossa miséria até hoje junto com os ricos brasileiros e seus descendentes quem lutam contra a inclusão social do resto da população. A sorte é que em todo mundo também tem gente solidária, pessoas que querem mais distribuição de renda. Gente que quer equidade racial, social e lutam por ela. Por isso homens e mulheres da Europa e do Brasil são, ao mesmo tempo, irmãos na construção de um novo mundo.

A comunidade foi crescendo. Havia ainda gente chegando da seca, morador de rua que ia comprando um pedaço de terra para pagar aos especuladores, agora protegidos por Fefedo, que recebia uma porcentagem sobre o valor de todo terreno vendido.

Chico e Severino cresciam sob os cuidados de Regina e Neuza. Os dois mudavam de calçada quando viam o irmão, que não falava com eles e fingia que não o viam. Chico era o melhor aluno naquela escola em que faltavam professores e serviam merenda velha, repetida e de péssima qualidade. Mas o menino insistia. Ia para o conselho comunitário do padre João Perestrello e do padre Aloysio, onde passava a tarde depois que saía da aula. O interesse pelos livros trazidos pelos padres, pelas histórias que eles contavam, pelas quatro operações matemáticas e seus desdobramentos, pela História do Brasil, era como alimento para sua alma, para o seu seguir em frente. Não via as tristezas daquela gente miserável, ou, se via, enxergava uma mudança próxima. Mesmo sem saber ou adivinhar o futuro, a esperança que compunha a luz de sua alma era mais forte do que tudo.

Neuza e Regina continuavam batalhando, limpando a sujeira da casa das patroas e patrões que as remuneravam com meio salário mínimo sem carteira assinada, sem décimo-terceiro, sem férias, sem folgas. Saíam da casa dos patrões aos domingos depois do almoço, deixando a cozinha limpa e voltavam na segunda-feira às sete da manhã. Às vezes, quando aparecia algum convidado, o almoço de domingo terminava lá pelas cinco horas da tarde.

O que as deixava tranquilas era que Chico cuidava bem de Severino, não passava o dia todo na rua, como aquela meninada que crescera com ele e agora fazia pequenos furtos, ficava em volta da boca de fumo querendo ser vapor, fazendo pequenos mandados para os chefes do tráfico.

Os bandidos da zona norte, Tutuca, Sérgio e Luiz, foram na boca de fumo de Mãe Luiza só para ver o movimento da venda de drogas. Ouviram falar que a boca de lá era a que mais vendia na região. Não foram em grupo para não chamar atenção, claro. Foram a pé, descalços, sem camisa. Observaram tudo e confirmaram que o lugar era mesmo uma fonte de riqueza. Tanto assim que Fefedo, sem que ninguém soubesse, havia comprado dois apartamentos de pobre na Ladeira do Sobe e Desce. Era para um deles que ia quando largava o serviço. Na verdade, ele nem trabalhava, só ia até a boca para levar as drogas e buscar dinheiro. O acerto com os policiais havia sido bom para os dois lados. A polícia, como sempre, só não queria assalto naquela região, muito menos nos lugares de ricos que cercavam Mãe Luiza, mas vender droga estava liberado, contanto que a propina não faltasse. Na verdade, a polícia não queria nenhum crime ali. Se os bandidos tivessem que matar alguém, eles que enterrassem o corpo. Nada de presente para a imprensa, nada de chamar a atenção para aquele lugar.

Tutuca, Sérgio e Luiz acabaram comprando barracos bem baratinhos em pontos estratégicos do bairro. Queriam observar o movimento da boca e da polícia. Não andavam juntos. Não queriam dar na pinta que eram parceiros e que pretendiam matar todos os vapores de uma vez só: Lourenço, Mário, Aderaldo e Fefedo. A tarefa não seria fácil. Além de os donos andarem armados, o gerente, os seguranças e os vapores tinham seus revólveres calibre 32 e 38.

Tutuca, Sérgio e Luiz viram que era impossível pegar todo mundo junto. Sempre faltava uma pessoa, ou mais de uma. E o principal, Fefedo, quase nunca se fazia presente. Tentaram marcar os dias e horas em que ele aparecia, mas às vezes ele passava semanas, até meses sem dar as caras. Aderaldo, Lourenço e Mário vez por outra iam até o apartamento do chefe e ficavam por lá fumando maconha. Levavam mulheres que tinham conquistado na noite fazendo-se de bons rapazes. Tutuca, Sérgio e Luiz não sabiam o que fazer para dar um bote certeiro.

Marçal Aquino estava cada vez mais amigo de Fefedo, e feliz com isso. É que o homem que havia sido seu gerente fizera seus rendimentos crescerem e agora dispunha de dinheiro para comprar dois apartamentos, também em lugares pobres, mas se tivesse cabeça poderia comprar outros e depois viver moderadamente dos aluguéis sem ter que trabalhar para rico.

Lelé era outro que ria à toa. Como gerente único e geral da boca das Quintas, tinha rendimentos lá em cima. Comprou uma casinha simples, fora de Mãe Luiza. Levou a família, que não sabia de suas atividades, para a nova residência. Ele dizia que trabalhava como segurança num supermercado. Não tinha carteira assinada para poder ganhar mais. Pretendia ficar no tráfico por mais um tempo, até conseguir comprar mais duas ou três casas iguais àquela e viver de aluguel.

Lelé era esperto. Tratava todo mundo bem, vendia fiado, ficava sempre rindo e assim seu dinheiro entrava mais fácil, sem aporrinhação. Em casa, o pai de Lelé sempre falava que a maior proeza do ser humano é fazer quem está ao seu lado feliz. O filho pôs isso em prática no ambiente de trabalho. Já estava recrutando um amigo de infância para substituí-lo na boca. Queria sair do crime sem ser preso, sem matar ninguém, sem roubar ninguém.

Tutuca, Sérgio e Luiz não sabiam o que fazer. Na favela onde moravam não havia ninguém com disposição para invadir Mãe Luiza. Mesmo os mais miseráveis, os que passavam fome todo dia, preferiam roubar nos mercados, nas vendas e nas padarias a entrar num lugar desconhecida e trocar tiros com bandidos que nem conheciam. A solução era observar os assaltantes dali mesmo, fazer amizade, voltá-los contra os donos da boca. Outra possibilidade eram os vapores, que ganhavam muito pouco em relação aos proprietários do ponto.

Com o tempo foram se enturmando, fazendo amizade, vendo quem eram os garotos mais perversos do lugar e falando mal dos chefes do tráfico, inclusive para os vapores que se mostravam mais carentes e ambiciosos. Os três diziam que aquela divisão de dinheiro, com os vapores ganhando mixaria, não estava correta. Tentaram se aproximar de Aderaldo, Lourenço e Mário, mas viram que eles eram muito fiéis ao chefe.
A meta era matar os três, esperar Fefedo chegar e largar chumbo nele também. Ficavam ali na boca de conversa fiada, faziam favor para os vapores que se revezavam em turnos de seis horas por dia. Logo na primeira semana observaram o dia e a hora em que a polícia passava para pegar o cala boca e armaram tudo para uma segunda-feira de manhã.

Tutuca ficou numa esquina, Luiz em outra. Sérgio foi para perto de Aderaldo, comprou um baseado e assim que ele deu bobeira, acertou dois tiros na cabeça dele. Antes que Lourenço e Mário pudessem reagir, Luiz e Sérgio passaram fogo neles. Alguns vapores que iam entrar no segundo turno morreram também, ao tentar reagir, porém os vapores Mauro, Eduardo e Tatal, que estavam ali naquele momento vendendo, levantaram as mãos e disseram que estavam com eles.

A boca agora tinha novos donos.

Assim como Lelé e Marçal Aquino, Fefedo ficou sabendo da morte dos sócios pelo jornal. Ficou triste, claro, mas não muito. Dizia que o sol secara suas lágrimas, por isso nem pela morte da mãe ele chorara, muito menos pela do pai. Não choraria por ninguém. O sol, para ele, não era aquele astro que brilhava e fazia a seca. O sol eram também os ricos, aqueles desgraçados que faziam a pobreza. Na cidade grande, esses ricos eram mais visíveis.

A sorte era que todos vão morrer um dia. Mas lá no inferno Fefedo faria todo tipo de maldade com aqueles ricos que haviam vivido bem à custa dos pobres. Seria parceiro do diabo. Voltou a trabalhar com Lelé nas

Quintas como se nada tivesse acontecido. Ia juntar dinheiro para comprar mais um apartamento, alugar e se aposentar. A única coisa de que sentia falta de Mãe Luiza era das meninas da boate e do forró do Mané. Da família, fora pegando raiva a cada passo que dava desde que saíra de seu lugar. Lá, via pouco a diferença entre pobres e ricos. Lá, morreria de sede, mas morreria feliz. Até Chico, que era seu xodó, dava adeus aos corpos dos avós como quem se despede do nada, a família toda dizendo que iriam morrer de sede se ficassem ali. Que morressem! Era melhor do que dormir na rua, comer resto de comida, apanhar da polícia na praia, trabalhar de empregada doméstica que nem Regina e Neuza, viver dentro do mato em Mãe Luiza sem saneamento básico, sem escola decente, sem atendimento médico, sem nada que os ricos têm de sobra. Tinha raiva do mundo e de quem inventou o mundo. Queria mesmo era fazer sua aposentadoria e envelhecer com dinheiro para ir ao médico particular quando estivesse doente, comer a comida que tivesse vontade de comer. Não queria ser rico, não. Queria só ter dignidade.

Em Mãe Luiza o tempo fechou por quase um mês. A polícia tentava, sem resultado, saber o que estava acontecendo. Achava que Fefedo havia morrido também, não sabia quem teria praticado o crime, quem eram os novos donos da boca, se bandidos de outro lugar tinham invadido o bairro. Só tomaram consciência de que tudo havia mudado de verdade quando, andando por Mãe Luiza, querendo saber o que realmente acontecera, receberam uma saraivada de balas que os fez correr pelas vielas sem que os tiros parassem de passar perto deles. Um policial foi atingido no ombro.

Mãe Luiza se modificara. Tutuca, Sérgio e Luiz soltavam seus ódios em cima desses capitães-do-mato modernos, dessa raça de desgraçados que protegiam os ricos e massacravam os pobres. Não iam dar dinheiro à polícia de forma nenhuma, porque a polícia é que havia tirado a vida do pai deles na favela onde moravam. Isso mesmo: os três eram irmãos. Quando crianças, por volta das seis horas da tarde esperavam na calçada o genitor chegar do trabalho com algum doce que, muitas vezes, pegava fiado na venda. O pai, forte, punha os três no colo e os enchia de beijos, com todo amor do mundo. Ia olhar os cadernos, ensinar o dever de casa, dar banho, esperar a mãe servir o jantar para então, junto com ela, cantar músicas de ninar até eles dormirem.

Foi numa sexta-feira, dia de pagamento, quando o pai chegava com as compras, que a polícia o mandou parar e pôr as mãos para o alto. O pai fez o que a polícia mandou, mas levou tiro por todo lado. Os meninos ainda viram um dos policiais vasculhar o corpo e pegar o dinheiro da semana. A tristeza era uma sombra na vida daquelas crianças. Nunca mais riram. Tudo piorou depois que a mãe se deitou na cama e nunca mais bebeu água, nunca mais comeu, nunca mais fez nada na vida. Só saiu dali para o cemitério.

Os meninos sobreviveram pedindo esmola em sinal de trânsito, fazendo qualquer serviço em troca de merreca, comendo restos do lixo. Nunca mais foram à escola. Foram expulsos da casa onde viviam por não pagar aluguel. Dormiram na rua e passaram fome.

Mauro, Eduardo e Tatal, os vapores de Fefedo, levantaram as mãos e disseram que ficariam com os novos donos da boca só para não morrer. Quando se viram livres, conversaram e resolveram que matariam os três assim que tivessem oportunidade.

Com a boca de Mãe Luiza dominada, Luiz foi até sua favela, contou sobre o acontecido e levou mais dez meninos para formarem com os três. Era seu momento de glória. Tudo certo. Os irmãos ficariam ricos.

Os vapores Mauro, Tatal e Eduardo foram formando soldados para sua quadrilha. Com a ajuda de Fefedo e Lelé, conseguiram armas com Marçal Aquino.

Mãe Luiza agora estava armada. Não tem mais arrego para a polícia, não tem mais respeito aos moradores, não tem mais hora para começar o tiroteio, não tem mais nada que não se cubra com o manto da violência.

A primeira investida da quadrilha de Mauro, Tatal e Eduardo foi bem ao começo da noite de uma segunda-feira. Luiz, Sérgio e Tutuca achavam que estava tudo tranquilo, que os antigos vapores estavam sumidos porque tinham realmente ficado do lado deles e não queriam se meter em confusão.

Na verdade, os vapores queriam matar os chefes, pois fazendo isso tiravam daquele lugar quem não era de lá. Posicionaram-se de modo a poder atirar acertando a cabeça dos três inimigos.

Tutuca, Luiz e Sérgio estavam felizes, a boca vendia bem naquele início de semana. Se a semana tinha começado boa, no fim de semana ganhariam muito dinheiro. Cheiravam cocaína e fumavam maconha quando a bala do revólver de Tatal estourou a cabeça de Tutuca. Os outros tiros mataram Sérgio e Luiz. O tiroteio se intensificou. Os moradores procuravam abrigo, ninguém sabia de onde vinham as balas. Era bala para tudo quanto era lado.

Mauro levou um tiro. Ficou agonizando no chão.

Por coincidência, os policiais vinham entrando na hora em que o tiroteio começou. Queriam encontrar Fefedo e recolher o dinheiro deles. Quando ouviram aquele monte de tiro, não entenderam o que se passava. Ficaram na entrada de Mãe Luiza esperando a confusão acabar.

Quando os tiros cessaram, cinco policiais entraram sorrateiros em Mãe Luiza, passando pelos corpos estirados no chão. Não sabiam o que de fato estava acontecendo. Claro que sabiam que aquilo era uma guerra pelo controle do tráfico, mas não faziam ideia de quem era o invasor, quem estava no controle, quais bandidos queriam invadir. Pararam num ponto estratégico de onde olharam uma boa parte do local.

Os policiais andaram abaixados pelos becos e vielas, procurando não fazer barulho. O número de corpos de adolescentes envolvidos naquela guerra só aumentava.

Mauro não tinha forças para se locomover. Eduardo e Tatal já iam carregá-lo quando viram o vulto dos policias se aproximando. Acharam que eram inimigos e largaram bala neles. Os policiais revidaram e os dois tiveram que largar o parceiro, que acabou morrendo ao levar mais um tiro na cabeça. A polícia reconheceu o corpo de Mauro e intuiu que eram os vapores de Fefedo. Começaram a gritar o nome de Tatal e Eduardo, que escutaram e se aproximaram com as mãos para o alto. Os policiais abaixaram as armas, mandaram os dois se aproximarem. Queriam entender o que estava acontecendo. Eduardo insistia em voltar para socorrer Mauro, mas desistiu quando um dos policiais disse que o examinara e constatara que ele havia morrido. Tatal começou então a contar o que se passava naquele lugar, sem notar que três bandidos da quadrilha inimiga estavam escondidos num lugar de onde poderiam matá-los tranquilamente.

Comunicando-se com sinais, fizeram pontaria. Não miraram nos policiais e sim na cabeça de Tatal e Eduardo, que morreram quase ao mesmo tempo.

Os policiais saíram em disparada, concluindo que havia muitos bandidos escondidos por ali. E realmente havia, pois o tiroteio recomeçou. Ninguém sabia quem era inimigo e quem era amigo, e os tiros não pararam até o dia clarear.

O bairro de Mãe Luiza era o assunto mais repetido nos artigos dos jornais e nas conversas da cidade e da polícia, que não entrava na comunidade, mas ficava nas entradas revistando quem chegava e quem saía, esperando a munição dos bandidos acabar para depois entrar, prender os invasores e pôr os membros da quadrilha de Fefedo para vender drogas de novo. Sem a venda de drogas os bandidos não teriam dinheiro para comprar armas e munição.

O que a polícia não esperava era que Chico Velho, um dos moradores mais antigos do lugar, repassasse armas e munição para as duas quadrilhas. Chico Velho sabia quem era quem, onde os quadrilheiros se reuniam e a hora de encontrá-los. Era cabo velho da marinha. Conseguir munição e armas era mole para ele.

A guerra agora não era mais só para disputar a venda de drogas. Muitas mortes precisavam ser vingadas. O grupo que invadira a boca conseguira trazer alguns soldados que eram de Mãe Luiza para o lado deles. O pessoal da turma de Fefedo também conseguira mais soldados para sua quadrilha. Os combates não paravam e todos foram se acostumando com isso. Era assim em todo o Brasil. Pobre se matando atrás de dinheiro, de vida melhor.

No meio do conflito ficava uma população de trabalhadores explorados, vivendo na miséria, sem alternativa e obrigada a se habituar àquela violência provocada por jovens que desde o nascimento eram sacrificados pela vida. Claro que havia tempos de trégua. Por exemplo, quando uma quadrilha perdia seus principais líderes e os membros restantes fugiam para morar na rua, viver em outra favela, ou mesmo se meter num pau--de-arara e partir para o sudeste do país em busca de uma vida melhor que não encontrariam. Acabavam indo parar em favelas ainda mais violentas do Rio de Janeiro ou de São Paulo.

Lelé fez amizade com Marçal Aquino e os dois se tornaram grandes amigos. Pararam de vender drogas na rua. Viraram fornecedores e nem iam levar a mercadoria até as bocas de fumo. Ficaram ricos, iam para os Estados Unidos passear juntos, cada um com sua família. Compraram cada um uma agência de automóvel e largaram o tráfico de drogas para sempre.

Fefedo parou com o tráfico, comprou mais um apartamento, arrumou uma vaga de porteiro e morava no prédio no qual trabalhava. Começou a se relacionar com uma mulher que conhecera enquanto fazia compras no mercado. Prontificara-se a carregar a sacola dela até o ponto de ônibus. Casaram-se e tiveram dois filhos que foram muito bem-criados, com escola particular e assistência médica de qualidade, pagos com o dinheiro dos aluguéis mais o salário de porteiro. Foi feliz para sempre.

Regina e Neuza saíram de Mãe Luiza com Severino e Chico num pau-de-arara com destino ao Rio de Janeiro. Foram morar no morro da Mangueira. Com o dinheiro que haviam guardado, as duas irmãs conseguiram comprar uma pequena casa de alvenaria bem no alto do morro. Severino estudava no colégio da própria comunidade e lá cursou seu segundo grau. Queria seguir os passos de Chico, que começou a trabalhar como frentista, terminou o segundo grau e entrou na faculdade de letras da Universidade Federal do Rio de Janeiro. Logo se tornou professor das redes privada e pública. Tirou a família do morro, foram morar em Santa Teresa.

A comunidade de Mãe Luiza só piorou com o tempo que, como as alegrias da vida, passa rápido. O que era ruim foi ficando pior; morriam dez bandidos e surgiam vinte. A população aumentando, a fome ganhando corpo, a miséria se alastrando por todo lado, crianças morrendo das mais variadas doenças por falta de um cuidado médico, ou comida. Ou porque as famílias estavam arrasadas demais pela miséria

Quando os bandidos quebravam o acordo com a polícia, ela chegava dando tiro a esmo. E foram anos assim, com esse tumor que a pobreza faz crescer.

O brilho do sol nos olhos de quem ajuda

Era manhã de sol. Desse sol que desconcerta a noite e a faz ir embora, trazendo o tom da aurora cheia de cores que nenhuma palavra pode descrever.

Enquanto os pardais, os colibris e os beija-flores encantados, com seu brilho, fazem a voz da manhã, ele brincava de sair de dentro do mar por entre as nuvens que criara.

Entrava pelas frestas das janelas, aquecia os corpos dos que estavam nas varandas, ruas e quintais, despertando casais que dormiram abraçados em juras de amor.

A gente só vê o que é iluminado. Nada sem o brilho do sol floresce, cresce, envelhece.

Nenhuma cor, nenhuma flor, nenhum amor pode se transformar na arte que faz o humano ser melhor se o sol não inventar o tempo, pai de toda criação.

Senhor do futuro que Mãe Luiza e Pedro Muito Homem um dia sonharam para aquele lugar.

O sol é a estrela que resolveu viver mais perto da humanidade. Sem seu fogo não há água que se transforme em vida, não há presente que vire passado, não há nada que não possa escapar do que serão os novos dias.

O sol batia forte no rosto de Sabino. Os seus olhos eram hipérboles da luz do sol quando ele deu seus primeiros passos no chão de Mãe Luiza.

Olhava atentamente as valas abertas, com restos de comida e fezes. Por toda parte havia cheiro de urina e meninos maltrapilhos, alguns com feridas pelo corpo, brincando perto do lixo. Observou os velhos sem assistência, morrendo mais depressa e tristemente na frente dos pequenos quintais, jogados pelos becos. Os moleques faziam de conta que não o viam ou, se viam, agiam como ele se fosse uma pessoa que morava ali havia tempo.

Observava jovens de escola pública sentados conversando nas esquinas, vendedores anunciando aos berros produtos de pobre, convalescentes de várias doenças tomando sol. Era uma Mãe Luiza que não via um futuro melhor se desenhando, uma periferia como outra qualquer do Brasil. Só que aquela tinha seu povo todo, praticamente, fugitivo da seca, mergulhado na podridão de vida que o Estado brasileiro oferecia.

Sabino entrou numa venda de bebidas, doces e outros produtos baratos onde se reuniam vários alcoólatras. Alguns falavam de futebol, outros estavam deitados no chão, completamente embriagados. Pediu uma cerveja, depois de um sonoro bom-dia. Os homens responderam quase que em coro, automaticamente, sem olhá-lo no rosto. Como ali entrava e saía gente a todo momento, davam bom-dia sem saber para quem e não repararam que aquele homem era diferente de todos ali.

Sabino voltou-se para a entrada da venda. Olhando o movimento daquele horário, viu homens de terno e gravata pregando o evangelho de porta em porta, entre várias pessoas passando sem ter o que fazer. Sabia do padre João Perestrello e do padre Costa. Perguntou a uma senhora que passava na rua onde era o centro comunitário criado pelos dois. Ela informou com toda a segurança e toda a delicadeza do mundo, dando detalhes do caminho que era preciso percorrer para chegar lá. Concluída a explicação, disse a Sabino que o filho mais velho havia estudado naquele centro educacional alternativo. Relatou ainda que gostaria que o mais novo também estudasse lá, mas que o espaço estava fechado fazia tempo.

Sabino pagou a cerveja, caminhou até o local indicado pela mulher e inspecionou a casa com discrição, pois agora uma família morava onde antes fora o centro comunitário. Era uma habitação pequena para o número de crianças que brincava no quintal. Tentou imaginar o que poderia ter dado errado para que os padres abandonassem o trabalho social na comunidade.

Desde o dia em que teve contato pela primeira vez com crianças de Mãe Luiza vendendo doces do lado de fora do Colégio Salesiano e ficou sabendo das condições do lugar, sabia que precisaria comprar uma casa grande, para poder fazer algo de bom naquele bairro. Tinha no coração uma enorme disposição para ajudar. Não sabia como levar adiante aquele desejo, só tinha a certeza de que se não desse o primeiro passo, não iria para a frente, para o futuro que o sol desenha todo dia em nossas vidas.

Voltou a caminhar pelo bairro e foi andando até uma casa grande, de que tinha gostado. A construção ficava num ponto estratégico e pensou que talvez os donos quisessem vendê-la. Bateu palmas em frente ao portão e algumas crianças vieram atender. Disseram que a mãe e o pai tinham ido trabalhar e só voltariam à noite.

Sentou-se no banco que havia em uma pracinha, olhando para todos os lados como quem está só vendo o tempo passar, naquele final de mil novecentos e setenta e nove. Imaginava quanta dor estava embrenhada naqueles becos, naquelas casas malfeitas, naqueles caminhos que tantas crianças soltas e desamparadas atravessavam correndo, brincando, sem saber que eram infelizes.

Olhava tudo aquilo, mas na verdade imaginava o que poderia fazer junto à comunidade. Ajudar a tudo e a todos como quem ama a vida e o que a faz florescer.

Sabino era assim, desses que vivem em estado de poesia, filosofia e ação. Seu coração estava acima de tudo, até dos deuses das diversas religiões existentes em nossa humanidade. Sabino era um cristão atento às pessoas e à concepção que cada um tem de Deus. Respeitava e amava verdadeiramente as diferentes percepções que os humanos têm do sagrado. Para ele, isso era mais importante do que as religiões. Alcançou autoridade teológica entre católicos e não católicos, e via sua ação pastoral como universal; com isso, era profundamente cristão, pois para ele a Igreja devia se preocupar com todos.

A fome chegou por volta das catorze horas. Voltou à venda, pediu pão com mortadela, que era o que havia para comer. Teve vontade de tomar outra cerveja.

A casa que buscava era aquela, bem no meio do bairro. Se conseguisse comprá-la, era ali que construiria a sua igreja. Sabino pedira demissão da direção do Colégio Salesiano, em Natal. Quando crianças que viviam em Mãe Luiza lhe contaram sobre a triste situação do lugar, decidiu que iria morar no bairro para ajudar a mudar aquela realidade, fosse como fosse. Continuar no Salesiano, participando daquelas reuniões com pouca gente, não ajudaria em nada. Tinha que ir aonde o povo estava, participar de seu cotidiano.

A dona da casa chegou, junto com o marido, carregando bolsas com compras. Preferiu não falar com eles naquele momento. Esperaria o homem tomar seu banho e ir até a venda beber uma cachaça para abrir o apetite, como fazia a maioria dos trabalhadores do lugar. Mas ninguém saiu, e Sabino resolveu ir embora.

Voltou a Mãe Luiza por vários dias, sem dizer que era padre, numa normalidade que se tornou costumeira. Foi fazendo amizade com as pessoas nos bares, nas esquinas, à porta dos colégios. O povo só descobriu que ele era sacerdote pelos jovens com quem ele havia conversado na porta do Colégio Salesiano.

Sabino acabou desistindo de comprar a casa de que havia gostado quando percebeu que a família estava bem estruturada ali e soube que o proprietário tinha planos de aumentar a moradia, construindo mais dois quartos.

Logo ficou sabendo que outro padre era dono de uma casa em Mãe Luiza e mantinha a propriedade fechada. Foi atrás dele, na igreja de um bairro próximo, onde ele estava sendo cuidado por outros sacerdotes. O religioso queria construir uma igreja no bairro, mas fora acometido por uma doença grave e não teve condições de dar prosseguimento a seu intento. Esse padre quis doar a casa a Sabino, que não aceitou: fez questão de pagar, porque assim ajudaria o padre em sua doença. Depois de reformar a pequenina casa, Sabino fez dela a sua morada.

Daí para a frente, rezava com o povo nas esquinas vestindo sua indumentária de padre, ia às escolas e fazia palestras, visitava pessoas doentes, levava-as ao médico, dava comida aos necessitados, fazia procissão na Ribeira nos dias santos, conversava com seu Zé Pelintra, com dona Maria Padilha e com seu Tranca-Rua nos terreiros de umbanda... Às sextas-feiras, frequentava os forrós de seu Mané e dançava sem maldade com todas as mulheres desacompanhadas. Também ia à delegacia soltar pessoas presas por estarem sem documentos. Sabino ajudava o povo a lutar pelos seus direitos.

Com o tempo, foi se integrando às rezadeiras, aos administradores dos albergues e aos legionários. Fazia belas fogueiras nos dias de São Pedro e São João. Promovia caminhadas na época da Campanha da Fraternidade, que sempre apresentava uma temática político-social. As mulheres que se prostituíam no cabaré da Ribeira também foram se aproximando das atividades que Sabino promovia; muitas acabaram deixando o meretrício. A intenção dele não era apenas praticar a caridade; também queria lutar por uma vida melhor para todos.

Sabino tinha muito humor. Assistia às novelas da TV Globo para entender as pessoas e se comunicar melhor com elas. Era italiano, mas parecia brasileiro por não ter sotaque, brincar muito e fazer piada com tudo. Fazia qualquer pessoa se sentir o ser humano mais importante do planeta. Sempre tinha tempo para todo mundo e não dava pito em ninguém.

Também se acertou com os bandidos. Pedia a eles que baixassem o som da vitrola sempre que davam festa com música alta, e que não soltassem foguetes avisando sobre a chegada de drogas em frente à casa dele. Ganhou autoridade, e até pedia que devolvessem as coisas roubadas na comunidade. Quando um roubo acontecia e o produto do crime já havia sido passado adiante, os bandidos iam atrás da mercadoria e a entregavam de novo ao dono.

Levava os alemães e italianos que iam visitá-lo para conhecer o ritual da umbanda e, se quisessem, tomar passes. O sagrado o encantava em todas as religiões.

Ficou conhecido das autoridades, inclusive de promotores e juízes. Um pessoal da universidade montou, junto com os moradores locais e pessoas ligadas à arquitetura, a lei que protegeu Mãe Luiza no Plano Diretor de Natal; além disso, com a ajuda dos moradores, organizou o mutirão que iria transformar os barracos de madeira do bairro do Sopapo em casas de alvenaria.

No Brasil e no exterior, contava com o apoio de pessoas que contribuíam financeiramente para sua obra, mas nem a igreja católica nem o poder público ajudavam. Mais tarde, com a ajuda de seu Cabral, católico fervoroso, comprou outra casinha, onde construiu um espaço para ser usado como capela.

Seu Cabral, que auxiliava o padre em suas ações sociais, tinha a intenção de comprar as propriedades vizinhas para aumentar a igreja e fazer um centro social, mas antes que isso fosse possível as missas aconteciam todos os dias na pequena capela. No lugar havia um altar com uma cruz e várias imagens de santos. Contava também com bancos de madeira para os idosos poderem se sentar. As celebrações propunham reflexões sobre a vida da comunidade, suas alegrias, tristezas, injustiças e esperanças. Os estudos teológicos de Sabino eram transmitidos com clareza para os jovens, adultos e idosos, que entendiam tudo sem revolta, mas com garra para lutar por uma vida melhor numa sociedade injusta. Sim, Cristo estava presente ali em forma de consciência política.

Aconteceu, porém, que de uma hora para outra seu Cabral se tornou evangélico. É que os crentes todo dia iam à capela, quando Sabino não estava, influenciar o homem e prometer vantagens se o lugar virasse uma igreja evangélica.

Ele resistiu por um bom tempo, até que um dia pegou a cruz e as imagens dos santos e jogou tudo na rua, dizendo que eram coisas do demônio. Sabino, sem saber de nada, foi rezar sua missa e arregalou os olhos quando viu a cruz e a imagem de seus santos jogadas no chão.

As pessoas que haviam ido à missa ficaram horrorizadas vendo aquele monte de homens trajando ternos e mulheres de saias e vestidos compridos chegar à capela. Sabino entrou no templo e seus seguidores foram atrás. Lá dentro, um pastor pregava contra o catolicismo. Dizia que, segundo Cristo, adorar imagens era pecado, e ali agora era uma igreja evangélica em nome do Senhor. Padre Sabino, sereno, pediu a palavra e convocou seus fiéis:

- Quem quer continuar católico me acompanhe.

Várias pessoas seguiram o padre, que rezou sua missa na rua, como se nada tivesse acontecido, e sem tocar no nome daquele que tinha virado pastor evangélico do dia para a noite. Depois de uma semana, o próprio seu Cabral foi à casa de Sabino devolver ao padre o dinheiro que o religioso havia investido na compra do terreno e na construção da capela.

Depois de muita luta, a prefeitura acabou doando a Sabino um terreno imenso, num lugar estratégico, praticamente no centro do bairro.

Sabino tinha amigos arquitetos e engenheiros que fizeram o projeto da igreja. A construção contou com um batalhão de voluntários trabalhando. Crianças, mulheres e homens, velhos e pessoas de toda sorte ajudaram a levantar a igreja, enquanto construíam também um reino de mais justiça social, conceitos que Sabino considerava inseparáveis. Ao mesmo tempo, o padre desenvolveu uma obra social, que denominou Centro Sócio Pastoral Nossa Senhora da Conceição.

Os amigos alemães, sua própria família, amigos italianos, suíços e brasileiros o ajudaram financeiramente nessa primeira empreitada, e a construção ia de vento em popa. Claro que às vezes era preciso parar o trabalho por algum atraso na chegada dessa ou daquela ajuda, mas nada que interrompesse a obra por muito tempo.

Enquanto os trabalhos estavam em andamento, Marco Nanuki – outro católico que havia virado crente – e Cabral levaram um cheque de vinte mil para o padre, que rezava missa no meio da construção. Seu Oscar, amigo de Sabino, rasgou o cheque e devolveu os pedaços de papel aos dois.

Depois de alguns meses, a igreja ficou pronta. No dia em que colocaram o teto houve uma festa jamais vista em Mãe Luiza. Cada um contribuiu com a comida e a bebida que pudesse, numa comemoração que varou a noite. Estava criada a capela de Nossa Senhora da Conceição de Mãe Luiza. Uma das poucas pessoas a manter-se sóbria foi Sabino: o cara era bom de copo. Disciplinado, italiano que não negava a origem, era como se não tivesse bebido um só gole de bebida alcoólica. Entornava vinho com prazer. As pessoas perguntavam se padre podia beber, e ele falava, curto e gracioso:

— Pode!

O acabamento da obra também foi rápido e divertido. Agora, já havia condições para que se criassem, no Centro Sócio Pastoral, anexo à igreja, um jardim de infância e uma escolinha de alfabetização de adultos, como queria a comunidade. Assim, o espaço passou a estar sempre cheio de pessoas circulando pelos corredores. Os professores eram moradores da própria comunidade, cursando séries escolares mais avançadas, que se prontificaram a dar aula mesmo sem nenhuma prática ou diploma, num ato de amor e solidariedade.

Irmã Anatólia, sertaneja do interior do estado, era da cidade de Santa Cruz. Filha de uma família católica – uma de sete irmãs –, desde muito cedo tomara a decisão de dedicar-se à vida religiosa. Tornou-se freira no ano de 1964. Quando o padre Sabino resolveu ir para Mãe Luiza, passou no colégio Maria Auxiliadora, próximo ao bairro, para pedir ajuda às irmãs, na tarefa de organizar a Igreja católica por lá. As freiras, então, compraram uma casinha próxima à capela de Nossa Senhora da Conceição, que estava sendo construída, e ali ficaram por dois anos. Após esse período, decidiram voltar para o colégio, exceto irmã Anatólia, que permaneceu em Mãe Luiza e se tornou o braço direito do padre Sabino em tudo que se relacionasse à igreja.

Irmã Anatólia ganhou o carinho de toda a comunidade; era ela que aconselhava velhos e moços nos problemas muitas vezes tão difíceis que enfrentavam.

No Centro Sócio Pastoral, logo foi criado também um grupo de jovens que, quando Vitória chegou, querendo participar, disputavam, de forma intensa, a coordenação. Ela não gostou; já era mocinha, não ia ficar no meio daqueles adolescentes cheios de energia falando alto e rindo por besteira, e só voltou quando a escolinha foi inaugurada.

Com os coordenadores escolhidos, Vitória e Inês começaram a frequentar as reuniões de educação infantil e adulta.

Vitória não perdia as reuniões pedagógicas, mas gostava mesmo era das questões políticas. Quando foi criada a Pastoral Operária, a mocinha se encantou. E, num primeiro de maio, quando Sabino saiu com todo mundo para fazer manifestações nas portas das fábricas por melhores salários e melhores condições de trabalho, ela jurou a si mesma que nunca mais abandonaria a luta pela igualdade social.

Vitória e Inês se aproximaram de Sabino na Pastoral Operária. Vitória já fazia parte do sindicato dos professores. Não era católica praticante e preferia o verbo ser ao verbo ter. Isso regia toda a sua visão e toda a sua prática política. Sofria ao ver as pessoas fazendo fila para matricular os filhos na escola do Centro Sócio Pastoral. Também não se conformava quando as mães passavam dois dias na fila para arrumar uma vaga na escola pública para as crianças – e não conseguiam.

Por isso, junto com o pessoal das pastorais, ajudou a fundar o Partido dos Trabalhadores em Natal. Para arrecadar fundos, vendeu cerveja nas festas organizadas pelo partido. Numa dessas festas, encheu a cara junto com padre Sabino, depois de fechar a bilheteria do bar. Vitória havia se encontrado. No Centro Sócio Pastoral, se tornaria a pedagoga responsável pela pré-escola Espaço Livre.

Inês era muito participativa e inteligente, e tomou a iniciativa de ingressar, junto com Vitória, na Pastoral Operária fundada pelo padre Sabino. Formou-se em história, passou no concurso para professores da Prefeitura e ensinava numa escola do bairro.

No Centro Sócio Pastoral, ficaria responsável pela Casa Crescer, a escola de segundo turno que iria cuidar das crianças que não estavam conseguindo acompanhar o ensino regular.

A escola pública municipal onde Inês trabalhava, muito graças a seu esforço e porque ela aplicava o que tinha aprendido na lida em Mãe Luiza, era tida como uma das melhores escolas públicas municipais da cidade. No Centro, com seu jeito discreto, Inês era uma coluna vertebral.

Um dos maiores problemas em Mãe Luiza era a mortalidade infantil. Por isso, quando conheceu Gabriela, Sabino resolveu pedir ajuda à moça. Gabriela era prima de um amigo seu e estava passando um ano sabático no Brasil. Trabalhava como assistente familiar no seu país.

Gabriela entrou em Mãe Luiza uma manhã, olhou aquela dor estampada nos olhos das pessoas, e entendeu por que Sabino lhe pedira ajuda. Sentiu-se como aquela gente se sentia, e isso a fez admirar Sabino. A palavra de Cristo, para quem acredita nele, tem de ser posta em prática. Em pouco tempo, acompanhada de pessoas da comunidade, Gabriela estava visitando as grávidas e as famílias de crianças de até um ano de idade. O padre fazia compras e doava às famílias necessitadas, na tentativa de diminuir a morte de crianças. Gabriela se entregou de todas as formas àquele trabalho. Nos dias de folga, vendia artesanato para contribuir com as despesas da igreja.

Bento tinha se formado em medicina. O curso e a política estudantil haviam ficado para trás e, interiormente, ele sabia que precisava de novos horizontes. Passeava pela praça Padre João Maria quando viu Gabriela tentando falar português com os fregueses, para vender os jogos educativos e o artesanato feito em Mãe Luiza. O amor não tem hora nem lugar. Ela, quando o viu, perdeu a voz. O mundo parou para os dois. Depois do impacto inicial, o rapaz deu um belo bom-dia em francês, que ela respondeu com aquele sorriso de amor à primeira vista. Ele ficou ali, ajudando a moça a se comunicar com os compradores.

Bento era marxista. Seu pensamento sobre uma sociedade igualitária fora herdado do pai, expulso da Petrobras quando a ditadura tomou conta do país, por ser militante sindical. Bento era um jovem idealista; queria a inclusão social de todo ser humano. Gabriela se tornou a mulher de sua vida: os dois concordavam em tudo, numa sintonia que nunca antes haviam tido na vida. Só se ama uma vez neste mundo, eles sabiam. Apesar de ela ser religiosa e ele cético, o propósito de vida dos dois era o mesmo.

Em pouco tempo, Bento começou a dar consultas de pediatria num espaço próximo à igreja. Sugeriu ao padre Sabino que os dois organizassem um seminário sobre saúde da criança. Assim, poderiam conversar com a comunidade sobre a questão da mortalidade infantil. No decorrer do evento, muitas ideias surgiram. Logo as visitas sanitárias às gestantes e crianças com menos de um ano passaram a ser feitas juntamente com um grupo de mães do próprio bairro. A ação se chamou Projeto Amigos da Comunidade. Para Bento, o trabalho em Mãe Luiza foi uma continuação do trabalho que havia desenvolvido no movimento estudantil.

Cada um com seu saber e seu coração, Bento, Gabriela e Sabino treinaram visitadoras que controlavam a vacinação, as doenças respiratórias, o aleitamento materno e a alimentação dos bebês depois do desmame. Eram doze visitas por ano a cada família, uma por mês, e Vitória também fez questão de participar pessoalmente desse trabalho.

Úrsula conheceu o padre Sabino em junho de 1980. Estava num leito de hospital, deprimida e com pneumonia. Uma freira do hospital, sabendo da força espiritual de Sabino, chamou-o para conversar com Úrsula, que saiu da depressão e concluiu o curso de odontologia. Depois, numa missa de Dia das Mães em Mãe Luiza, Sabino pediu a ela que fizesse curativos numa pessoa da comunidade que sofria de câncer de mama.

Úrsula passou a ser pessoa de grande confiança de Sabino, com quem dividia preocupações pessoais e o andamento dos trabalhos na comunidade.

Depois de realizar outro seminário, este denominado Mãe Luiza Cuida dos Seus Idosos, sobre os problemas da terceira idade, o grupo em formação concretizou outro projeto, o Espaço Solidário. O lugar tinha a função de atender aos idosos sem recursos, famintos, abandonados pelas famílias, alcoólatras, moradores de rua, enfermos. Eram muitos os idosos praticando a mendicância, abandonados ao deus-dará. Um exemplo: ninguém da família aguentava Lucinda em casa. Por isso, alcoólatra, ela vivia na rua e comia lixo. Acolhida pelo Espaço Solidário, a idosa demorou mais de um ano para entender que agora tinha uma casa. Tinha a convicção de que morava na rua, por isso eram as pessoas do Espaço que iam resgatá-la quando ela saía, e a levavam para seu refúgio. Anos depois a vida familiar de Lucinda havia ressurgido, com as visitas que a família lhe fazia no Espaço Solidário.

Gabriela era responsável pelas visitas da assistência social; negociava com as famílias para que a situação dos idosos melhorasse. Muitos moradores iam até o Espaço Solidário relatar a situação de calamidade em que viviam alguns idosos – inclusive vivendo amarrados em cadeiras. Eram casos horríveis; às vezes era preciso chamar o Ministério Público. Essas coisas deixaram de acontecer à medida que uma nova cultura de cuidados com os idosos foi sendo construída, graças ao diálogo entre o Centro Sócio e a comunidade. Inspirada nas ideias de Sabino, a arquitetura do Espaço Solidário era a de uma casa aberta a todos.

Quando o Projeto Amigos da Comunidade chegou ao fim, todas as pessoas que faziam visitas sanitárias às gestantes e aos bebês foram contratadas por Sabino para trabalhar no Espaço Solidário. A mortalidade infantil ficara para trás; a maior preocupação, agora, era com os velhos. Sabino se virava de tudo que era jeito para manter aquela ação de boa vontade funcionando. Ali, os idosos tinham, além de alimentação, recreação, convivência, e assistência psicológica e médica. Recebiam também carinho, amor e paz, que aquele grupo que reunia gente de lugares, idades, origens sociais e culturas tão diferentes oferecia com todo o carinho do mundo. Até Bento, que continuava cético, chegou a acreditar que Deus é que os havia reunido. Sua fé surgiu por incapacidade de explicar certas coisas com base na ciência.

A única vez que padre Sabino quis passar o dia e a noite sozinho foi quando seu pai morreu, na Itália. Sabia que o homem havia morrido feliz por ter um filho como ele, mas teria querido que ele morresse em seu colo. Desde que chegara a Mãe Luiza, Sabino havia visitado o pai algumas vezes. Brincaram, riram, o filho contou ao pai o que estava fazendo no Brasil. O pai estava bem, com saúde, mas de repente partira, e Sabino estava em casa sozinho, pedindo ao sol que Deus realmente existisse para receber o pai no céu. No dia seguinte, rezou uma missa para ele e em seguida, de supetão, viajou para estar ao lado de sua família.

Quando voltou, havia uma festa para ele: era 13 de julho, dia de seu aniversário. Mas foi ele quem trouxe presentes para os moradores.

Com boas condições de vida na Suíça, Ana, seu pai e seu irmão sentiram que deviam fazer alguma coisa para a sociedade, principalmente para aqueles que vivem em condições miseráveis. Fundaram a Fundação APOREMA, empenhada na ajuda humanitária.

No fim da década de 1980, Ana e o irmão conheceram um casal de europeus que veio para o Brasil a fim de atuar em trabalhos humanitários no interior do Rio Grande do Norte. A Fundação apoiou o casal em seu projeto de produção de castanhas de caju.

O casal conhecia Sabino, e o ajudava com os trabalhos em Mãe Luiza. A ideia era atuar junto com a equipe formada por Sabino para melhorar a alimentação e a higiene e ajudar as crianças com síndrome de Down a aprimorar o desempenho escolar. Foi feito um pequeno ateliê para a produção de jogos educativos, que originavam uma renda modesta para essas pessoas.

No início da década de 1990, a APOREMA começou a apoiar as atividades do casal em Mãe Luiza. Em 1993, foi construída a Casa Crescer. O nome foi escolhido por Sabino. Com o tempo, o apoio da APOREMA se estendeu ao conjunto das atividades do Centro Sócio.

Durante todo esse tempo, Sabino e Ana foram ficando cada vez mais próximos. Eles tinham uma compreensão profunda um do outro e se aceitavam totalmente como eram. Surgiu uma grande confiança, que se tornou uma amizade única. Hoje Ana se lembra de muitos momentos passados com Sabino, falando de suas inúmeras ideias, visões, dúvidas e angústias.

Quando encontrou a equipe que trabalhava com Sabino, Ana teve a sensação de que conhecia o grupo havia anos. Uma sintonia, uma alegria e uma verdade: eram todas pessoas de boa vontade e sonhadoras, que desejavam para cada indivíduo aquilo que julgavam necessário à dignidade humana: bens que o poder público de direita, ao longo de todo o tempo em que o Brasil é Brasil, se negou a proporcionar.

Vinda do exterior, Ana trouxe diversas novas experiências, o que provocou muitas discussões que, ao final, eram sempre construtivas e produtivas.

Ela não se abalou quando sua máquina fotográfica e sua bolsa foram roubadas, com todos os seus pertences, num rápido assalto dentro de Mãe Luiza. Por já conhecer cada um dos bandidos do bairro, padre Sabino tinha ideia de quem poderia ter cometido a infração. Foi bater na porta do assaltante e o fez buscar a máquina, que já havia vendido, e devolvê-la a Ana. Esse era o espírito do lugar.

A essa altura, o padre Sabino Gentili já sabia que sua luta iria prosseguir mesmo quando ele estivesse ausente. Sentia que as pessoas que havia reunido não deixariam para trás o projeto que vinham desenvolvendo. Já via muitas das crianças que haviam sido alunas da escolinha que fundara, lá no começo de sua caminhada, adultas e trabalhando nas obras sociais, estudando na universidade, algumas formadas e empregadas, vivendo com uma dignidade que jamais teriam conquistado se o projeto não tivesse sido desenvolvido.

Sabino via o sagrado na vida das pessoas e sofria junto com o povo mergulhado na miséria, mas era, mesmo assim, um homem alegre e confiante, um rochedo com uma fé dolorida e cheia de perplexidades. Resolveu pregar a palavra de Cristo por querer fazer como ele, e sempre repartir. Repartir, para Sabino, era oferecer a todos partes iguais. Não a caridade que abre mão de um pouquinho do que se tem, não a ajuda só por um momento, mas uma divisão de bens materiais, de bens espirituais, de conhecimento, uma divisão justa e que dura para sempre. Comunhão de vida. É união, para que todos sejamos iguais, iluminados ou não pela luz do sol.

Padre Sabino faleceu no dia 8 de julho de 2006, em decorrência de um problema cardíaco. Estava em sua cidade natal, na Itália. Sabia que seu coração era grande demais e que não havia tratamento definitivo para seu mal. Era um coração maior que o mundo, no qual cabiam mais amor, mais fraternidade, mais certeza de dias melhores para todos, de qualquer raça, etnia e cor.

Olhava as pessoas empenhadas naquilo que criara e pouco lhe importava morrer ou não. Havia tanta gente trabalhando com consciência de classe, com conhecimento histórico, com a vontade do bem-estar comunitário...

Prevendo a morte, despediu-se de todos com alegria. Queria rever os familiares, pisar de novo no chão de sua infância, voltar aonde tudo começara.

No dia da procissão de Sant'Anatolia, padroeira da cidade de Castel di Tora, Sabino morreu. Pela manhã ele acompanhara o cortejo, vindo a falecer pouco depois. Seus amigos foram ao velório despedir-se do amigo de luta que se fora na cidade de seu nascimento. Foi lá que Bento, Vitória, Úrsula e Gabriela puderam conhecer Ana e fazer amizade com ela. Compareceram também a esse grande encontro de despedida vários amigos alemães e suíços. Nasceu ali uma aliança inquebrantável.

Sabino partira, mas a metodologia do trabalho estava enraizada. Era a comunidade que apontava o que fazer. Agora, depois que muitas das necessidades vitais dos moradores do bairro Mãe Luiza haviam sido resolvidas, a história devia continuar: era preciso permanecer ouvindo a comunidade e trabalhar na direção que ela apontasse. O grupo nunca duvidou de que era preciso seguir em frente, nunca imaginou parar. Manter o trabalho foi uma coisa natural.

A história seguiu, e o povo viu que precisava de espaços adequados para a vida, para o esporte, para o lazer, para a cultura e para a arte.

O grupo se moveu nessa batalha com muito empenho, acrescentando novas peças ao quebra-cabeças de uma luta que continuará até que o Brasil seja governado por pessoas que realmente ouçam sua população e façam do país uma nação justa e igualitária.

› Vista de Mãe Luiza de Areia Preta, aprox. 1970

A esperança é que o sol sempre brilhe mais uma vez, num futuro promissor para todas e todos, do Brasil e do mundo inteiro. Um dia seremos felizes para sempre, sob a graça de cada raio de sol, da lua e das estrelas.

Are

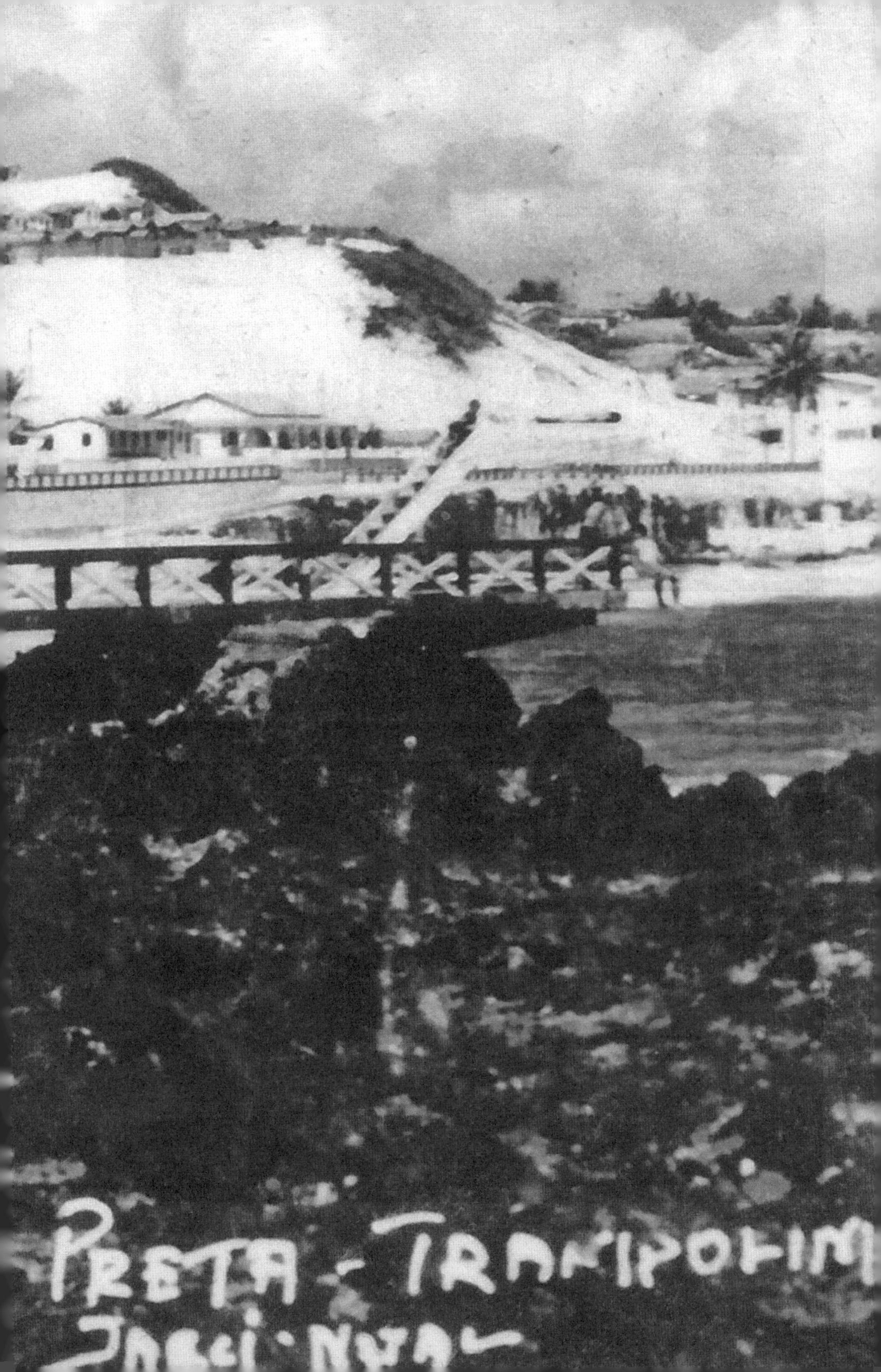

Mãe Luiza
Construindo otimismo

Prefácio

É óbvio que devemos enfrentar as queixas que encontramos e tentar corrigi-las, especialmente quando as deficiências contrastam fortemente com nossas ideias pessoais de dignidade e de valores. Independentemente da causa, a vontade de ajudar é inerente ao ser humano. A iniciativa não visa apenas à ajuda emergencial imediata, mas também à busca de mudanças sustentáveis.

Com esta publicação, apresentamos a documentação detalhada de um projeto que certamente se origina em nossas convicções éticas e morais. A análise e a crítica das causas das queixas são inevitáveis. O Estado fraco, a política fracassada, a discriminação de base histórica, a marginalização e a discriminação de grupos étnicos inteiros significam que as pessoas – longe de seus talentos e recursos pessoais, quanto mais de seus desejos – têm de empregar todas as suas energias para a sobrevivência. Essa é uma situação insuportável em muitas partes do mundo onde a luta contra a pobreza e seus efeitos avança lentamente.

O fato de Mãe Luiza ter conseguido substituir o estado de emergência por uma forma de normalidade é porque os atores concordaram desde o início que o objetivo principal, embora distante, era a formação de uma sociedade e a promoção do espírito cívico e que esse desenvolvimento se arrastasse por gerações.

No início de um processo que durou trinta anos, todos os esforços foram direcionados para a luta pela sobrevivência, segurança, saúde e nutrição das pessoas. Depois de cumprir esses pré-requisitos elementares, a atenção se voltou às necessidades da comunidade, à educação, à cultura, à autorrealização e à integração, contando com a participação do maior número possível de moradores de Mãe Luiza.

A história se deve ao encontro casual de personalidades com sentimentos semelhantes. O fato do padre Sabino, um padre italiano, ter escolhido aquele local para seu trabalho em 1979 pode ter ocorrido devido ao gritante acúmulo de queixas que ele encontrou ali. Seu carisma e sua iniciativa atraíram personalidades afins as quais contribuíram para o desenvolvimento com expertise e apoio financeiro.

Medidas foram tomadas para conter a alta taxa de mortalidade infantil e garantir saúde e abastecimento de água. Seguiram-se intervenções na estrutura educacional e a disponibilização de espaço e pessoal para ofertar escolas a crianças e a adultos, bem como para o atendimento de idosos. O processo seguiu em pequenas etapas, porém contínuas, ao longo dos anos e, após a morte do padre Sabino em 2006, pôde ter continuidade com base em estruturas estabelecidas. Os habitantes de Mãe Luiza desenvolveram um senso de união. Nessas condições, pôde-se enquadrar a questão de como a estrutura suburbana pôde crescer naquele lugar, e puderam ser definidas direções que contribuíram para uma identidade visível do local. Realizaram-se intervenções no espaço público e em gestão de tráfego e garantiu-se o acesso ao mar; foi montada uma "rua verde", construída uma arena desportiva e fundada uma escola de música.

Este livro documenta as medidas graças às quais um bairro abandonado se transformou em uma comunidade viva. Paulo Lins estabelece o tom em seu relato comovente. Mô Bleeker faz as conexões Sóciopolíticas. Ela também cria uma figura espiral como o símbolo do futuro e do otimismo graças ao qual Mãe Luiza pôde se tornar no que é hoje: um exemplo para os demais.

Dedicamos este livro às muitas pessoas que ajudaram a construir essa espiral com perseverança e confiança, e aos habitantes de Mãe Luiza, que a mantêm em movimento.

Os editores

Oceano Atlântico

0°

23° S

0 250 500 1000 km

Estado Rio Grande do Norte, Brasil

85

Oceano Atlântico

0 25 50   100 km

Natal com a região metropolitana, no Estado Rio Grande do Norte

86

Oceano Atlântico

Rio Potengi

0 1 2.5   5 km

Mãe Luiza, em Natal

Oceano Atlântico

0 50 100   250 m

Mãe Luiza

Ion de Andrade
Origem do povoamento

Exclusão social, fatores climáticos e crescimento da indústria da construção civil determinaram a formação do bairro Mãe Luiza no período do êxodo rural. Um povoamento árduo, sem apoio do poder público, em área de difícil acesso e desprovida de saneamento básico.

O processo de urbanização no Brasil começou no fim dos anos 1940 e início de 1950, em decorrência de um ganho de velocidade da industrialização em todo o país. Segundo o Instituto Bra- sileiro de Geografia e Estatística (IBGE), a população urbana no Brasil correspondia a 36,5% do total em 1950, superando os 70% na década de 1980.

Dois setores lideraram a indústria nesse período: o setor automobilístico, atraindo brasileiros de todas as origens para o eixo Rio–São Paulo, e a indústria da construção civil, que produziu sobretudo uma migração do interior para as capitais.

Mãe Luiza povoou-se nesse período conhecido como de "êxodo rural". O bairro foi oficialmente registrado pela lei 794 de 23 de janeiro de 1958.

Outro fator tipicamente nordestino, apesar de cíclico, teve papel importante na emigração do camponês nordestino: as secas. Talvez nada disso tivesse ocorrido não fossem a miséria e a exclusão social existentes nas regiões rurais do Brasil de então.

A instalação dessa população rural no meio ambiente urbano ocorreu sem nenhum suporte do Poder Público. Mãe Luiza foi escolhida como território, como em tantas outras cidades brasileiras, por situar-se numa área de difícil acesso, de morros cobertos por vegetação densa e por não estar povoada.

Os primeiros moradores tiveram que abrir caminho entre as árvores, com facões, acompanhados de suas famílias.

Construíram no topo daquele morro suas casas de taipa, palha e piso de terra batida. A maioria delas não tinha banheiro, e a água só estava disponível em alguns lugares do bairro ou quando doada por pessoas do bairro vizinho, Petrópolis. Mulheres e jovens levavam a água para casa equilibrada no alto da cabeça, em latas de 10 litros. A primeira caixa d'água de Mãe Luiza só foi inaugurada em 1971.

É inegável o quanto esse povoamento foi sofrido; sobretudo pela perda de idosos e crianças de colo, que padeceram de fome, sede e doenças por longos anos.

Local onde hoje se situa a Rua Verde, aprox. 1960

Rua João XXIII, aprox. 1960

Praia de Areia Preta, aprox. 1950

Praia de Areia Preta com o Farol de Mãe Luiza, nos anos 1950

91

Praia de Areia Preta, aprox. 1950

Mãe Luiza vista do Farol, aprox. 1960 › Rua Aluízio Alvez, 1997

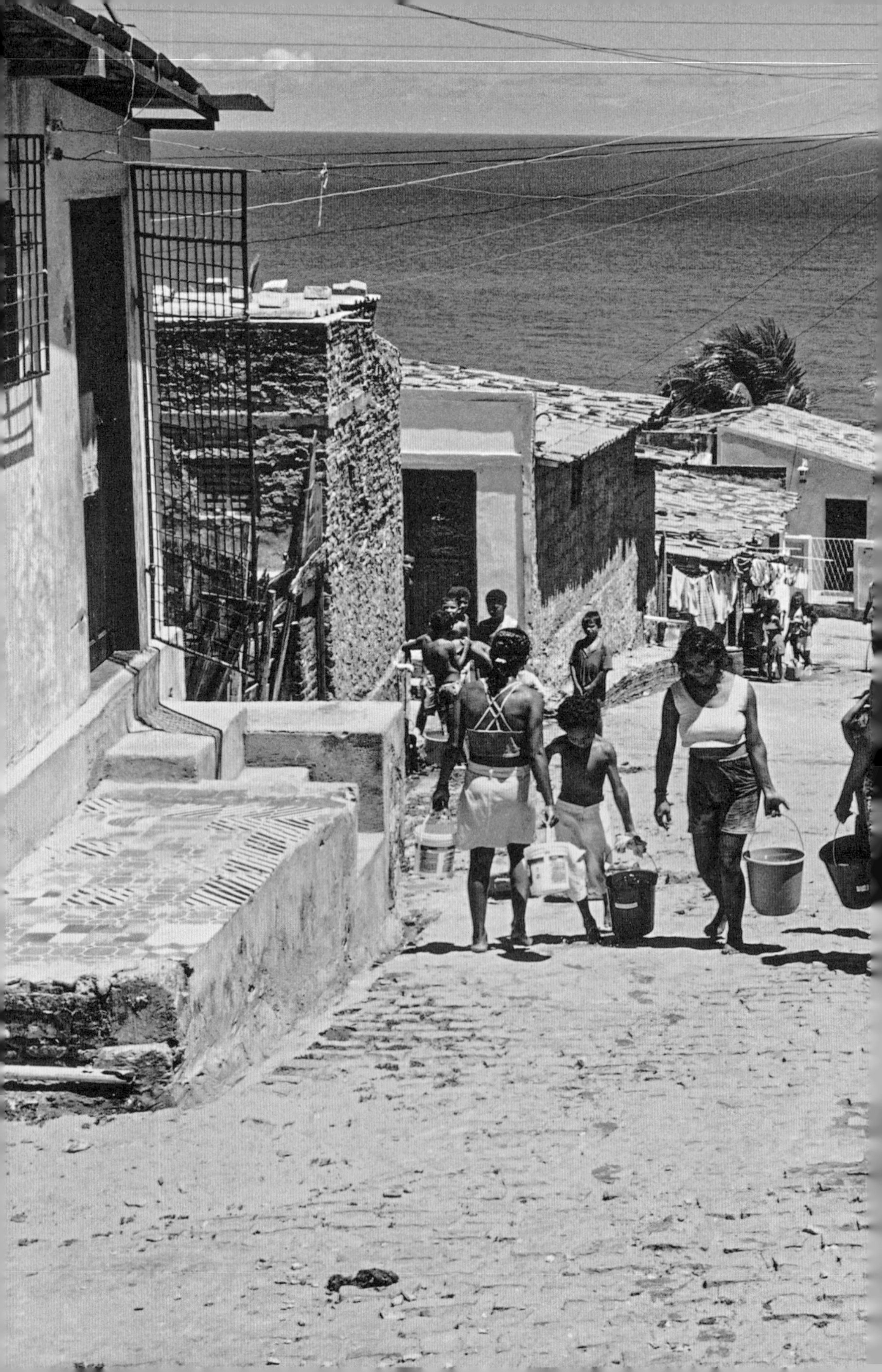

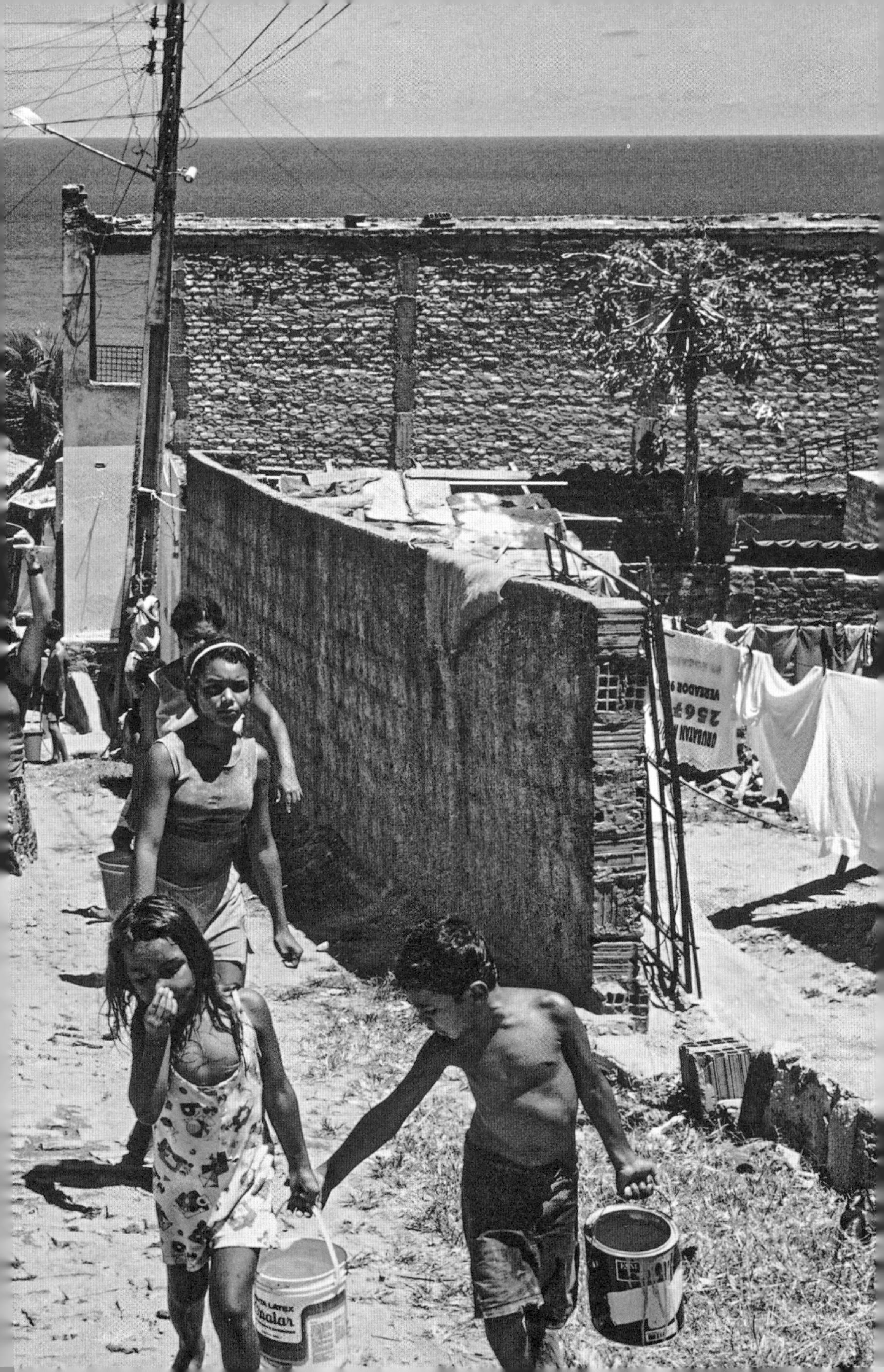
TINTA LÁTEX

Tomislav Dushanov
A chegada a Mãe Luiza

Paisagens peculiares desta região acompanham os visitantes até Mãe Luiza. Dunas, arbustos espinhosos, árvores densas e a constante brisa oceânica levam ao bairro notório pela atmosfera de cordialidade de seus moradores, apesar da pobreza crônica e das adversidades comuns às áreas habitacionais mais pobres.

Pode-se chegar a Mãe Luiza pelo centro de Natal ou pelo litoral. Este último trajeto, ao longo da Via Costeira, oferece uma paisagem mais bonita entre o oceano e as dunas, apresentando uma ininterrupta vista panorâmica das principais características naturais da zona.

Não há ilhas na costa de Natal e em geral não há navios à vista, o que permite ter uma visão distante do horizonte. Por ser o ponto do Brasil mais próximo da Europa, o local foi um dos pontos de chegada inicial e central para europeus que viajavam para o Brasil e outras partes da América do Sul. A praia de Mãe Luiza parece uma linha costeira urbana deserta, se comparada aos resorts nas proximidades, e continua sendo a área de lazer mais próxima disponível para o bairro.

As dunas ao longo da rodovia são zonas de vastas colinas de areia, naturalmente protegidas e cobertas por arbustos espinhosos e árvores densas. A combinação incomum de areia e vegetação reflete o caráter único desta parte do país, onde as paisagens semiáridas e tropicais se encontram.

Da vastidão ao longo da Via Costeira, a estrada sobe de modo brusco pelas dunas, afastando-se do oceano e entrando nas ruas estreitas e agitadas de Mãe Luiza. O bairro, um povoado denso num cenário natural espetacular, permaneceu compacto e preservou seu entorno natural, com um verde exuberante como pano de fundo constante e a areia como solo frágil. As casinhas densamente apinhadas com janelas em miniatura e paredes coloridas são protegidas do sol equatorial por uma cobertura de onipresentes telhados vermelhos.

O homogêneo tecido urbano resultante é cortado em dois pela rua principal, a Avenida João XXIII. Aqui, a igreja, o Centro Sócio, lojinhas, padarias, mercearias, locadoras de DVD, cafés, oficinas e paradas de ônibus formam um ponto de encontro natural para a comunidade. A rua está recebendo melhorias, evidentes em calçadas refeitas, num pequeno mercado e na arborização, ofertas da prefeitura e da população local. Mas a iluminação pública inacabada é um testemunho de como as melhorias chegam com dificuldade e lentidão a essas áreas desprivilegiadas.

Da rua principal, surgem inúmeras ruelas secundárias que oferecem uma sensação de proximidade, homogeneidade e privacidade muito diferente e mais silenciosa. Nessas vielas estreitas, reina a sensação um tanto inquietante de espaços externos isolados reivindicados pelos moradores, que abrem suas salas para a calçada a fim de agregar espaço, luz do dia e um pouco de ar puro. As ruas laterais terminam diretamente nas dunas, onde se pode escalar o solo arenoso da floresta para ter uma visão desobstruída de Mãe Luiza e, lá no fundo, do centro de Natal, com suas casas baixas, torres esporádicas e a ponte branca gigante sobre o rio Potengi.

Entre as construções comuns aglomeradas, é possível encontrar algumas estruturas proeminentes, que criam centros de atividade e relevância no bairro. O mais visível é o antigo Farol, que aproveita as altas dunas para se elevar acima de toda a cidade de Natal, oferecendo uma vista panorâmica da cidade e do oceano.

Do outro lado da rua do Farol fica o ginásio Arena do Morro. É difícil não notar seu grande telhado branco sobre o pátio da escola, iluminado como uma lanterna à noite. Nos sete anos desde a sua inauguração, a construção tornou-se muito mais do que um campo de atletismo, acomodando atividades educacionais, esportivas, culturais e comunitárias desde a manhã até tarde da noite, e é onde o apelo do público, o tamanho e a constante brisa de ar fresco convergem para trazer algo da grandiosidade do oceano para a pequena escala do bairro.

Entre os dois fluxos da rua principal situa-se a praça central, onde se encontram a igreja e o Centro Sócio, construções que cresceram juntas. O mercado local, o espaço para exercícios ao ar livre, o extenso verde natural ao longo da rua, bem como as melodias frequentemente ouvidas da Escola de Música próxima completam a sensação de centro do bairro.

Dali pode-se chegar à praia por meio da Escadaria – uma estrutura monumental de degraus e rampas entrelaçadas construída no local do enorme deslizamento de terra que em 2014 empurrou muitas casas para o oceano. Esse lamentável desastre natural foi capaz de penetrar os muros de torres residenciais de luxo ao longo da praia e conectar diretamente o coração de Mãe Luiza ao oceano.

É bom lembrar que essa experiência de bairro é diferente de outras áreas semelhantes. O povo de Mãe Luiza construiu uma notável atmosfera de abertura e cordialidade, apesar da pobreza crônica, e, independentemente da adversidade do lugar, aprendeu a responder com distinta simpatia, hospitalidade e atenção.

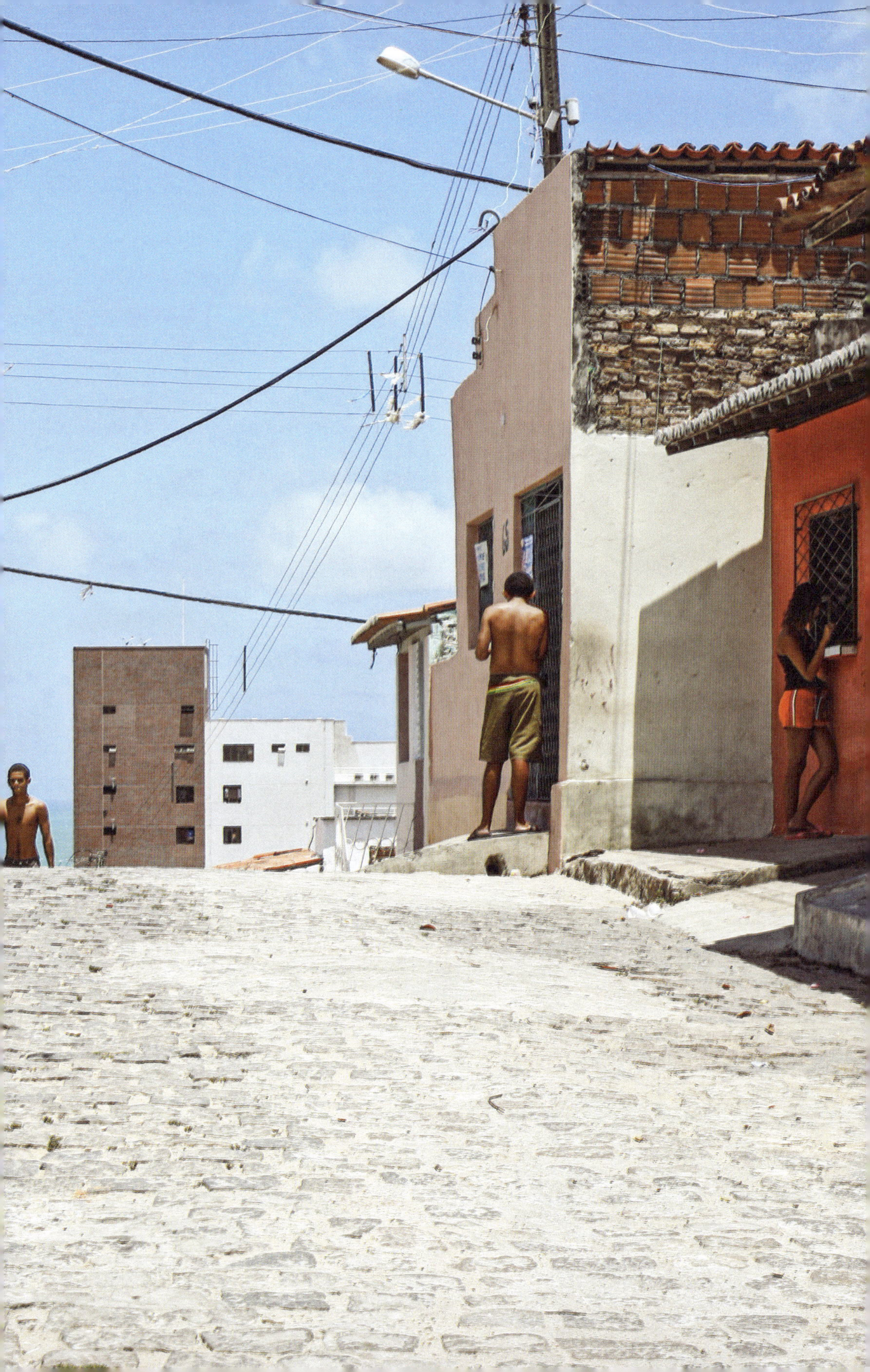

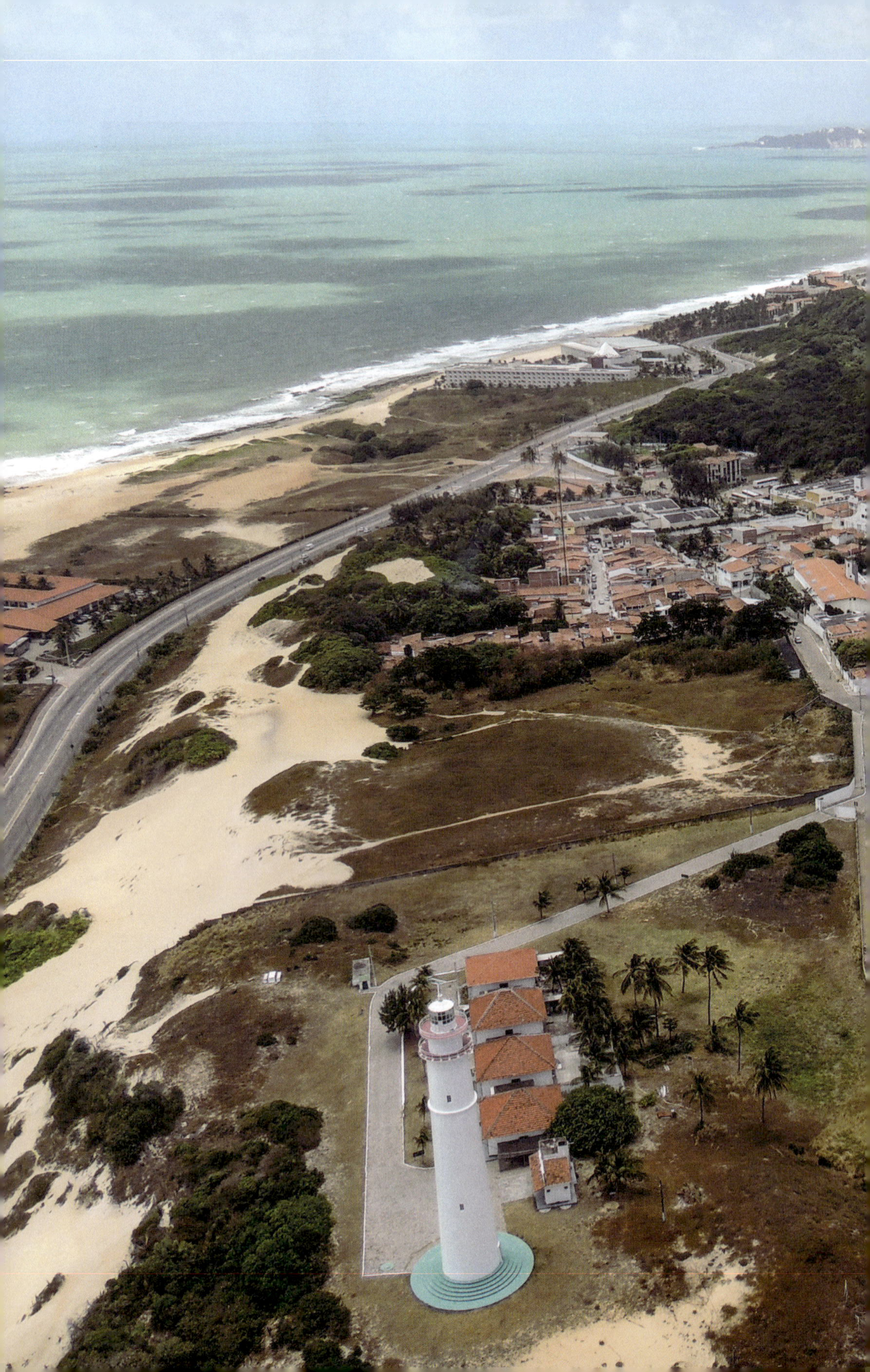

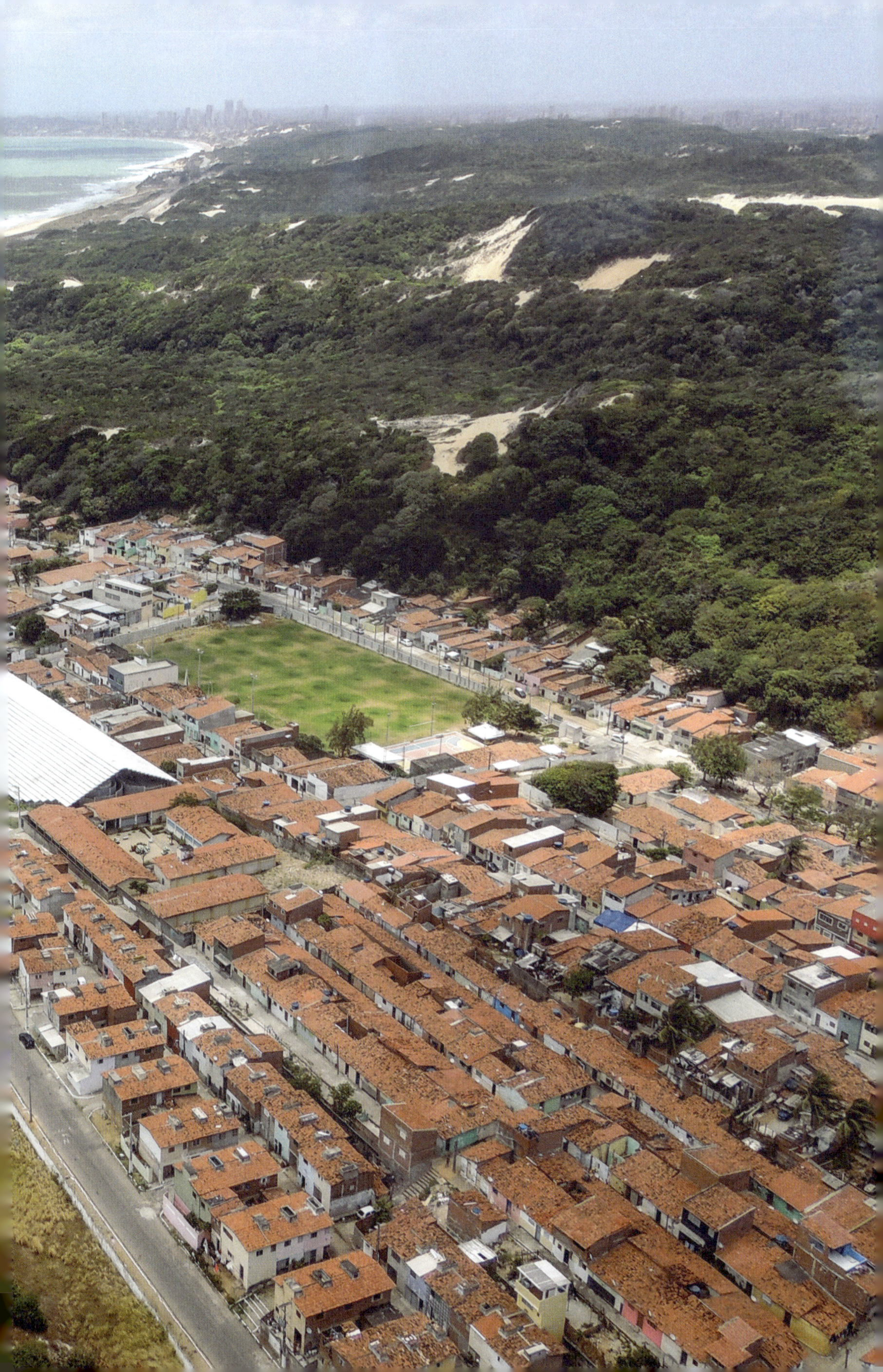

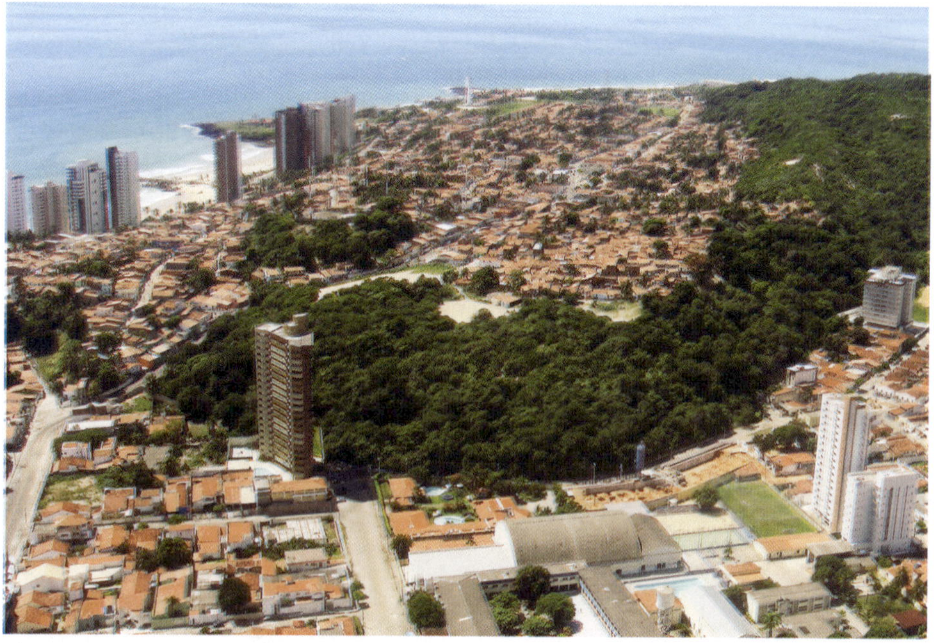

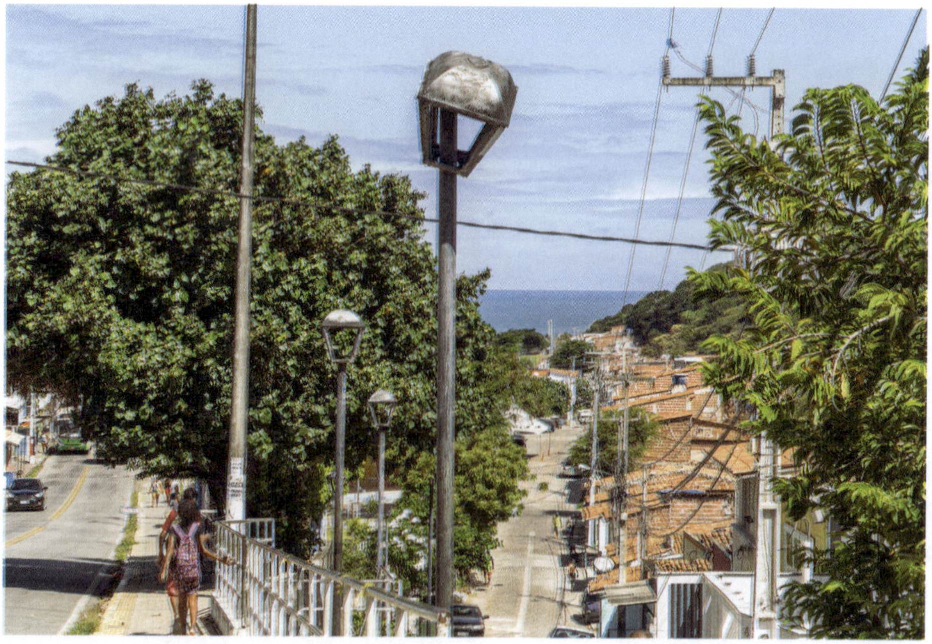

101

102

103

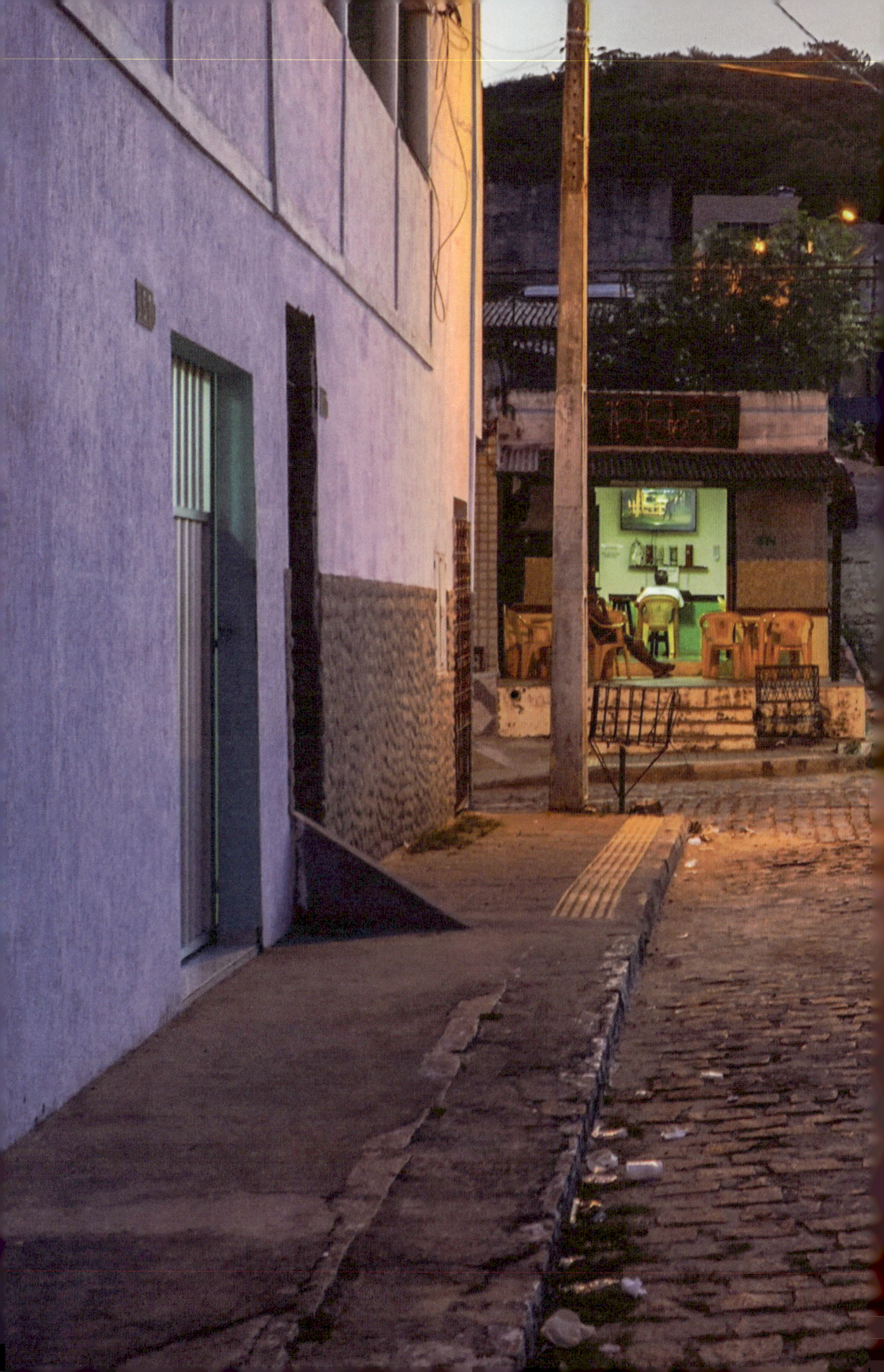

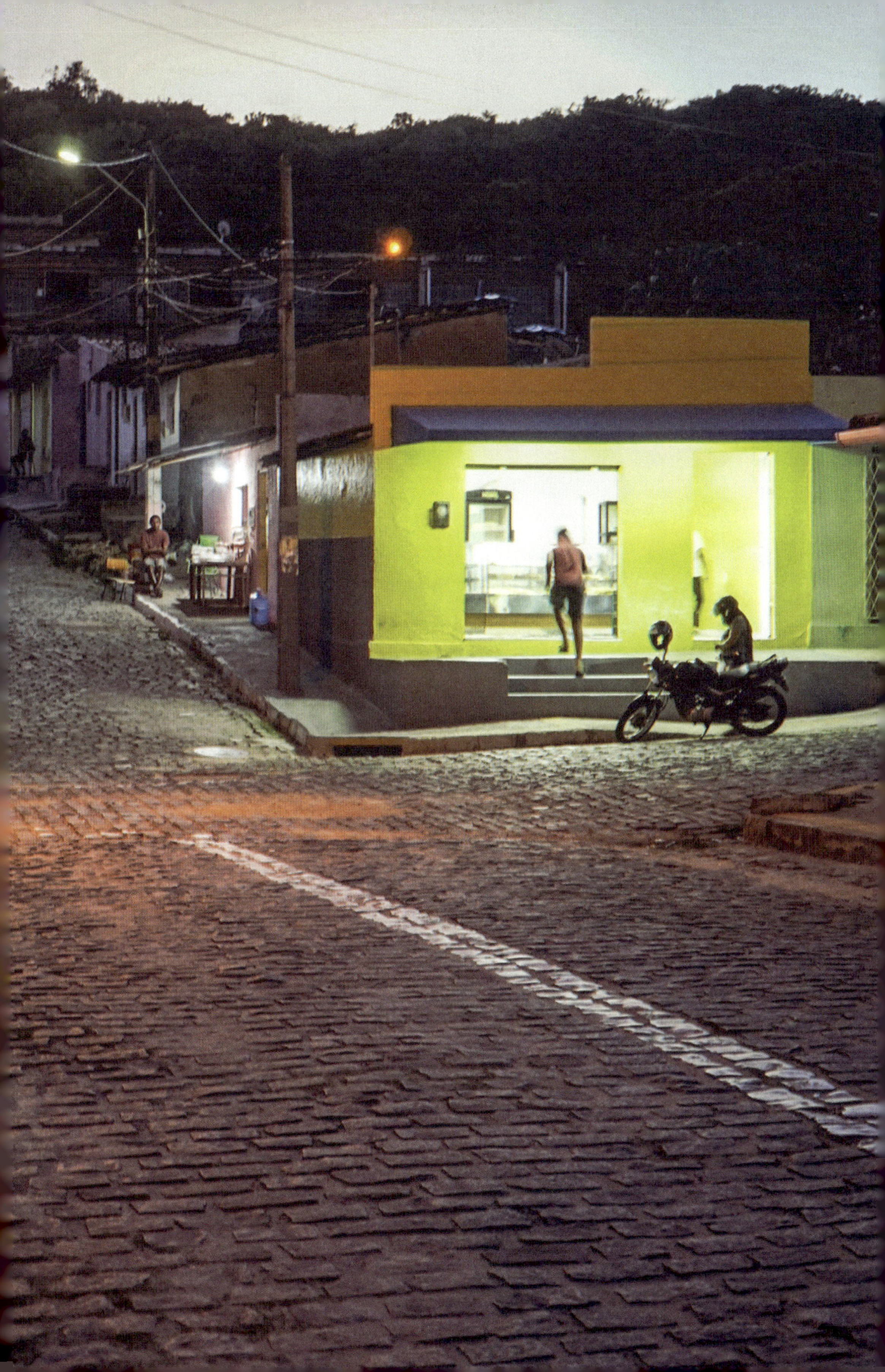

Marcos históricos

Desde o início da década de 1980 o Centro Sócio tem apoiado a comunidade nas áreas de educação, saúde, cidadania, urbanização, esporte e cultura. Em parcerias com entidades públicas e privadas e com a participação da comunidade são realizados projetos que visam o desenvolvimento do bairro e a inclusão social.

Projetos iniciados pelo Centro Sócio

Datas	Projeto	Informações suplementares	Observações
1981	Construção da igreja	Rua João XXIII Iniciado pelo Padre Sabino Gentili	
8/12/1983	Fundação do Centro Sócio	Acolhido no anexo da igreja	
31/5/1986	Escola Espaço Livre	4ª Trav. João XXIII, 89 Pré-escola atendendo até 190 alunos entre 3 e 5 anos (ensino infantil). De 1986 a 1990, o prédio também serviu como escola de alfabetização para até 50 adultos.	
1990	Casa da Criança	Rua João XXIII (em frente à Igreja Católica). Atendia tanto as crianças com quadro de desnutrição, alimentando-as uma vez por dia, como fazia consultas pediátricas diárias e reuniões mensais com as mães. Após observar alta taxa de mortalidade infantil no bairro, surgiu o novo projeto Amigos da Comunidade.	Descontinuado em 2001 com o término do projeto Amigos da Comunidade. As consultas pediátricas continuam em um consultório no centro para idosos, o Espaço Solidário.
1991	Amigos da Comunidade	Projeto envolvendo 10 visitadoras de saúde do bairro. Visitavam as mulheres grávidas, acompanhando as mães até a criança completar 1 ano. Objetivo: conter a mortalidade infantil, estimulando o aleitamento materno e orientando sobre prevenção e cuidados em caso de desidratação, desnutrição, diarreia, pneumonia e outros.	Descontinuado em 2001 (novas políticas de saúde introduzindo os agentes municipais de saúde, ligados ao posto de saúde do bairro).
1991	Escola Novo Lar	No prédio do Centro Sócio, curso de alfabetização para adultos (duas turmas de 30 alunos).	Descontinuado em 2004 quando a escola pública passou a oferecer educação para jovens e adultos.
17/5/1993	Casa Crescer, escola de reforço	10ª Trav. João XXIII, Nº 10 Atende até 190 crianças entre 7 e 15 anos no contraturno escolar. A casa foi dimensionada para crianças com dificuldade de aprendizagem. É também um espaço de formação contínua para os filhos de mães que trabalham. A Casa Crescer faz busca ativa de crianças e jovens que se evadem da escola. Desenvolve atividades de música, esporte e inclusão digital. Objetivo: reforçar e contribuir para o desenvolvimento da escrita e da leitura.	

1993	Espaço educativo para jovens e crianças especiais	Começou na Casa Crescer, com a senhora Elisabeth Raboud, continuou numa sala da Escola Espaço Livre. Atendia a crianças e jovens especiais de 6 a 15 anos em turno matutino.	Descontinuado em 2012. As crianças foram integradas às escolas públicas e passaram a ter atendimento no CRI (Centro de Reabilitação Infantil).
1995	Disputa pelo solo urbano	Com a professora Dulce Bentes do Departamento de Arquitetura UFRN, primeiro bairro a conseguir regulamentação como área especial de interesse social.	Luta permanente, dado que o Plano Diretor é revisado a cada 10 anos.
1996	Urbanização da favela do Sopapo (conjunto Brisa do Mar)	Rua Camaragibe. Projeto que nasceu da Campanha da Fraternidade de 1993 sobre a temática "Fraternidade e Moradia" cujo lema foi: "Onde moras?" O projeto se estendeu durante 5 anos com reuniões semanais e resultou na construção de 60 casas em mutirão. Objetivo: construir convivência, proporcionar sonhos e afirmar a dignidade.	1995-1996 Término da construção e ocupação das casas.
2004	Escola de Informática	Uma iniciativa do Centro Sócio lançada após o fechamento do centro de alfabetização Escola Novo Lar. Objetivo: Preparar os jovens de Mãe Luiza para o mercado de trabalho.	
08/2001	Espaço Solidário - Centro de convivência para idosos	Rua Largo do Farol, Nº 36. Instituição de Longa Permanência de Idosos (ILPI), Centro Dia e Centro de Convivência. Nasceu após o término do projeto Amigos da Comunidade, quando as visitadoras se depararam com idosos em situação de risco sem alternativas de proteção. Atende a 23 moradores de ambos os sexos, e 37 diaristas (base 2019).	
9/4/2014	Ginásio Arena do Morro	Rua Camaragibe. Atende uma média semanal de 1200 jovens e adultos, incluindo os alunos que frequentam a escola Dinarte Mariz para atividades como futebol, basquete, ginástica rítmica, handebol, badminton, karatê, taekwondo ou pelada à noite. Além dessas atividades regulares, o Ginásio acolhe eventos culturais e outros.	Construção entre 2012-2014 Inaugurado em 2014
2016	Banda filarmônica	Composta por uma média de 35 membros.	
28/4/2018	Espaço Livre, Escola de Música	4ª Trav. João XXIII, 89. Atende a 75 alunos.	Construção entre 2016 e 2018 Inaugurada em 2018
2021	Publicação do livro Mãe Luiza – Construindo otimismo, com um romance de Paulo Lins "A Construção de um Novo Sol"	Sobre a evolução de Mãe Luiza	Iniciado em 2018

Marcos históricos

Projetos iniciados pelo Poder Público e por outras entidades

Datas	Projeto	Informações suplementares	Observações
Década de 1940	Ocupação do espaço		
Década de 1950	Cacimba do Pinto/ Areia Preta	Primeiro ponto de abastecimento de água dos moradores do bairro de Mãe Luiza e local de lavanderia comunitária utilizado pelas mulheres do bairro.	Implementado pela Prefeitura Municipal de Natal
1951	Farol		Construído pela Marinha
23/01/1958	Criação legal do bairro de Mãe Luiza	Lei municipal 794/1958	Implementado pela Prefeitura Municipal de Natal
1960–1970	Luz elétrica	Década de 1960: iluminação das ruas Década de 1970: chegada da energia às casas dos moradores do bairro	Implementado pela Prefeitura Municipal de Natal
1964	Escola Estadual Monsenhor Alfredo Pegado	Rua João XXIII, 603	Implementado pelo Governo do Estado
1965	Centro Social Padre Perestrello	Rua João XXIII Desenvolve atividades de lazer para a comunidade. Encontro de idosos e jogos. Organiza eventos e ações de apoio para pessoas em dificuldades. Disponibiliza o espaço para a comunidade velar seus mortos.	Associação comunitária
1967	Chafariz	Situado no local atualmente ocupado pela Igreja Católica. Abastecimento de água para os moradores do bairro. Água paga por galão, barris ou carga (carreta com vários barris).	Implementado pela Prefeitura Municipal de Natal
06/09/1968	Escola Estadual Selva Capistrano Lopes da Silva	Rua Guanabara, 147	Implementado pelo Governo do Estado
1971	Caixa d'água	Rua São Pedro	Implementado pela Prefeitura Municipal de Natal
02/05/1974	Campo de futebol / Centro desportivo de Mãe Luiza e Aparecida	Rua João XXIII, 1278 Atividades de treinos de futebol com torneios entre os times organizados do bairro. Espaço cedido para o desenvolvimento do projeto Farol do Futuro com crianças da comunidade	Associação comunitária
15/03/1976	Unidade de Saúde da rua João XXIII	Rua João XXIII	Implementado pela Prefeitura Municipal de Natal

Data	Evento	Local	Observação
03/05/1976	Conselho Comunitário	Rua João XXIII	Associação comunitária
1977	Escola Estadual Professor Severino Bezerra de Melo	Rua João XXIII	Implementado pelo Governo do Estado Conclusão da última reforma em 2020
1978-1979	Chegada da linha de ônibus	Linha 40	Implementado pela Prefeitura Municipal de Natal
12/01/1982	Creche Padre João Perestrelo - CMEI	Rua João XXIII, 729	Implementado pela Prefeitura Municipal de Natal
1983	Delegacia	Rua João XXIII	Implementado pelo Governo do Estado
1985	Construção do Conjunto Promorar	Rua São Francisco e Rua Bartolomeu Ferraz Objetivo: Deslocar as pessoas que vivem em áreas de risco nas encostas do bairro.	Projeto do Conselho Nacional de Desenvolvimento Urbano financiado pelo Banco Nacional de Habitação
1986	Escola Senador Dinarte Mariz	Rua Camaragibe	Implementado pelo Governo do Estado. Conclusão da última reforma em 2020.
1988	Unidade de saúde Guanabara	Unidade Básica De Saúde Rua Guanabara	Implementado pela Prefeitura Municipal de Natal
Década de 1990	Posto Policial 4ªDP	Rua João XXIII	Implementado pelo Governo do Estado
06/1992	Escola Municipal Prof. Antônio Campos e Silva	Rua João XXIII, 1821	Implementado pela Prefeitura Municipal de Natal
16/08/1996	Creche Escola Municipal Galdina Barbosa Silveira Guimarães - CMEI	Rua João XXIII, 1719	Implementado pela Prefeitura Municipal de Natal
2010	Saneamento básico / rede de esgoto		Implementado pela Prefeitura Municipal de Natal com recursos federais
2013	Rua Verde	Alameda Padre Sabino Gentili Parte do projeto "Uma visão sobre Mãe Luiza" de Herzog & de Meuron, 2009.	Iniciativa financiada pela Prefeitura Municipal de Natal Ainda não concluída
2015	Escadaria de Mãe Luiza	Rua Guanabara Construída após o deslizamento da encosta da rua Guanabara. Permitiu finalmente o acesso direto à praia.	Implementado pela Prefeitura Municipal de Natal com recursos do Governo Federal
2019	Casas para as famílias desabrigadas pelo deslizamento	Rua João XXIII (Vizinho à delegacia 4ª DP)	Previsão do começo da construção: dezembro 2019, não efetivado até a data de publicação desse livro. Financiamento do Governo Federal

1800

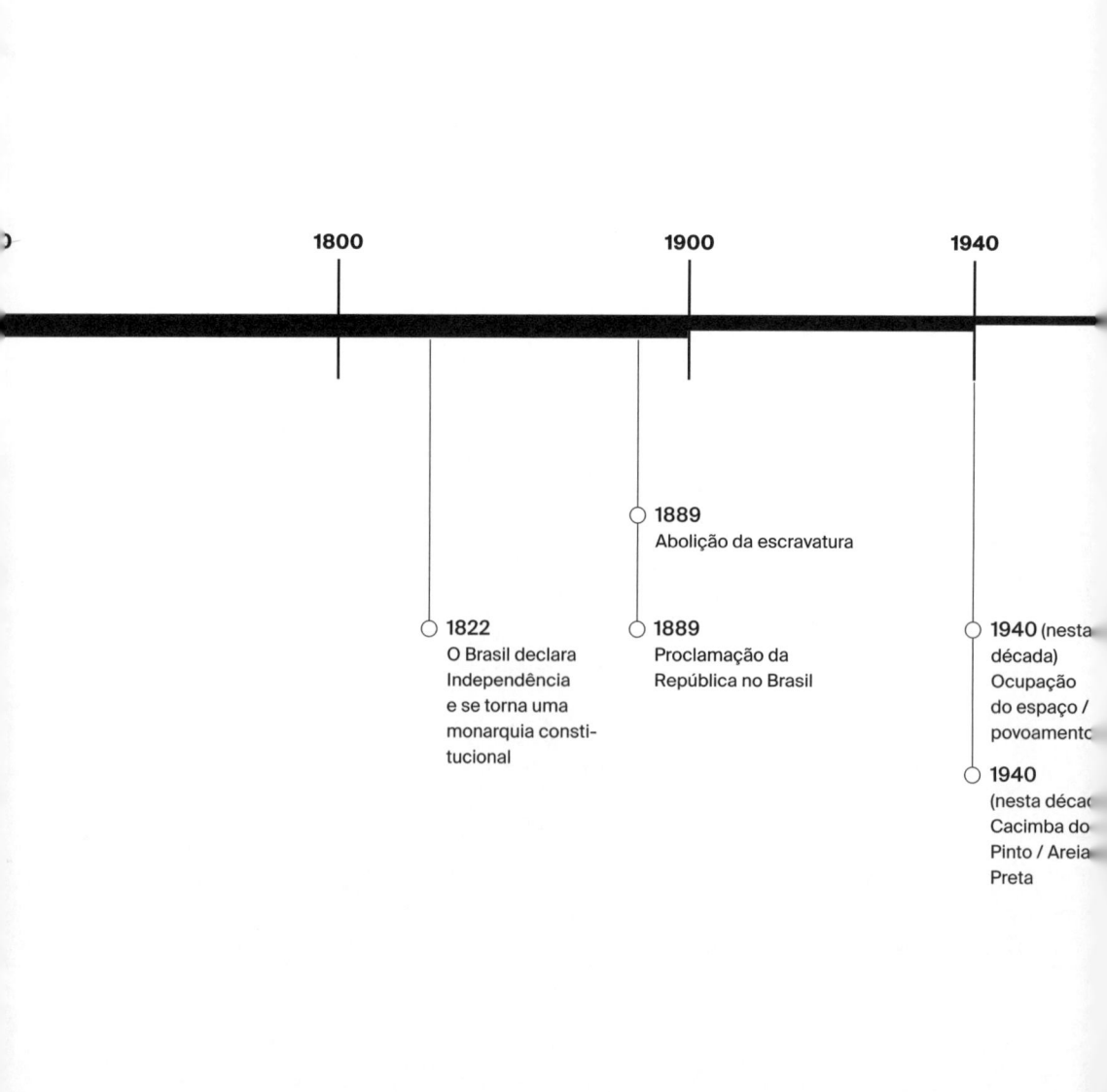

1900

1940

○ **1889**
Abolição da escravatura

○ **1822**
O Brasil declara Independência e se torna uma monarquia constitucional

○ **1889**
Proclamação da República no Brasil

○ **1940** (nesta década) Ocupação do espaço / povoamento

○ **1940**
(nesta década) Cacimba do Pinto / Areia Preta

Cronologia

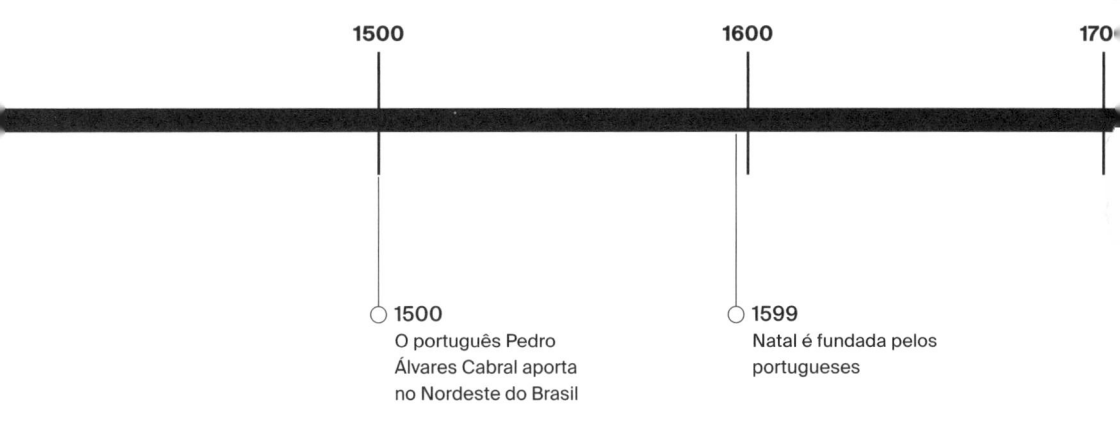

| 1500 | 1600 | 170 |

○ **1500**
O português Pedro
Álvares Cabral aporta
no Nordeste do Brasil

○ **1599**
Natal é fundada pelos
portugueses

Brasil

Timeline

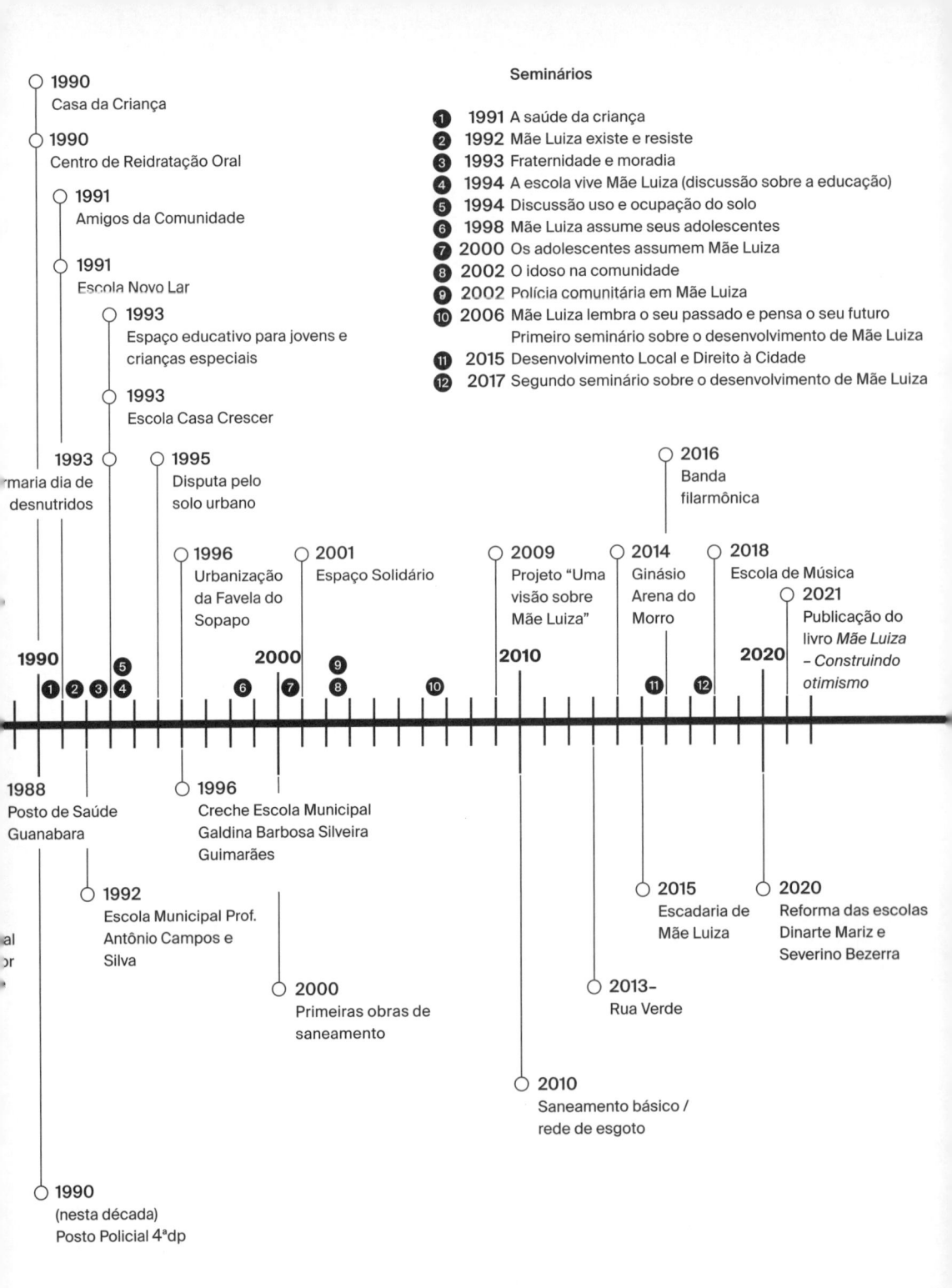

1990 Casa da Criança

1990 Centro de Reidratação Oral

1991 Amigos da Comunidade

1991 Escola Novo Lar

1993 Espaço educativo para jovens e crianças especiais

1993 Escola Casa Crescer

1993 ...maria dia de desnutridos

1995 Disputa pelo solo urbano

1996 Urbanização da Favela do Sopapo

2001 Espaço Solidário

2009 Projeto "Uma visão sobre Mãe Luiza"

2014 Ginásio Arena do Morro

2016 Banda filarmônica

2018 Escola de Música

2021 Publicação do livro *Mãe Luiza – Construindo otimismo*

1988 Posto de Saúde Guanabara

1996 Creche Escola Municipal Galdina Barbosa Silveira Guimarães

1992 Escola Municipal Prof. Antônio Campos e Silva

2000 Primeiras obras de saneamento

2015 Escadaria de Mãe Luiza

2020 Reforma das escolas Dinarte Mariz e Severino Bezerra

2013– Rua Verde

2010 Saneamento básico / rede de esgoto

1990 (nesta década) Posto Policial 4ªdp

Promorar

Seminários

1. 1991 A saúde da criança
2. 1992 Mãe Luiza existe e resiste
3. 1993 Fraternidade e moradia
4. 1994 A escola vive Mãe Luiza (discussão sobre a educação)
5. 1994 Discussão uso e ocupação do solo
6. 1998 Mãe Luiza assume seus adolescentes
7. 2000 Os adolescentes assumem Mãe Luiza
8. 2002 O idoso na comunidade
9. 2002 Polícia comunitária em Mãe Luiza
10. 2006 Mãe Luiza lembra o seu passado e pensa o seu futuro – Primeiro seminário sobre o desenvolvimento de Mãe Luiza
11. 2015 Desenvolvimento Local e Direito à Cidade
12. 2017 Segundo seminário sobre o desenvolvimento de Mãe Luiza

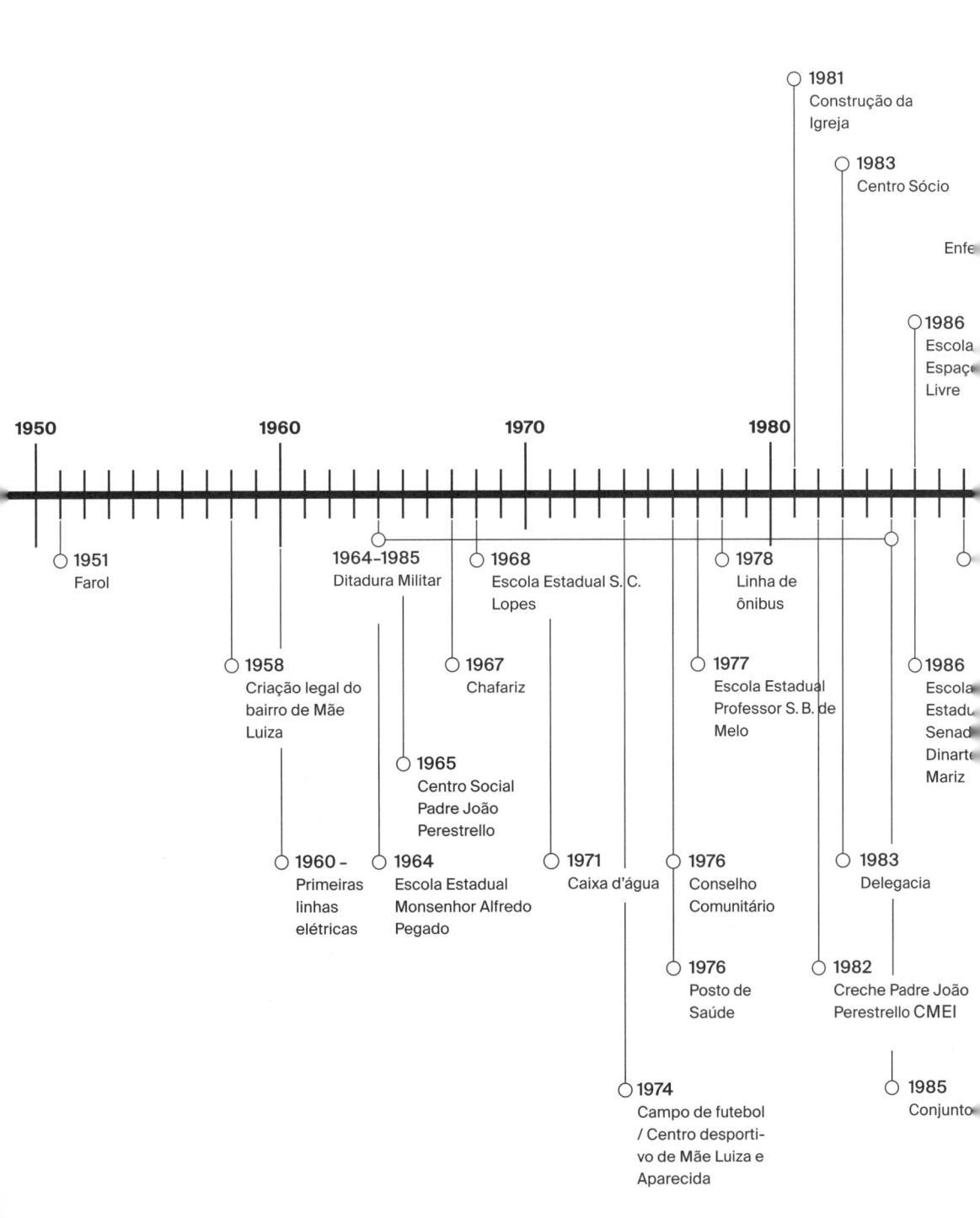

Marcos iniciados pelo Centro Sócio

1981 Construção da Igreja

1983 Centro Sócio

Enfe[rmaria]

1986 Escola Espaço Livre

Timeline: 1950 — 1960 — 1970 — 1980

1951 Farol

1964–1985 Ditadura Militar

1968 Escola Estadual S. C. Lopes

1978 Linha de ônibus

1958 Criação legal do bairro de Mãe Luiza

1967 Chafariz

1977 Escola Estadual Professor S. B. de Melo

1986 Escola Estadual Senador Dinarte Mariz

1965 Centro Social Padre João Perestrello

1960 – Primeiras linhas elétricas

1964 Escola Estadual Monsenhor Alfredo Pegado

1971 Caixa d'água

1976 Conselho Comunitário

1983 Delegacia

1976 Posto de Saúde

1982 Creche Padre João Perestrello CMEI

1974 Campo de futebol / Centro desportivo de Mãe Luiza e Aparecida

1985 Conjunto

Mãe Luiza Marcos Públicos

Local onde hoje se situam a Rua Verde (Alameda Sabino Gentili) e a Rua João XXIII, aprox. 1980

Rua Verde e Rua João XXIII, aprox. 2019

117

Mãe Luiza vista das Dunas, aprox. 1980

Mãe Luiza vista das Dunas, 2020

Principais áreas de deslizamento de terras, 2015

Escadaria no local de deslizamento de terras, 2018

Rua João XXIII vista do Centro Sócio, 1987

Rua João XXIII vista do Centro Sócio, 2020

Vista superior do Farol com o antigo ginásio, 2012

Vista do Farol, com a recém-concluída Arena do Morro, 2014

121

O antigo ginásio, 2012

Arena do Morro, 2020

Fichas técnicas

1987

1981

Planos arquitetônicos: Michel Cachat
Área: 300 m²
Aproximadamente 1.250 visitantes mensais
Equipe: 4
(2019)

Igreja Católica de Nossa Senhora da Conceição

A igreja provê espaço para os católicos de Mãe Luiza (cerca de 60% dos moradores do bairro). A paróquia oferece serviços religiosos e promove atividades sociais para toda a comunidade.

1983

Aproximadamente 1.000 visitantes mensais
Equipe: 4
(2019)

Centro Sócio Pastoral Nossa Senhora da Conceição, denominado Centro Sócio

O Centro Sócio é o edifício principal onde os residentes podem ir para obter informações gerais, ajuda e apoio. É o elo que conecta as pessoas da comunidade a todas as atividades que acontecem em Mãe Luiza (ver pág. 106). Além disso, é o centro administrativo de todos os seus projetos. No Centro Sócio existem ainda um pequeno museu e uma biblioteca, bem como várias salas que podem ser utilizadas para outras atividades comunitárias.

123

1998

2019

Fichas técnicas

2007

1986

Arquiteto (edifício inicial): Heitor Andrade Área: 460 m²
Alunos: 177 no total (91 meninas e 86 meninos)
Idade dos alunos: 3–5 anos
Equipe: 11
(2019)

Espaço Livre, pré-escola

A pré-escola Espaço Livre é um estabelecimento educacional cuja instrução segue o currículo do ensino público. Estabelecido pela primeira vez no Centro Sócio em 1986, um prédio separado foi erguido em 1993. Em 2018, um andar foi acrescentado ao prédio, que desde então abrigou a escola de música. A pré-escola ainda ocupa o andar térreo. As crianças são servidas diariamente de uma refeição.

2018

Pátio da pré-escola, 2018

Fichas técnicas

1997

1993

Arquitetos: Vinícius Pessoa Albino e Heitor Andrade Área: 591 m²
Alunos: 166 no total (71 meninas e 95 meninos)
Idade dos alunos: 7–15 anos
Equipe: 17
(2019)

Centro Educacional Casa Crescer

Fundada em 1993 como uma escola para crianças e adolescentes, a Casa Crescer foi, em seu início, também um provedor de apoio, oferecendo oficinas de artesanato focadas em gerar renda e refeições diárias para as famílias mais pobres. Hoje a Casa Crescer se concentra na educação e na tutoria e oferece refeições complementares para as crianças necessitadas.

2007

Casa Crescer (a grande construção branca com as outras ao redor) vista do Farol, 2012

Fichas técnicas

2002

2001

Arquiteto: Heitor Andrade Área: 610 m²
Residentes de 2019: 23
37 visitantes durante o dia (de segunda a sexta-feira)
Equipe: 33
(2019)

Espaço Solidário, Centro de Convivência para Idosos

Criado em 2001, o Espaço Solidário é hoje um ponto de referência no bairro de Mãe Luiza como o Centro de Convivência para Idosos. As gentes se voltam para ele quando uma pessoa idosa ou membro da família está em dificuldade. Além de abrigar residentes permanentes, ele oferece serviços de casa dia para a população idosa.

2019

2019

Fichas técnicas

Alameda Padre Sabino Gentili antes da intervenção, 2008

2013

Visão urbana: Herzog & de Meuron
Projeto urbano: SEMURB, Carlos Eduardo da Hora, Ana Karla Galvão, Daniel Nicolau, Karenine Dantas
Comprimento projetado: 940 m
Realizado: 540 metros de calçadas, 70 metros de nova pavimentação
Luzes de rua: nenhuma é eletrificada

Rua Verde (Alameda Padre Sabino Gentili)

Este projeto começou em 2013, baseado na proposta de planejamento urbano da Herzog & de Meuron, "Uma Visão para Mãe Luiza", publicada em 2009. Graças aos esforços do Centro Sócio, a Prefeitura Municipal de Natal concordou em financiar e implementar o projeto. Seu objetivo é oferecer à comunidade um lugar de lazer familiar, companheirismo comunitário e relaxamento à sombra, entre as árvores e as flores. A Prefeitura Municipal de Natal ainda não concluiu o projeto, que tem sido paralisado há anos. Por sua vez, os moradores começaram a plantar e cuidar das próprias árvores.

Rua Verde na altura do Centro Sócio, 2019

Rua Verde, vasos de plantio individuais, 2019

2014

Arquitetos: Herzog & de Meuron Área: 1.964 m²
Aproximadamente 1.200 usuários semanais
Equipe: 7
(2019)

Arena do Morro, ginásio

Situada do outro lado da rua do Farol, a Arena está aberta ao público desde 2014. Construída como um salão de esportes com a intenção de convidar muitas outras atividades, abriga hoje, além de eventos esportivos, culturais e festivos, concertos, oficinas e encontros e se tornou um centro social intergeracional em Mãe Luiza.

Jogo de xadrez no salão polivalente, 2015

Fichas técnicas

Ensaio no salão principal, 2018

2016

35 membros em media
Afiliação indefinida para os graduados da Escola de Música
(2019)

Banda Filarmônica

A Banda Filarmônica é regularmente convidada a tocar em apresentações e eventos públicos e também no Festival de Música Tradicional Mãestro Felinto Lúcio. A banda já atuou mais de cem vezes (até 2021), incluindo apresentações com a Orquestra Sinfônica do Estado do Rio Grande do Norte.

2018

Arquitetos: Kenya e Eduardo Grunauer Área: 253 m²
Duração da educação: 3 anos
Alunos: 75 (com equilíbrio de gênero)
Idade dos alunos: 7–17 anos
Equipe: 3 professores
(2019)

Espaço Livre, Escola de música

A Escola de Música oferece ensino de instrumentos de sopro e percussão, refletindo a música tradicional do Rio Grande do Norte. Fornece todos os equipamentos e instrumentos. Cada instrumento é compartilhado entre dois ou três alunos. Depois de alguns meses de solfejo, todos os alunos devem passar em um exame de admissão. Três alunos já foram aceitos na Escola Técnica de Música da Universidade Federal do Rio Grande do Norte. Com a matrícula de 25 alunos duas vezes por ano, a escola pretende formar 1.000 músicos durante os próximos 20 anos.

Concerto na Escola de Música, 2018

Ion de Andrade e Nicole Miescher
Padre Sabino Gentili

Nascido na Itália em 1945, o padre Sabino Gentili se deu uma missão: ajudar as pessoas. Graças a seu espírito solidário, à sua grande inteligência e cultura, ele realizou um trabalho importante no Brasil: a criação do Centro Sócio em Mãe Luiza, o grande motor do desenvolvimento dessa comunidade.

Sabino Gentili nasceu em 13 de Julho de 1945 em Castel di Tora, uma pequena comunidade rural a cerca de 80 km a nordeste de Roma, Itália. Sua família era pobre e vivia da agricultura de subsistência. Sabino era um aluno inteligente e interessado, que lia e refletia.

Naquela época, pessoas pobres só conseguiam acesso à educação por intermédio da Igreja. Aos 11 anos, Sabino Gentili saiu de casa e foi estudar na Congregação Salesiana em Roma. Em 1972, partiu para a Alemanha a fim de completar seus estudos com os Salesianos. Trabalhar na construção civil durante as férias rendeu-lhe o primeiro contato com o mundo do trabalho e com culturas estrangeiras.

Em 1973, Sabino Gentili partiu para o Brasil para ser diretor de uma tradicional escola particular católica de Natal, o Colégio Salesiano São José. Em 1979, desistiu de seu posto no colégio e decidiu servir aos pobres. Foi morar em Mãe Luiza e viveu uma vida semelhante à de seus vizinhos pobres. Sabino, como veio a ser conhecido pelos seus fiéis, terminou seus dias como vigário paroquial desse bairro, um dos mais pobres da cidade.

Extremamente culto, o padre Sabino falava, além de italiano – sua língua materna –, português, alemão, francês, espanhol, inglês e latim. Leitor incansável de teologia de todas as religiões – do judaísmo ao budismo, passando pelas religiões de matriz africana –, ele era comumente procurado tanto por religiosos católicos como pelos não católicos para a discussão dos problemas mais difíceis aos quais estavam confrontados na relação com os seus fiéis e comunidades.

Por esta comunidade de amigos religiosos era considerado não apenas um padre, mas um homem de Deus, em que todos confiavam e com quem se sentiam em casa. Era um profundo humanista em ideias e atitudes.

Apesar de erudito, o padre Sabino Gentili era também apaixonado pela cultura popular. Conhecia as novelas e os livros mais lidos e, de forma impressionante, emitia opiniões de conhecedor.

Ninguém entendia como ele encontrava tempo para tanto, pois, além da sua vida religiosa, cuidava pessoalmente de tudo o que dizia respeito ao Centro Sócio Pastoral Nossa Senhora da Conceição. Fundado por ele no dia 8 de dezembro de 1983, o Centro Sócio prestava serviços vitais à Mãe Luiza e passou a representar a base do desenvolvimento dessa comunidade.

O padre Sabino era um homem caloroso, marcante e generoso. Figura inesquecível, Sabino Gentili tinha ideias amplas e pouco ortodoxas. Desejava profundamente um mundo melhor e mais justo e empenhou sua vida na realização desse sonho, com todo o seu ser e força. Ele acreditava profundamente no amor e na solidariedade.

Ele foi o motor de mudanças profundas na vida do povo de Mãe Luiza, ajudando a construir não somente melhorias materiais, mas também a auto-confiança necessária para a mudança e o orgulho das realizações. Sua vida transmitiu a mensagem de que sonhos não são mera ilusão e que, quando sonhamos juntos, os sonhos podem se tornar realidade.

Padre Sabino dedicou 29 anos de sua vida à comunidade de Mãe Luiza. Morreu no dia 8 de Julho de 2006, vítima de uma insuficiência cardíaca que o acompanhava há anos. A doença que o levou não podia ser mais representativa do seu jeito de ser: seu coração era grande demais.

O Centro Sócio é a obra deste homem raro e simples, grande e humilde, universal e popular, forte e doce, religioso e secular, europeu e brasileiro. Graças ao Centro Sócio, o foco na dignidade da pessoa e da comunidade –ideário ao qual padre Sabino sempre foi fiel – continua vivo em Mãe Luiza.

Sabino Gentili (1945–2006)

2006

A equipe do Centro Sócio, 2006

Ion de Andrade
Luta pela vida e sobrevivência

Casas de taipa, analfabetismo, falta de água, de luz, ruas de areia. A luta contra a precariedade em Mãe Luiza ganha voz e força nos anos 80 com a presença do dedicado padre Sabino Gentili e do Centro Sócio.

Nos anos 1980, o bairro Mãe Luiza se encontrava numa situação de miséria extrema. Em novembro de 1985, o salário-mínimo correspondia a cerca de US$ 60 por mês. Se observamos a imagem da linha do tempo (ver pág. 111) do desenvolvimento do bairro, vemos que a estrutura urbana se resumia a poucas benfeitorias, como uma caixa d'água, energia elétrica, a unidade de saúde e algumas escolas, instaladas entre os anos 1960 e o fim dos 1970, às quais o acesso não era universal. As ruas principais de Mãe Luiza já eram calçadas com paralelepípedos, mas as ruas secundárias continuavam sendo, em grande parte, de areia.

Embora a maior parte das casas já contasse com água encanada, o abastecimento irregular e muitas vezes com baixa pressão, como é até hoje, obrigava as famílias ao armazenamento artesanal em tonéis, normalmente sem tampa. Nas casas sem água encanada essa prática era inevitável.

Apesar de disponível, nem todos tinham acesso à luz elétrica, e muitas casas ainda eram iluminadas por luz de candeeiro. Obviamente, não ter eletricidade implicava também na inacessibilidade a eletrodomésticos fundamentais, como as geladeiras, para conservar a qualidade e prolongar a durabilidade dos alimentos. Conservar bem a comida permite não só a economia de recursos, como também a proteção da saúde familiar. Na maior parte dos domicílios, os alimentos eram cozidos a lenha, já que as famílias não tinham dinheiro para comprar gás.

As casas costumavam ser feitas de taipa e geralmente tinham piso de terra batida, o que dificultava a limpeza. Mais precário ainda era o papelão ou a palha, utilizados como material de construção na Favela do Sopapo. Nem todas as casas tinham banheiro – uma situação que levava as famílias a enterrar os excrementos ou a colocá-los no lixo doméstico para coleta. O manuseio indevido do lixo e sua coleta sempre insuficiente frequentemente levavam à infestação de ratos, que invadiam as casas à noite, atacando as pessoas. Nesse cenário, a mortalidade infantil era elevada e o analfabetismo generalizado.

Foi neste bairro que, no início dos anos 80, o padre Sabino Gentili construiu uma Igreja católica e fundou o Centro Sócio Pastoral Nossa Senhora da Conceição, a "base institucional", como ele costumava dizer, que pretendia oferecer à comunidade o respaldo e a credibilidade da Igreja para suas lutas.

Por meio desse diálogo, a comunidade e o Centro Sócio construíram um itinerário de respostas aos gigantescos desafios postos pela sobrevivência.

As lutas iniciais concentraram-se no enfrentamento dos problemas percebidos pela comunidade como prioritários. Tal levantamento guiou a ação institucional, com iniciativas orientadas por Seminários Populares, nos quais a própria comunidade discutia os problemas e suas possíveis soluções com a ajuda de técnicos convidados a participar da reflexão.

Ativo nesse cenário de problemas reais e subjetivos, o Centro esforçou-se em cumprir uma agenda prioritária para o povo. Criou uma escola de alfabetização para crianças, a Escola Espaço Livre, para cerca de 200 crianças, e outra para a alfabetização de adultos, com cerca de 50 vagas entre 1986 e 1990 (ver pág. 106); organizou a primeira desratização do bairro, pressionando a prefeitura a cumprir o seu papel, num processo em que a comunidade participou ativamente; com o Projeto Amigos da Comunidade desenvolveu uma resposta à mortalidade infantil; em mutirão com os moradores, o Centro urbanizou a Favela do Sopapo (casas de papelão e palha, sem água, luz ou saneamento), dando origem ao Conjunto Brisa do Mar, um esforço do qual participaram também alguns professores do Departamento de Arquitetura da Universidade Federal do Rio Grande do Norte UFRN.

Além disso, guiado pelo Projeto Amigos da Comunidade, o Centro Sócio atuou para melhorar a estrutura de diversas casas sem banheiro e com piso de terra batida e deu origem a uma Enfermaria-Dia para bebês desnutridos em estado grave e a um Centro de Reidratação Oral para bebês desidratados, tendo apoiado ainda a compra de comida para diversas famílias em situação de miséria extrema, ações entendidas como sinérgicas ao enfrentamento da Mortalidade Infantil.

A Casa Crescer é uma escola de reforço fundada em 1993 com duas iniciativas: a criação da oficina de artesanato, com foco na geração de renda, e a instalação da cozinha, onde as famílias mais pobres iam buscar o almoço. Hoje, a Casa Crescer funciona unicamente como Escola de segundo turno (ver pág. 106).

Esta fase de lutas pela sobrevivência não terminou abruptamente. Vários elementos surgiram, mostrando a emergência de uma nova etapa, e fizeram a transição entre a "luta pela vida e sobrevivência" para a "luta pelo desenvolvimento e pela inclusão social". Duas iniciativas foram descontinuadas e dois novos projetos foram iniciados:

Foi descontinuado o Projeto Amigos da Comunidade em 2001, já que a mortalidade infantil por doenças evitáveis e tratáveis parecia superada e o Programa Municipal de Agentes Comunitários de Saúde havia sido implantado no bairro.

Como resultado do registro dos dados demográficos, de mortalidade infantil e geral, as visitadoras do Projeto Amigos da Comunidade passaram a levantar mais e mais problemas relacionados ao envelhecimento. Daí a inauguração em 2001 do Espaço Solidário, a Casa de Idosos do Centro Sócio (ver pág. 107), para o qual as visitadoras materno-infantis do Projeto Amigos da Comunidade foram contratadas como cuidadoras de idosos.

A Escola Novo Lar, de alfabetização de adultos, acabou sendo encerrada devido ao crescimento dos índices de alfabetização, porém, em seu lugar, foi aberta a Escola de Informática, após a realização do seminário que discutiu a empregabilidade dos adolescentes. Essa escola visava à preparação dos jovens de Mãe Luiza para o mercado de trabalho (ver pág. 107).

A fundação desses espaços – o Espaço Solidário, como sucedâneo do Projeto Amigos da Comunidade, e a Escola de Informática, no lugar da Escola de Alfabetização de Adultos – é emblemática do surgimento de uma nova fase, resultante das lutas e dos esforços coletivos de Mãe Luiza.

Em cada uma dessas iniciativas, o Poder Público esteve praticamente ausente.

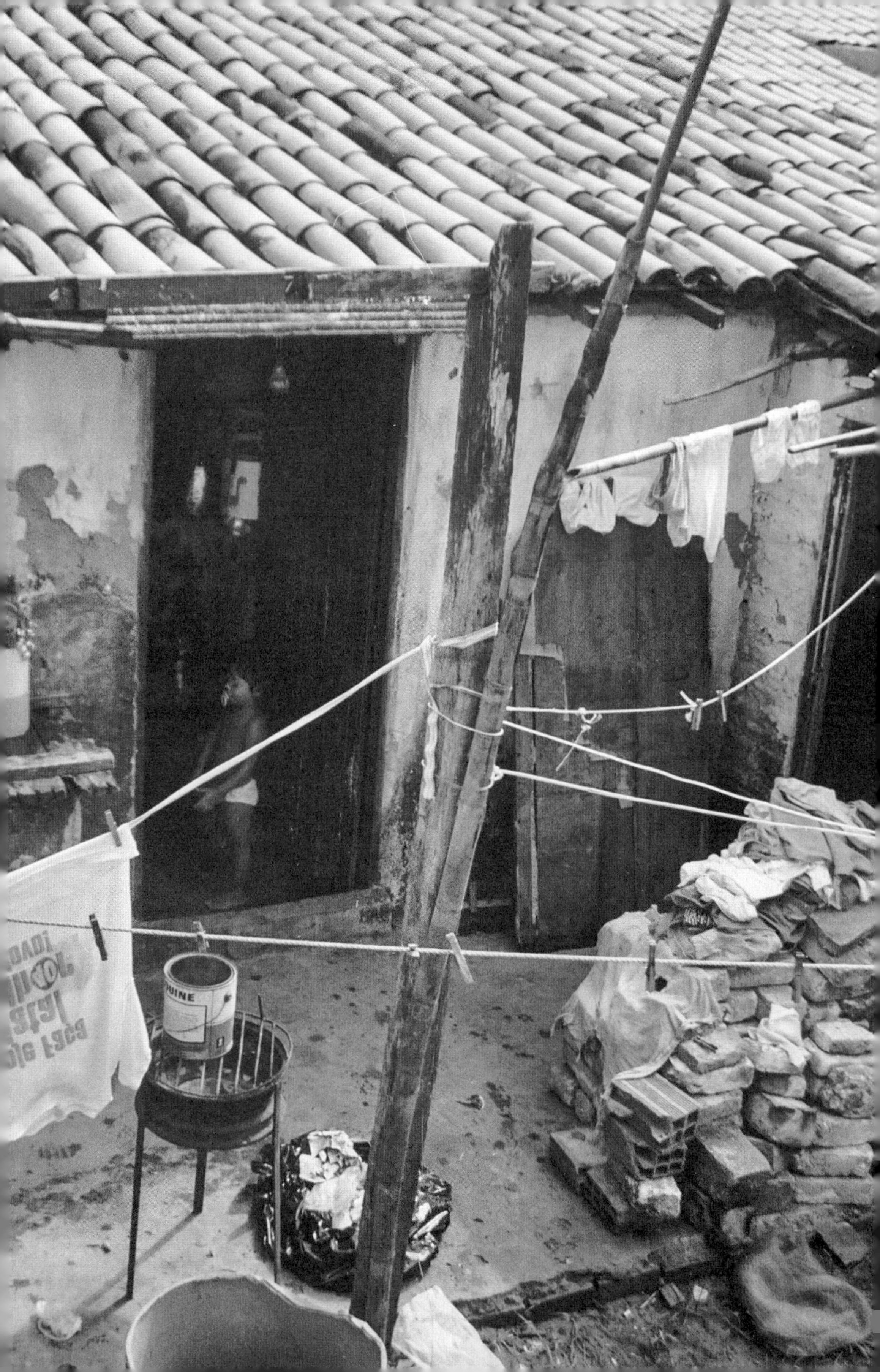

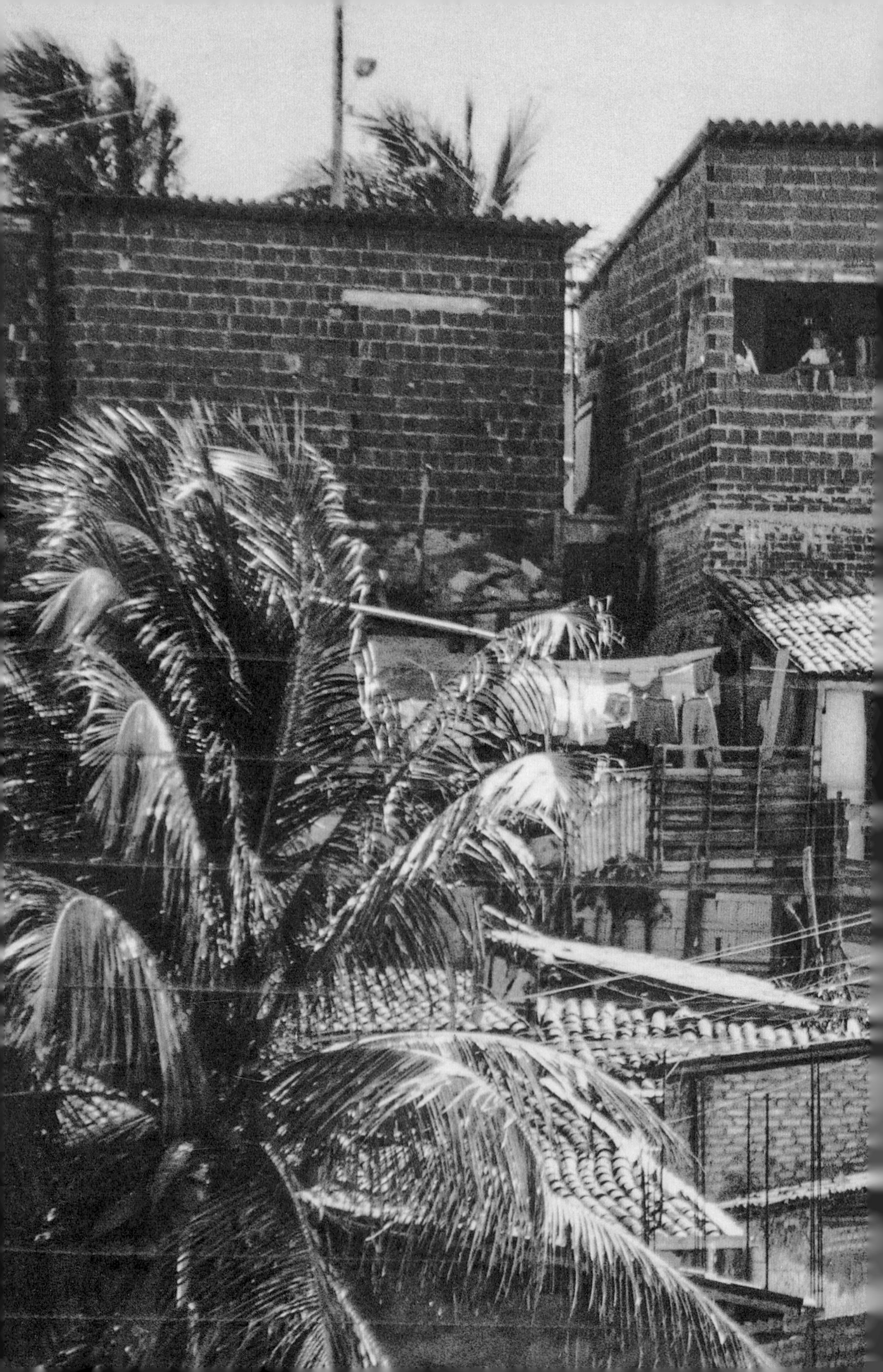

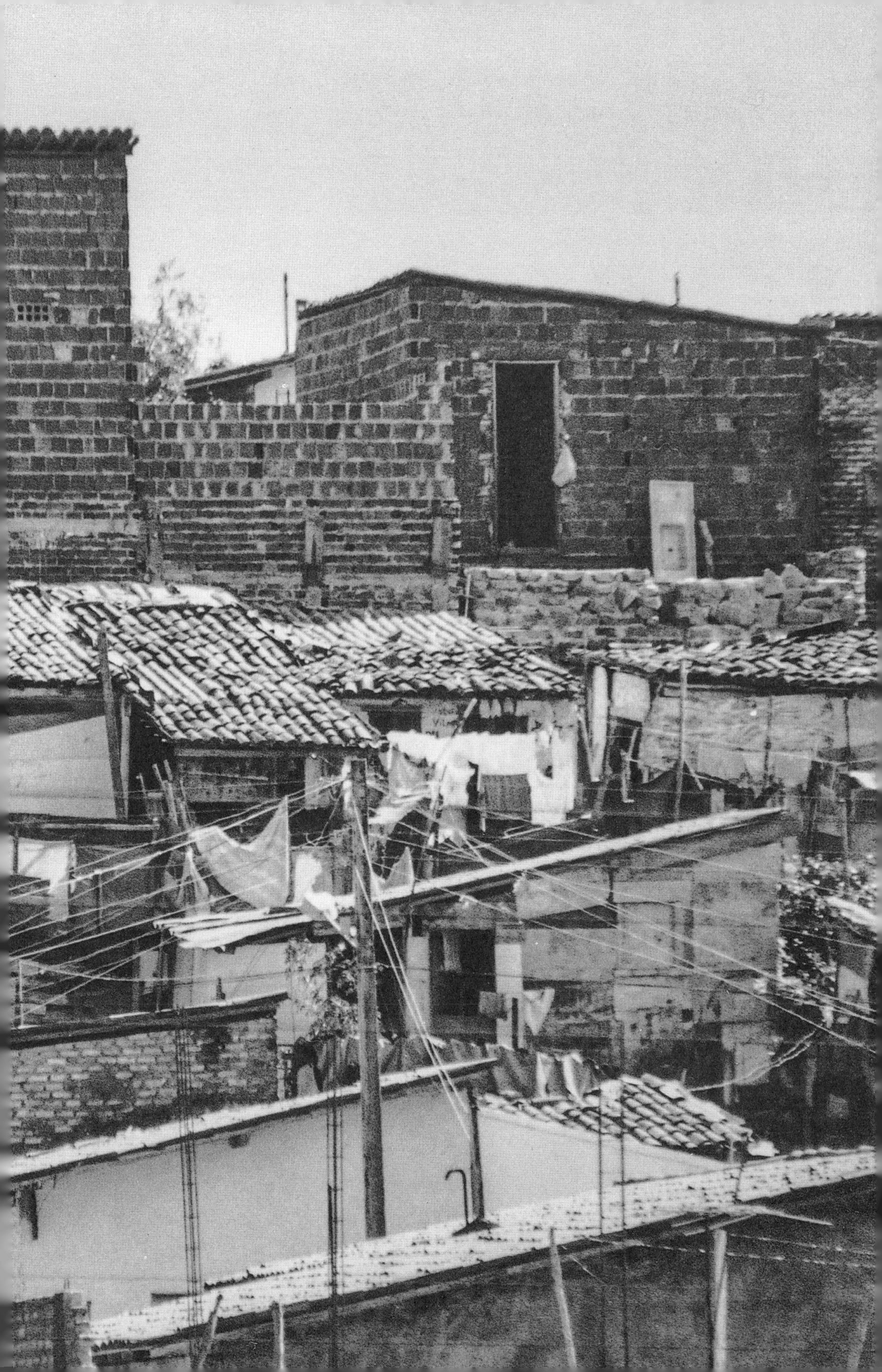

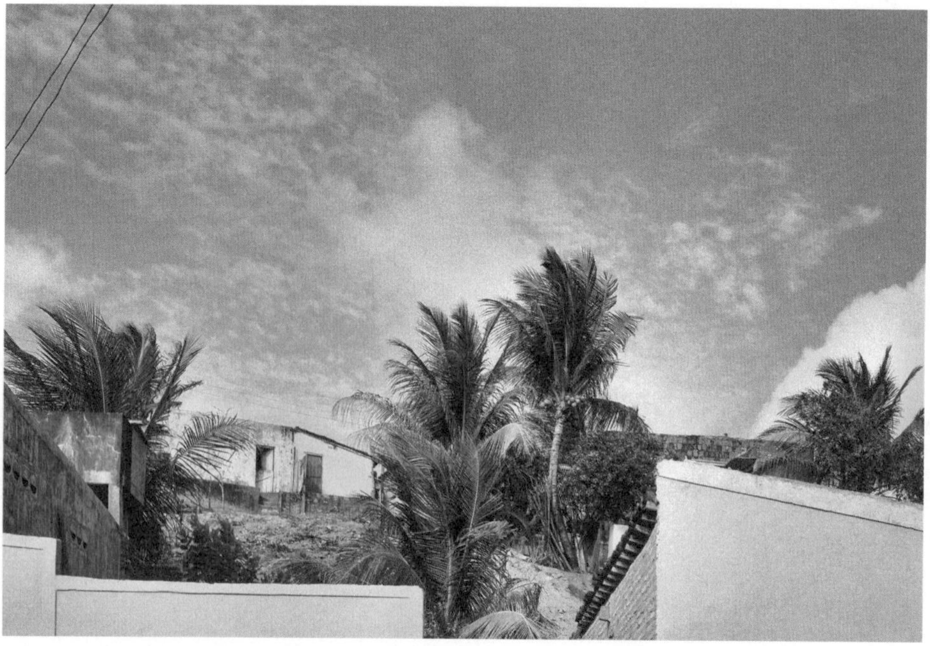

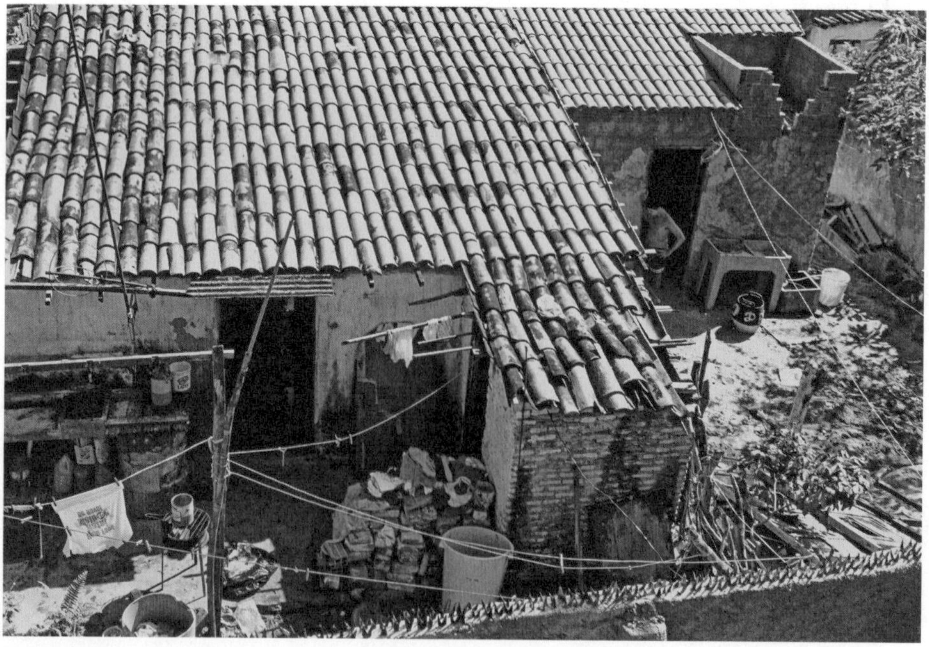

147

Construção de Brisa do Mar, no local da favela do Sopapo, 1996

Projeto de habitação Brisa do Mar, 2012

Projeto de habitação Brisa do Mar, 2008

Ion de Andrade
Mortalidade Infantil

O Projeto Amigos da Comunidade é uma das mais belas iniciativas do Centro Sócio nos anos 1990. Graças a este projeto e sua agenda de educação continuada, mulheres da comunidade se tornaram as "mães-visitadoras" e reduziram drasticamente os índices de mortalidade infantil em Mãe Luiza.

No fim dos anos 1980, aproximadamente no início dos anos 1990, a mortalidade infantil em Mãe Luiza era de 60 a 70 bebês por cada mil nascidos vivos. Tendo em vista os 350 nascimentos anuais, isso representava cerca de 20 a 25 óbitos por ano, dando razão ao padre Sabino Gentili, que dizia "não passarem duas semanas sem que os sinos tocassem para um bebê".

Tais óbitos, como costuma acontecer quando a mortalidade infantil é alta, estavam concentrados nas doenças evitáveis e tratáveis: a diarreia, a pneumonia e a desnutrição.

Por isso, em 1991, o Centro Sócio organizou um seminário sobre saúde da criança. O seminário abordou a prevenção dessas doenças, a necessidade do aleitamento materno e do seguimento do calendário de vacinação. A comunidade se manifestou sobre a falta de água encanada e de luz elétrica, fatores que impossibilitavam o devido armazenamento dos alimentos e a boa qualidade da água, elevando o risco de diarreias. Foram encontradas muitas casas sem um sanitário sequer, o que fazia com que as pessoas enterrassem as fezes no quintal.

O aleitamento materno, por sua vez, vítima de décadas de uma publicidade que mostrava a superioridade do leite em pó como alimento para lactentes, era seguido por muito menos tempo do que os seis meses recomendados, em que podia ser oferecido de forma exclusiva. Esse estímulo ao desmame precoce fez com que as famílias muito pobres se deparassem com a dificuldade de comprar leite em pó no volume necessário para a boa alimentação do bebê, levando-os, muitas vezes, a uma desnutrição crônica.

No fim daquele seminário, o Centro Sócio pensou numa intervenção em que a própria comunidade pudesse se ajudar. Foi criado o Projeto Amigos da Comunidade, que selecionou dez mães do bairro de Mãe Luiza para visitar mensalmente todas as gestantes e os bebês com até um ano de idade. As mães- visitadoras do projeto foram treinadas sobre os assuntos de cada visita temática: aleitamento materno e desmame precoce, alimentação do bebê no primeiro ano de vida, diarreias e desidratação, pneumonias e outras doenças respiratórias, vacinação, desnutrição, pré-natal, bem como alimentação da gestante. Tudo isso acompanhado de uma agenda permanente de educação continuada.

Em dois anos, a mortalidade infantil no bairro havia caído para níveis que passaram a girar em torno de 15 bebês por mil nascidos.

Enquanto durou, o projeto contou com reuniões semanais para a apresentação dos casos novos, com reflexão permanente sobre as situações mais difíceis –doenças graves e mentais, violência ou miséria extrema –, e isso permitiu a adoção de iniciativas específicas para cada caso. Os óbitos infantis eram sempre objeto de análise aprofundada pelo grupo, para afinar a capacidade da equipe de detectar os riscos que haviam levado esses bebês à morte. Como resultado dessas reuniões, o Centro Sócio criou uma Enfermaria--Dia (ver pág. 141).

As casas sem banheiro ou sem piso identificadas pelas visitadoras receberam um apoio do Centro Sócio em sacos de cimento. As obras ocorriam em regime de mutirão familiar, às vezes sob acompanhamento de arquitetos voluntários.

A cada ano, as mães visitadoras registravam dados da mortalidade infantil e geral. Com isso, rapidamente o projeto constatou o envelhecimento da população do bairro.

Quando o Programa Municipal de Agentes Comunitários de Saúde foi implantado em Mãe Luiza e a mortalidade infantil entrou em declínio, o Projeto Amigos da Comunidade foi descontinuado em 2001.

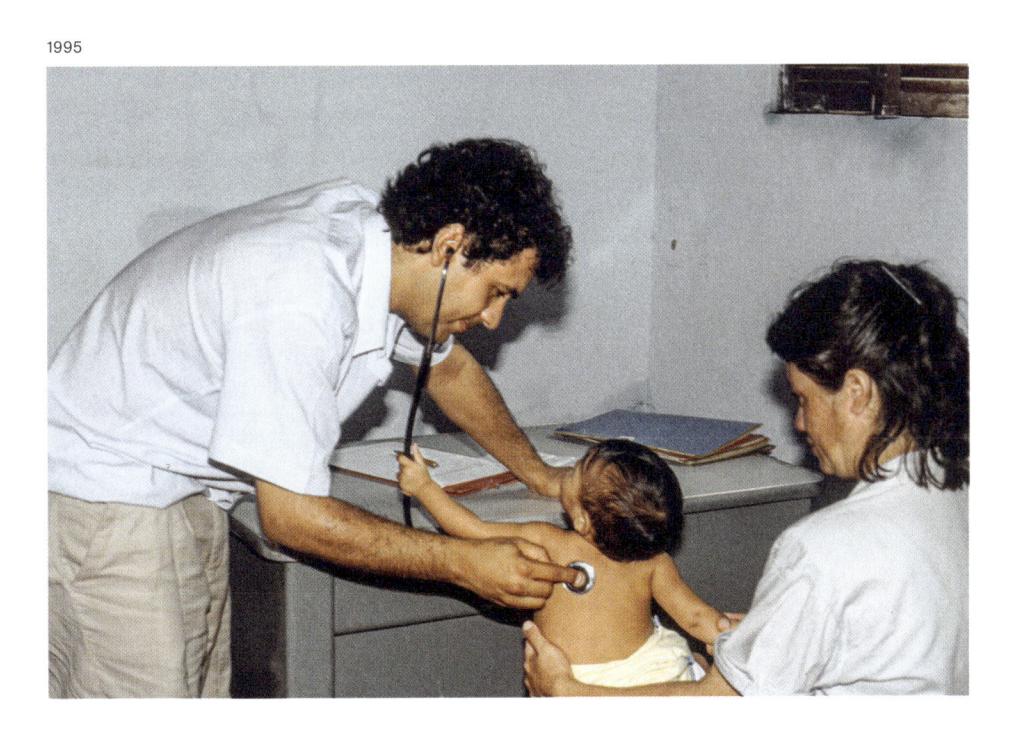

1995

Ion de Andrade

Homicídios em Mãe Luiza

O empenho de mais de 30 anos do Centro Sócio em Mãe Luiza e seu impacto sobre os indicadores de homicídios no bairro. Uma análise comparativa da violência entre Natal e Mãe Luiza traz números surpreendentes entre 2013 e 2019.

O trabalho desenvolvido em Mãe Luiza ao longo dos mais de trinta anos de diálogo entre o Centro Sócio e a comunidade deveria, logicamente, ter gerado mudanças em indicadores importantes para a vida das pessoas nas áreas em que o trabalho foi realizado.

Tais indicadores deveriam, neste caso, ter melhor evolução do que os da cidade como um todo. Isso significa que, se Natal tivesse evoluído em alguma área e houvesse alguma iniciativa no bairro nesta mesma área, a evolução do indicador deveria ser melhor em Mãe Luiza. Isso ocorreu, por exemplo, com a mortalidade infantil nos anos 90.

O comportamento dos indicadores tenderia a provar a eficácia do trabalho. E é o que constatamos no que se refere aos homicídios, que vêm caindo ao longo do tempo de forma mais rápida em Mãe Luiza do que na cidade como um todo.

Tradicionalmente marcado pela violência, o bairro Mãe Luiza vem apresentando desde 2019 números melhores do que os de Natal no que diz respeito aos homicídios.

A linha tracejada do gráfico 1 mostra o percentual da população do bairro em relação à população total da cidade e a curva mostra o percentual dos homicídios ocorridos em Mãe Luiza em relação aos de Natal entre 2013 e 2019.

Observa-se que em 2013 Mãe Luiza tinha mais que o dobro da taxa de violência da cidade, com um índice de 4,07% dos homicídios totais (primeiro ponto da curva, no alto) contra um percentual inferior a 2% para a população (linha tracejada). Observa-se também, e isso pudemos constatar em 2015, que a violência caiu extraordinariamente entre 2013 e 2016 quando nada de novo, além da presença do Ginásio Arena do Morro, inaugurado em abril de 2014, havia ocorrido no bairro como política pública. E os homicídios continuaram a cair. Seria tentador atribuir ao ginásio tal resultado, pois não foram poucas as vezes em que familiares de jovens em situação de vulnerabilidade social nos pediram que estes fossem incluídos nas atividades do novo local.

A redução dos homicídios é notável, tendo em vista que em 2016 a cidade de Natal integrava o grupo das 20 cidades mais violentas do mundo. Entre muitos outros documentos publicados na mesma época, o artigo da *Deutsche Welle Brasil,* de 26 de janeiro de 2016, atesta esse fato. Nele, Natal é elencada como a 13a cidade mais violenta do mundo (disponível em https://www.dw.com/ pt-br/brasil-tem-21-das-50-cidades-mais-violentas-do-mundo/ a-19005124). O relatório da Forbes datado de 31 de agosto de 2016 (disponível em https://forbes.com.br/listas/2016/08/20-cidades-mais-violentas-mundo/) revela o mesmo. Segundo os indicadores internacionais, esse cenário persistiu até fins de 2018, quando a cidade deixou de ser citada entre as mais violentas. Durante todo esse período, os homicídios em Mãe Luiza se mantiveram num contínuo viés de baixa.

O bairro de Mãe Luiza, ferido pela exclusão social, pela desigualdade e por uma violência enraizada na cultura, deveria ter visto os homicídios explodirem nesse período de trevas vivido pela cidade. No entanto, surpreendentemente, o bairro percorreu o caminho oposto, tornando-se menos violento enquanto a violência em Natal aumentava.

O número de homicídios por 100'000 habitantes, que vemos no gráfico 2 abaixo, complementa o gráfico anterior e mostra também que, contra todas as previsões e num contexto de adversidades, o bairro encerrou a década com um índice de homicídios inferior ao da cidade.

Observa-se que a curva de homicídios por 100'000 habitantes de Natal é mais horizontal do que a de Mãe Luiza e que ela cresce de 2013 a 2017, passando de 63 para 68 mortes por 100'000 habitantes. Só em 2018 a curva de Natal começa a cair. A curva de Mãe Luiza, ao contrário, cai quase que continuamente de 2013 a 2019 com um repique em 2016.

Tais resultados confirmam a singularidade de Mãe Luiza no contexto de Natal num período de seis anos. Os resultados do gráfico 1, que mostram a evolução percentual dos óbitos de Mãe Luiza em relação aos da cidade e no qual podemos ver que o bairro se tornou proporcionalmente menos violento em 2019, são convergentes com o gráfico 2, que mostra como nesse mesmo ano a taxa de homicídios por 100'000 habitantes de Mãe Luiza se tornou, inferior à da cidade pela primeira vez na série.

1 Fonte: Relatórios anuais do Observatório da Violência (OBVIO) e Instituto Brasileiro de Geografia e Estatística (IBGE)

2 Fonte: Relatórios anuais do Observatório da Violência (OBVIO)

Esse conjunto de dados tende a demonstrar que houve em Mãe Luiza ações que produziram, tal como esperávamos, resultados muito eficazes no tocante à redução dos homicídios, da criminalidade e da violência no bairro.

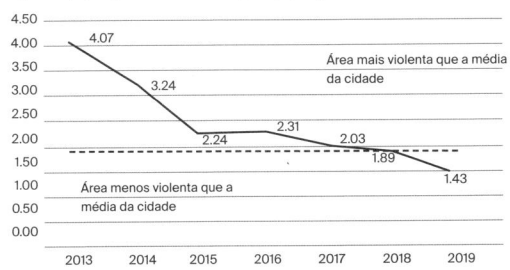

1 Porcentagem dos homicídios em Mãe Luiza em relação aos de Natal e porcentagem da população do bairro em relação à população da cidade

2 Homicídios por 100 mil habitantes em Mãe Luiza e em Natal

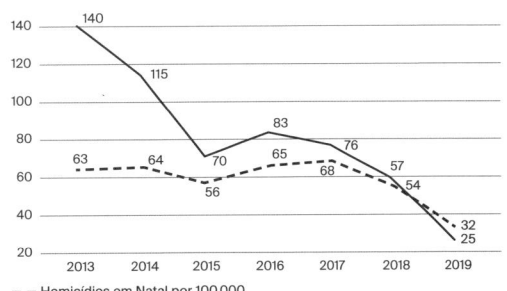

Ion de Andrade
Lutas pelo desenvolvimento e pela inclusão social

Superada a etapa das lutas pela sobrevivência, o Centro Sócio e a comunidade passaram a reivindicar um modelo de desenvolvimento para a inclusão social. Importantes benfeitorias foram alcançadas, dentre elas, a mais impactante e transformadora foi o Ginásio Arena do Morro, construído em 2014.

Por volta de 2004, depois de diversos seminários temáticos sobre as dificuldades vividas em Mãe Luiza, a diretoria do Centro Sócio foi sedimentando a ideia de que esses múltiplos problemas decorriam de um problema maior, de fundo; eles tinham matriz numa espécie de subdesenvolvimento crônico, resultante da débil presença do Poder Público no cotidiano da comunidade, que produzia uma contínua exclusão social. Percebeu-se então que havia três elementos entrelaçados: o Estado omisso, o subdesenvolvimento crônico e a exclusão social.

É interessante observar que o Centro Sócio demorou vinte anos para decodificar uma lógica até certo ponto óbvia. A grande dificuldade de identificar o principal componente da exclusão social era decorrente daquele que foi e continua sendo a causa dos demais componentes: o Poder Público omisso, que se fazia notar justamente por sua passividade ou ausência. Isso tornou o subdesenvolvimento crônico e a exclusão social difíceis de serem explicados.

A presença pública nos bairros pobres do Brasil, quando ocorre, se limita à implantação da rede escolar e das unidades básicas de saúde – equipamentos cuja universalidade é obrigatória por lei. Nada mais é obrigatório ao Poder Público. Isso faz com que qualquer ação que exceda as atribuições legais passe a depender da pressão popular ou da boa vontade do gestor. Para agravar esse cenário, o senso comum sempre tendeu a responsabilizar o excluído por sua exclusão, eximindo o Poder Público de qualquer responsabilidade.

Se a escola não funciona e os professores faltam, é porque o povo não se organiza para pressionar; se as ruas não são iluminadas, é culpa do povo, que não se mobiliza para exigir. Dessa forma, o que nunca seria exigido de alguém dos setores privilegiados é exigido dos pobres, que devem assegurar com suas próprias lutas tudo aquilo que os abastados têm de berço.

Em 2006 o Centro Sócio organizou um seminário popular para discutir a questão do desenvolvimento, o Seminário "Mãe Luiza lembra o seu passado e pensa o seu futuro".

Nele, as ideias trazidas à tona já não eram mais as de sobrevivência. A comunidade constatou a falta de espaço para o esporte, o lazer e a cultura, preocupou-se com emprego e mobilidade, refletiu sobre beleza urbana e pontuou que no bairro não havia sequer um centro de velórios. Apesar de sua grande experiência, no fim desse seminário de 2006, o Centro Sócio ainda não havia percebido a grande diferença qualitativa entre a agenda nova e a anterior e, como sempre, buscou apenas concretizar as ideias expressas naquele seminário.

A Fundação Ameropa se propôs a materializar uma das iniciativas do seminário – a que contemplava o esporte –, e tal escolha ocorreu pela possibilidade de alcançar um grande número de pessoas, de envolver fortemente a juventude, sem fechar as portas para as demais faixas etárias. Além disso, o esporte inclui autodisciplina, trabalho coletivo, regras, vitórias e derrotas. Um conjunto de virtudes fundamentais para a juventude.

A inauguração do Ginásio Arena do Morro, em 2014, materializou a mais importante conquista relacionada ao seminário de 2006. Ela deixou claro para a direção do Centro Sócio que, junto com a comunidade, a instituição havia construído um modelo de desenvolvimento para a inclusão social, baseado (a) na participação social e (b) na implantação de políticas públicas e de equipamentos coletivos locais em resposta às principais dificuldades enfrentadas pela comunidade.

Tal conquista evidenciou ainda que o Poder Público não havia assumido o seu papel protagonista, de enfrentar e resolver essas questões, que a comunidade de Mãe Luiza só havia alcançado alguma resposta graças à sua própria mobilização e que isso só foi possível devido à improvável presença de uma instituição dotada de metodologia participativa de trabalho e de uma rede de apoiadores internacionais.

Somente após a inauguração do Ginásio, o Centro Sócio percebeu que as lutas em Mãe Luiza atravessaram duas etapas históricas: a de sobrevivência e a do desenvolvimento para inclusão social (fase que teve no Ginásio sua primeira expressão). E, finalmente, entendeu que essa segunda fase dava alcance e sentido às lutas pela sobrevivência.

Essas descobertas estimularam o Centro Sócio a compartilhar suas experiências como forma de disponibilizar o inédito roteiro de respostas de Mãe Luiza às periferias urbanas e rurais do Rio Grande do Norte e de todo o Brasil.

O Centro convocou então os movimentos sociais e comunitários da cidade a participar do Seminário "Desenvolvimento Local e Direito à Cidade", que escreveu a Carta de Natal dos movimentos sociais de 2015.

Entre 2015 e 2020, destacamos algumas conquistas em Mãe Luiza que passaram a nortear as aspirações e reivindicações da comunidade – em alguns casos, para além da ação do Centro Sócio –, relacionadas a essa nova abordagem de lutas pelo desenvolvimento e inclusão social, quais sejam:

– A Rua Verde, na Alameda Padre Sabino Gentili (começou em 2009 e ainda incompleta por inação da prefeitura – os postes implantados não foram eletrificados e a obra de 940m só teve o piso tratado nos primeiros 70m);
– A reforma da Praça Edgar Borges, que ganhou um palco para apresentações, em 2013;
– A escadaria ligando a Avenida Guanabara e a Via Costeira, à beira- mar, construída em 2015 no local do deslizamento que destruiu a Avenida Guanabara;
– A reorganização da Escola de Surf de Mãe Luiza, incluindo sede própria, com apoio da Associação de Moradores do bairro vizinho de Areia Preta, em 2019;
– A Banda Filarmônica de Mãe Luiza, fundada em 2016 e composta por 35 jovens músicos;
– A Escola de Música de Mãe Luiza, pertencente ao Centro Sócio, inaugurada em 2018;
– A reforma e ampliação das escolas Dinarte Mariz e Severino Bezerra, em 2020, decorrentes da intensa mobilização da diretoria do Centro Sócio para criar sinergia entre o Ginásio e as escolas do bairro.

› Banda filarmônica nas ruas de Mãe Luiza, 2017

A escadaria, 2018

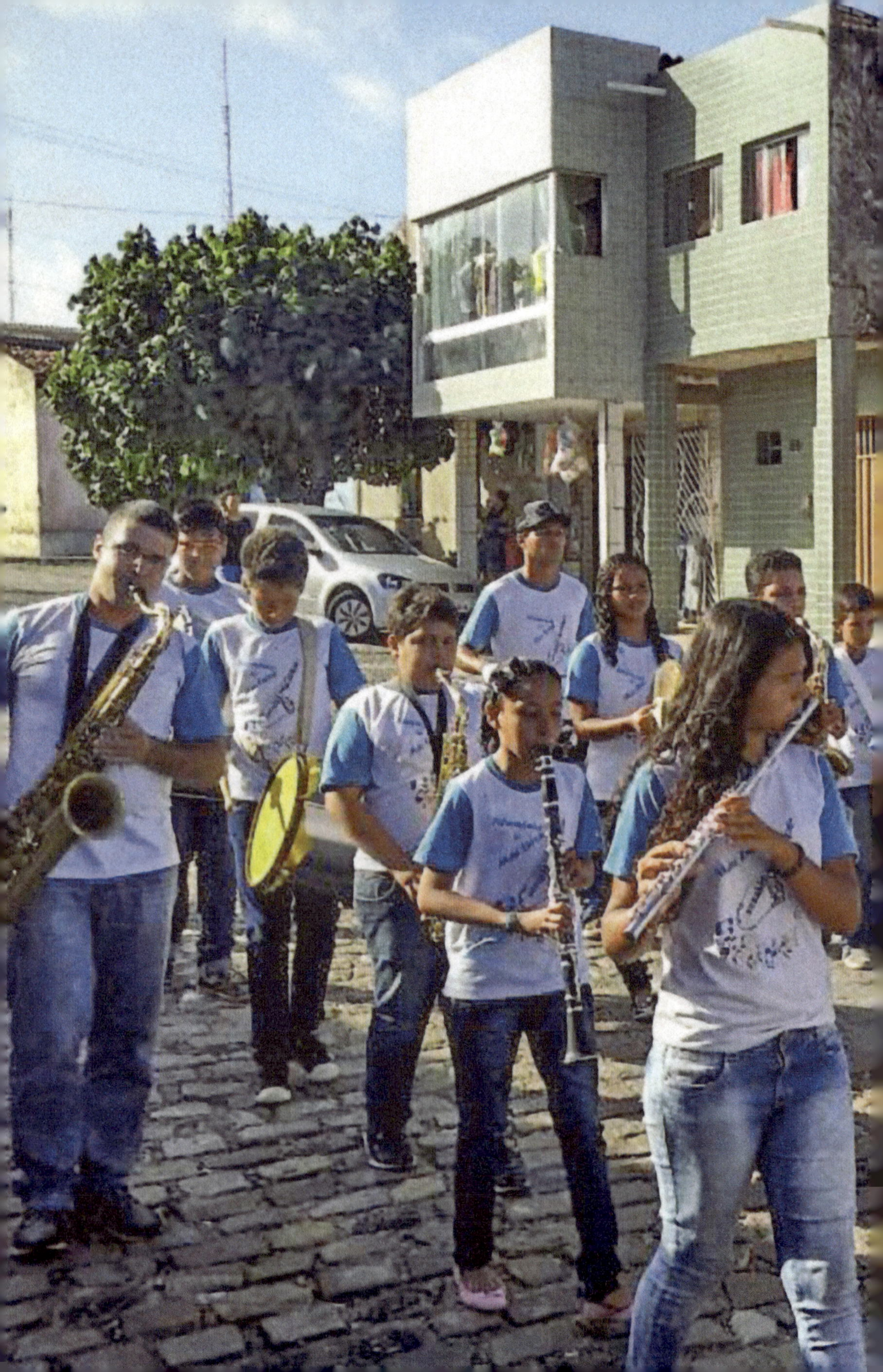

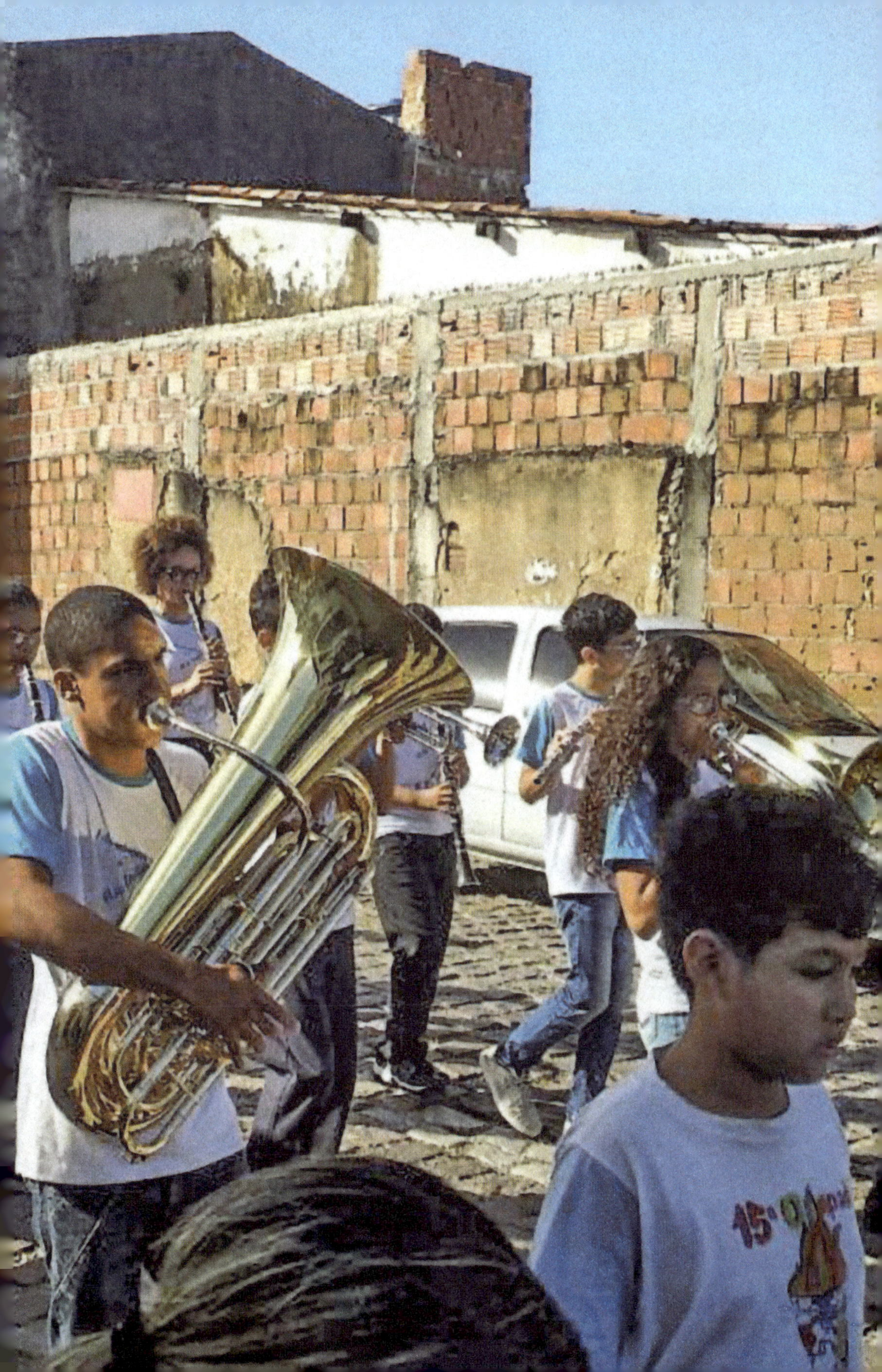

Banda filarmônica de Cruzeta em concerto na Arena do Morro, 2016

O grupo de mulheres Flores de Jacarandá se apresenta regularmente no Espaço Solidário, 2020

Missa na igreja, 2020

Compras à noite, 2018

Comemoração dos 25 anos da Casa Crescer, 2018

Crianças voltando da pré-escola, 2019

Aula de arte no terraço da Arena do Morro, 2020

Rua Verde, área de eventos, 2016

Verner Monteiro
Condições urbanas em Mãe Luiza

Condições urbanas em Mãe Luiza – uma análise comparativa de dados estatísticos e mapas da década de 2009–2019

Este capítulo tem como objetivo comparar as estatísticas urbanas gerais da última década relativas à cidade de Natal e ao bairro de Mãe Luiza. Essas estatísticas estão relacionadas sobretudo à infraestrutura e serviços urbanos como aspectos particulares das condições de vida urbana em Mãe Luiza e na cidade; refletem essencialmente, portanto, uma ação pública ou uma geografia humana. Os dados mais recentes disponíveis foram coletados entre 2017 e 2019 e comparados às estatísticas apresentadas no livro *Uma visão para Mãe Luiza*, publicado em 2009. As estatísticas escolhidas para esta breve análise incluem densidade populacional, renda, abastecimento de água, rede de esgoto e estabelecimentos de ensino. Essas cinco estatísticas foram selecionadas partindo-se do pressuposto de que são a maneira mais direta de examinar as condições básicas de vida e sua melhoria ao longo da segunda década do século XXI.

Como conclusão, esta breve análise das estatísticas básicas indica que Natal não sofreu mudanças consideráveis na última década, enquanto Mãe Luiza, em comparação, apresentou uma melhoria substancial. Houve um aumento de renda em termos reais, melhoria da rede de esgoto, expansão e aprimoramento dos estabelecimentos de ensino. Ao longo do período observado, a densidade populacional do bairro aumentou em 13%. A única estatística que revela uma deterioração das condições é relativa ao abastecimento de água, já que a contabilização do número de ligações foi refeita após o deslizamento de 2014. As reformas realizadas nas escolas foram consideráveis, o que está em parte conectado aos novos graus de exigência urbanística decorrentes da presença, em Mãe Luiza, de espaços como o ginásio Arena do Morro, o que sugere que o desenvolvimento produz uma reação sistêmica. O progresso alcançado é também visível no aumento substancial do número de novas instalações de esgoto, o que tem como resultado a potencial melhoria da saúde pública no bairro.

Dois dos alunos de arquitetura da Universidade Federal do Rio Grande do Norte, Thales Lemos e Kelvin Johnson, trabalharam sob a orientação do professor Verner Monteiro para escrever este capítulo. Coletaram dados de diferentes fontes, incluindo a administração municipal, o Instituto Nacional de Geografia e Estatística e a Universidade Federal do Rio Grande do Norte, usando-os para ilustrar os mapas apresentados a fim de facilitar a comparação visual. Os mapas de 2009 foram desenvolvidos por meio de um processo semelhante pela equipe de Herzog & de Meuron.

Densidade populacional

Os dados relativos à densidade populacional são importantes por mostrar como as pessoas se concentram nas áreas urbanas, indicando pontos como a necessidade de melhor infraestrutura. Os dois mapas comparativos apresentados com este tópico indicam que a densidade aumentou consistentemente em três áreas ao norte do rio Potengi, o que as coloca agora entre as partes mais densamente ocupadas na cidade. Os bairros citados, junto com Mãe Luiza, apresentam características muito semelhantes: condições urbanas precárias, tais como abastecimento de água insuficiente, poucas instalações de esgoto e alto índice de produção de lixo. Mãe Luiza aumentou em 13% sua densidade populacional, e manteve uma posição estável como a área mais densamente povoada de Natal.

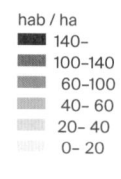

hab / ha
- 140–
- 100–140
- 60–100
- 40– 60
- 20– 40
- 0– 20

2009

Natal	51,27 [hab / ha]
Mãe Luiza	175,40 [hab / ha]

— Mãe Luiza

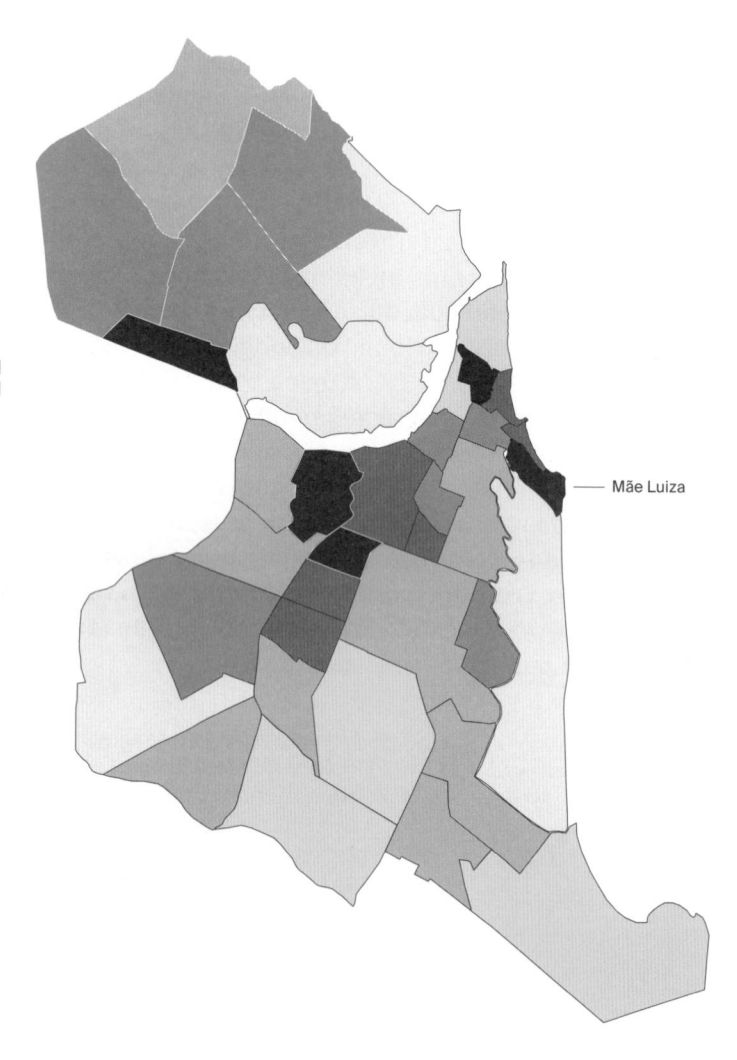

0 1 2,5 5 km

167

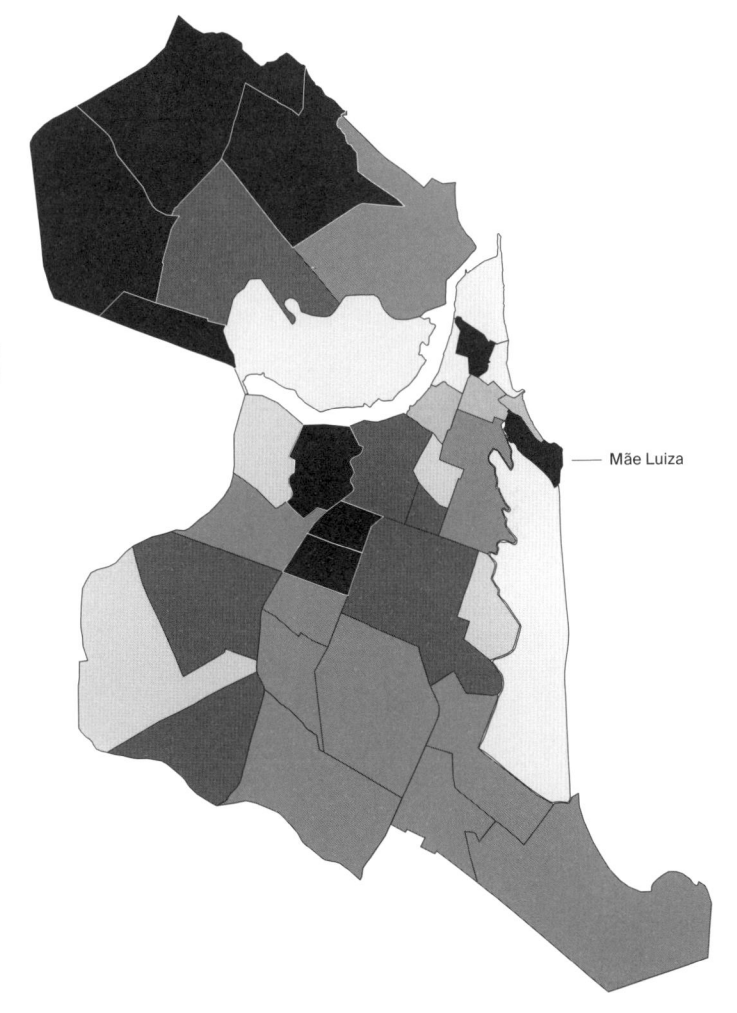

2019

Natal   53,19 [hab / ha]
Mãe Luiza   198,93 [hab / ha]

Mãe Luiza

Renda

A renda reflete a independência financeira das famílias, habilitando-as a comprar bens de uso diário, tais como alimentos e remédios. Um mapa da renda também pode indicar a concentração de riqueza na cidade. Comparações de renda entre os mapas (como a multiplicação do salário mínimo) mostram quase não haver diferença, em Natal, na década que se segue ao ano de 2009. Alguns dos bairros analisados tiveram um pequeno aumento na renda. Situam-se nas partes leste e sul da cidade.

Considerando-se que a inflação no período 2009-2019 foi de 77%, Mãe Luiza aumentou em cerca de 58% seu poder de compra acima do índice da inflação, o que sugere que houve mudanças positivas na renda familiar.

A renda média como multiplicação do salário mínimo por mês (R$ 465).
- 11–15
- 5–11
- 6–8
- 4–6
- 2–4
- 0–2

2009

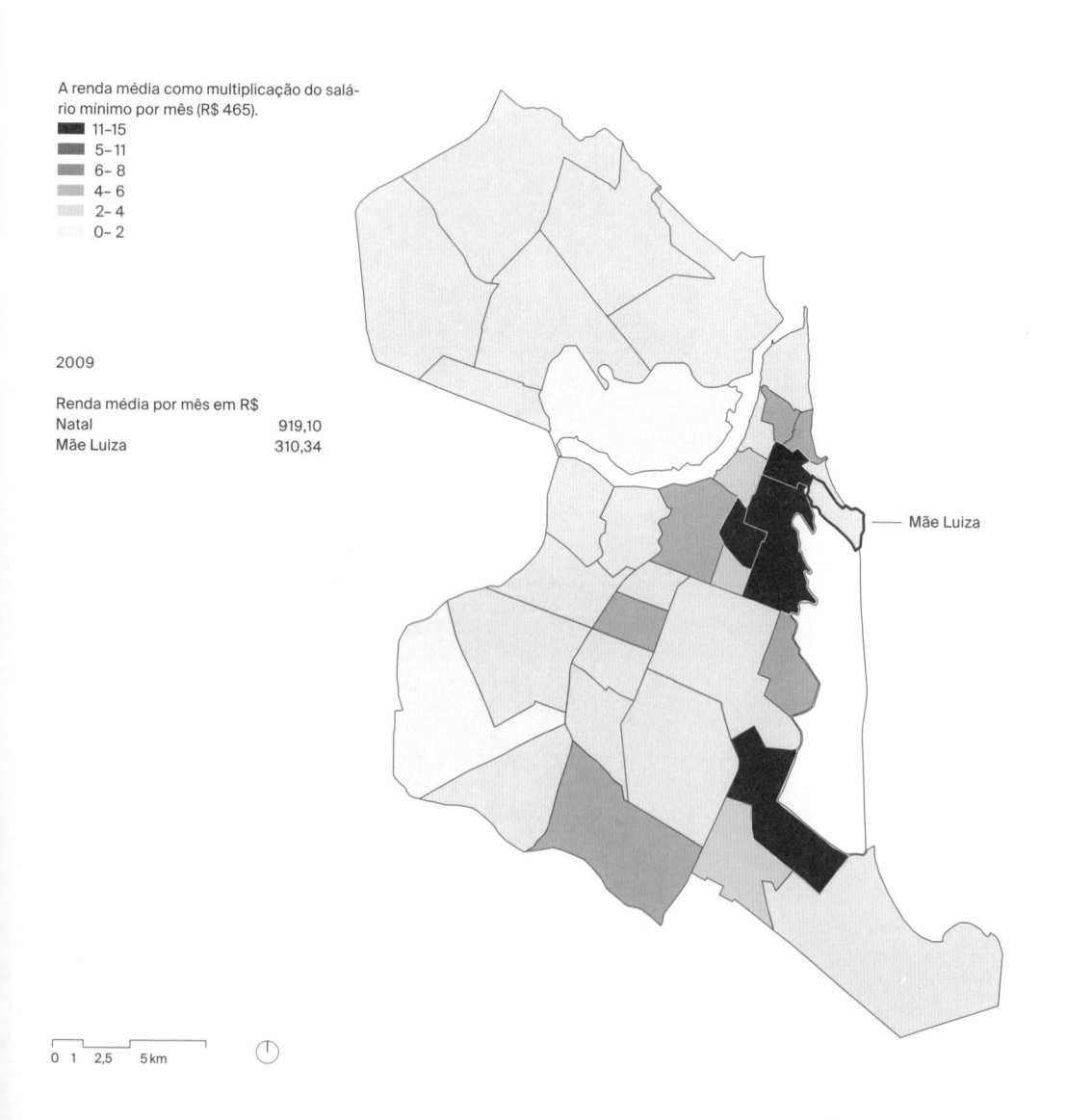

Renda média por mês em R$
Natal   919,10
Mãe Luiza   310,34

2019

Renda média por mês em R$
Natal   1.776,44
Mãe Luiza   868,26

Mãe Luiza

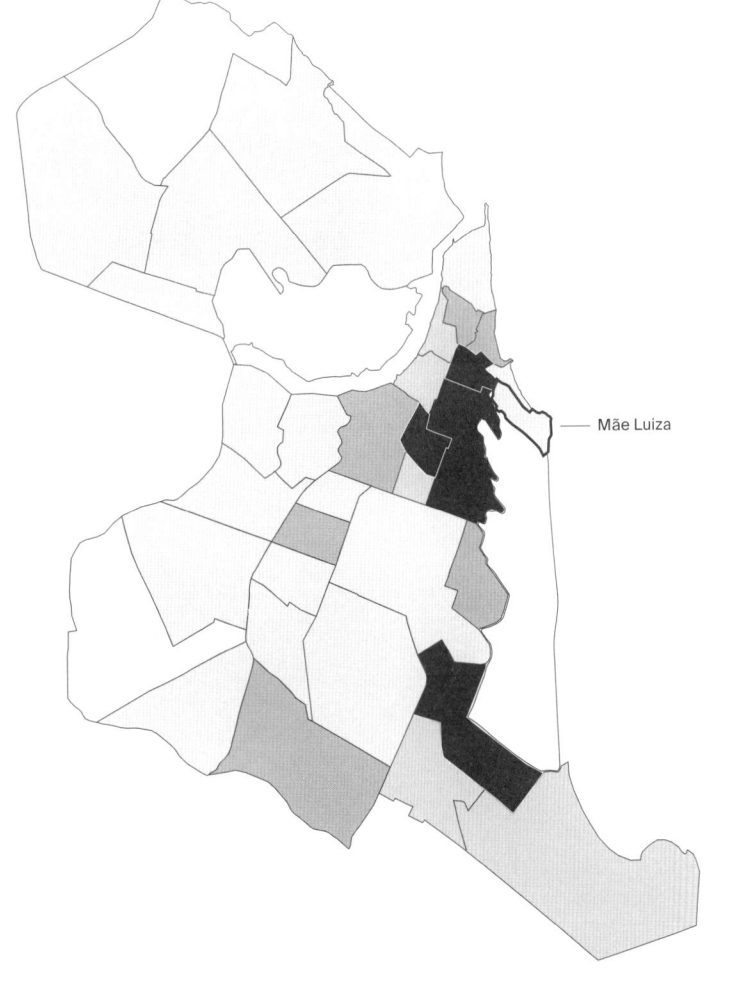

Abastecimento de água

O abastecimento de água é uma condição básica de infraestrutura que tem impacto direto na saúde pública. O fornecimento de água à população é importante, pois oferece condições mínimas para cozinhar, lavar e beber. Estatísticas da última década mostram que há mais domicílios abastecidos, tanto na área sul quanto na área norte de Natal, e que Mãe Luiza aparentemente perdeu um terço de suas instalações hidráulicas. Conforme informações colhidas junto à Companhia de Àguas do Rio Grande do Norte, o número de instalações de água anteriores ao deslizamento também pode ter sido superestimado pelas autoridades, dada a dificuldade de acesso a todas as residências por questões de segurança, e é possível que os dados não fossem precisos. O levantamento detalhado do número de instalaçõs hidráulicas após o deslizamento mostra a condição real da infraestrutura.

ligações de água
- 12.000–
- 8.000–12.000
- 5.000– 8.000
- 3.000– 5.000
- 1.000– 3.000
- 0– 1.000

• áreas contaminadas

2009

ligações de água [rede geral]
Natal 172.815
Mãe Luiza 3.691

Mãe Luiza

0 1 2,5   5 km

2019

ligações de água [rede geral]
Natal 201.930
Mãe Luiza 2.768

Mãe Luiza

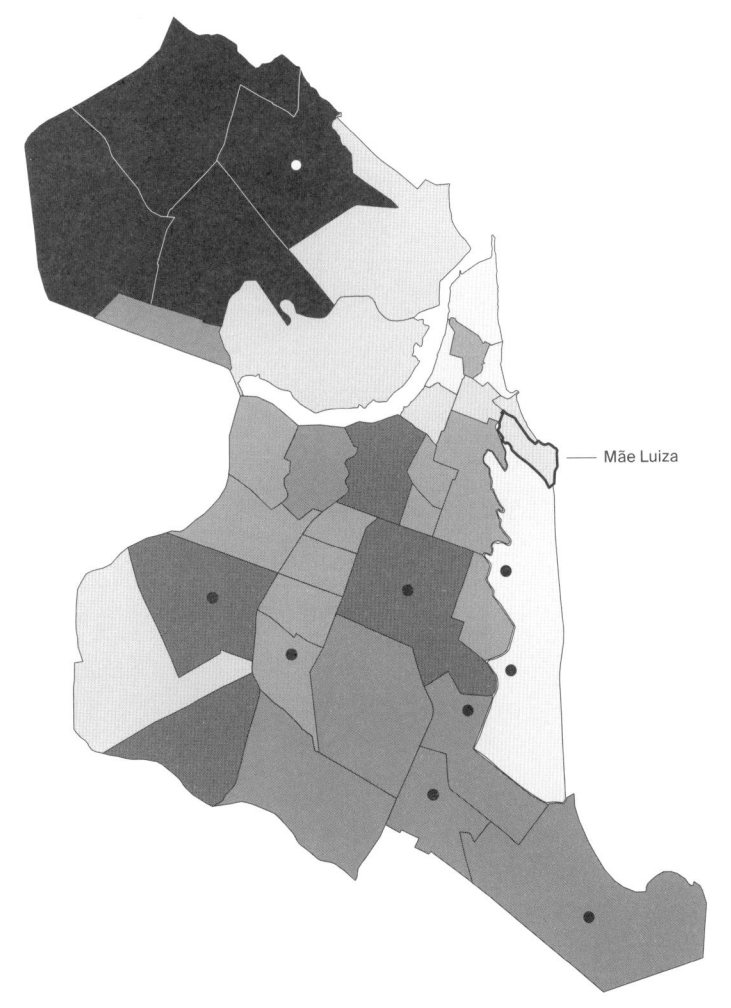

Rede de esgoto

Assim como o abastecimento de água, as redes de esgoto são fundamentais para garantir boas condições de saúde pública. Um bom sistema evita a propagação de várias doenças infecciosas, tais como a diarreia. No que diz respeito às redes de esgoto, os benefícios da última década apareceram principalmente nos bairros centrais de melhor renda e condições econômicas. Duas mudanças nas áreas pobres são notáveis, porém: um dos bairros ao norte teve um aumento consistente nas instalações de esgoto, e em Mãe Luiza observou-se um aumento que mais do que dobrou no número de instalações de esgoto por domicílio, o que significa que quase a metade de todas as propriedades do bairro é servida pela rede.

ligações de esgoto
- 3.000–
- 1.000–3.000
- 400–1.000
- 100– 400
- 0– 100

% porcentagem de domicílios ligados à rede geral de esgoto por região

2009

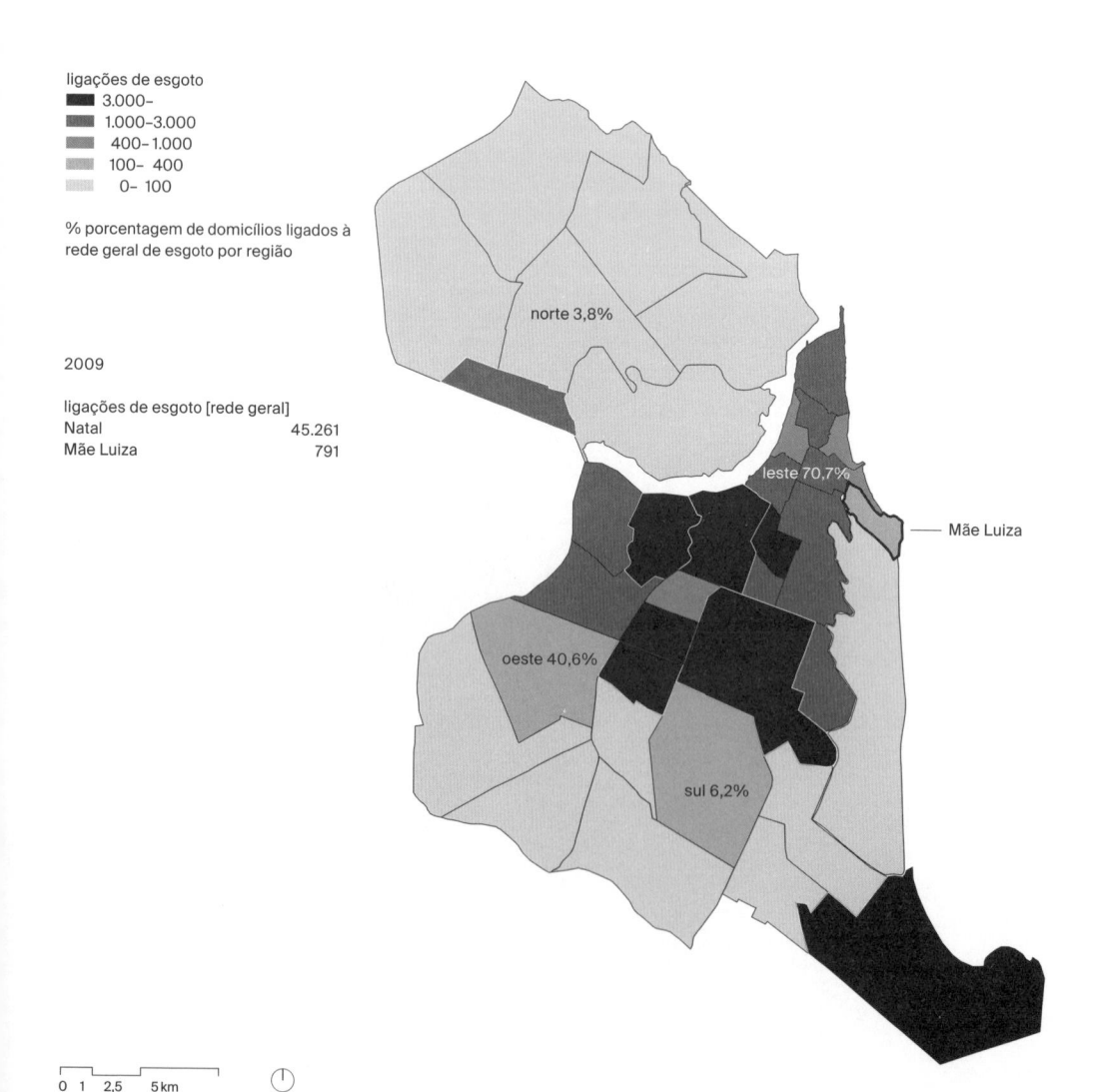

ligações de esgoto [rede geral]
Natal 45.261
Mãe Luiza 791

norte 3,8%
leste 70,7%
oeste 40,6%
sul 6,2%
Mãe Luiza

0 1 2,5   5 km

173

2019

ligações de esgoto [rede geral]
Natal 71.892
Mãe Luiza 1.794

norte 3,65%

leste 85,48%

Mãe Luiza

oeste 35,68%

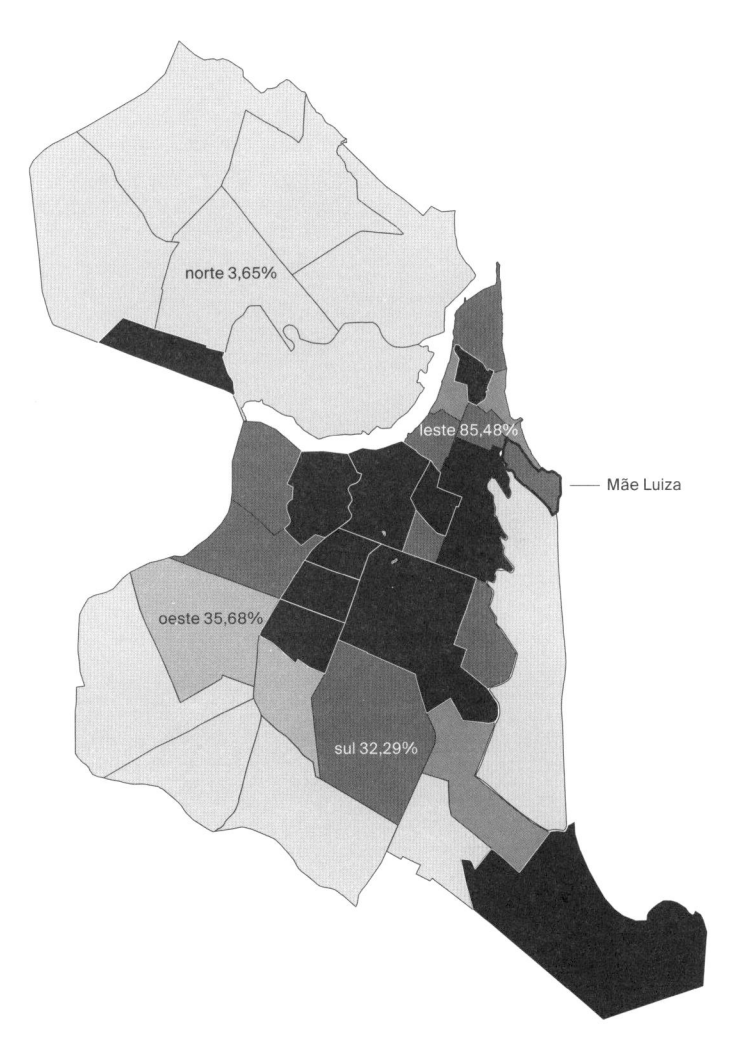

sul 32,29%

Estabelecimentos de ensino

A educação pode fazer uma diferença substancial no futuro das pessoas, sobretudo nos países em desenvolvimento. Uma das maneiras de verificar a atual situação da educação numa cidade é mapear o número e a distribuição dos estabelecimentos de ensino. Natal quase não apresentou mudanças durante a década considerada. Criaram-se, entretanto, diversas universidades privadas como resultado de uma política para democratizar o acesso ao ensino de graduação em grupos de baixa renda no país, por meio de uma parceria entre o governo federal e o setor privado de educação.

universidades
o privada
O pública

escolas
• creche
• municipal-estadual
● federal

2009

Mãe Luiza

0 1 2,5 5 km

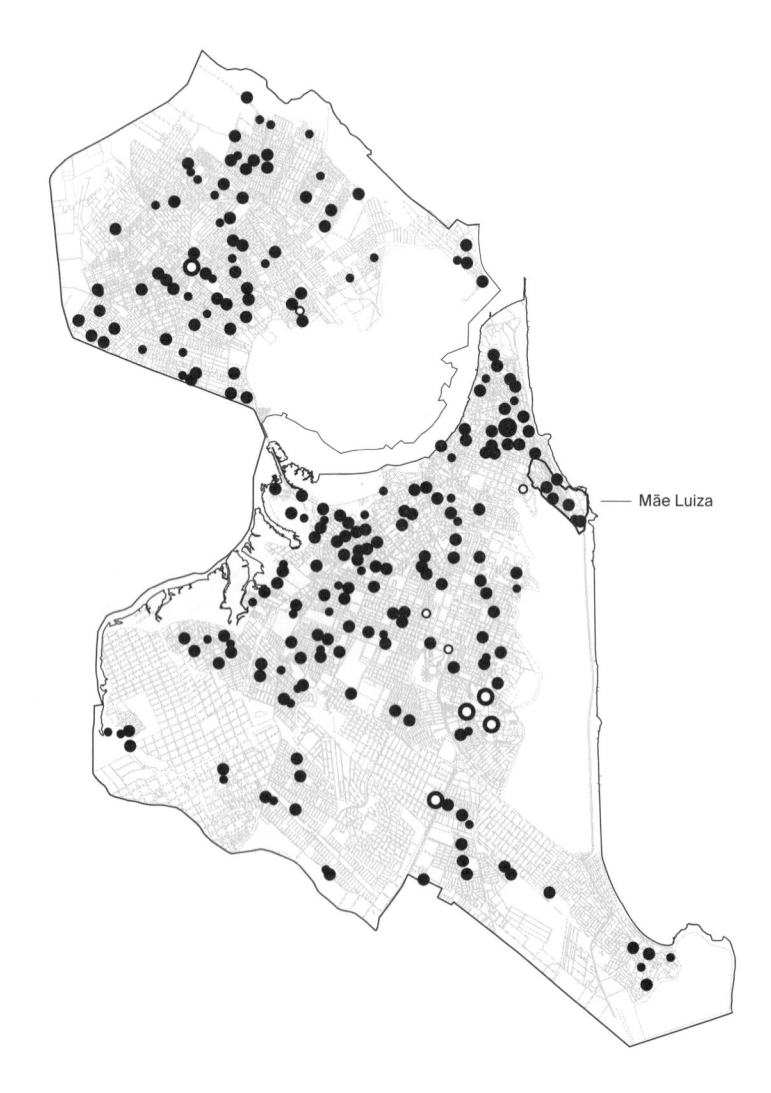

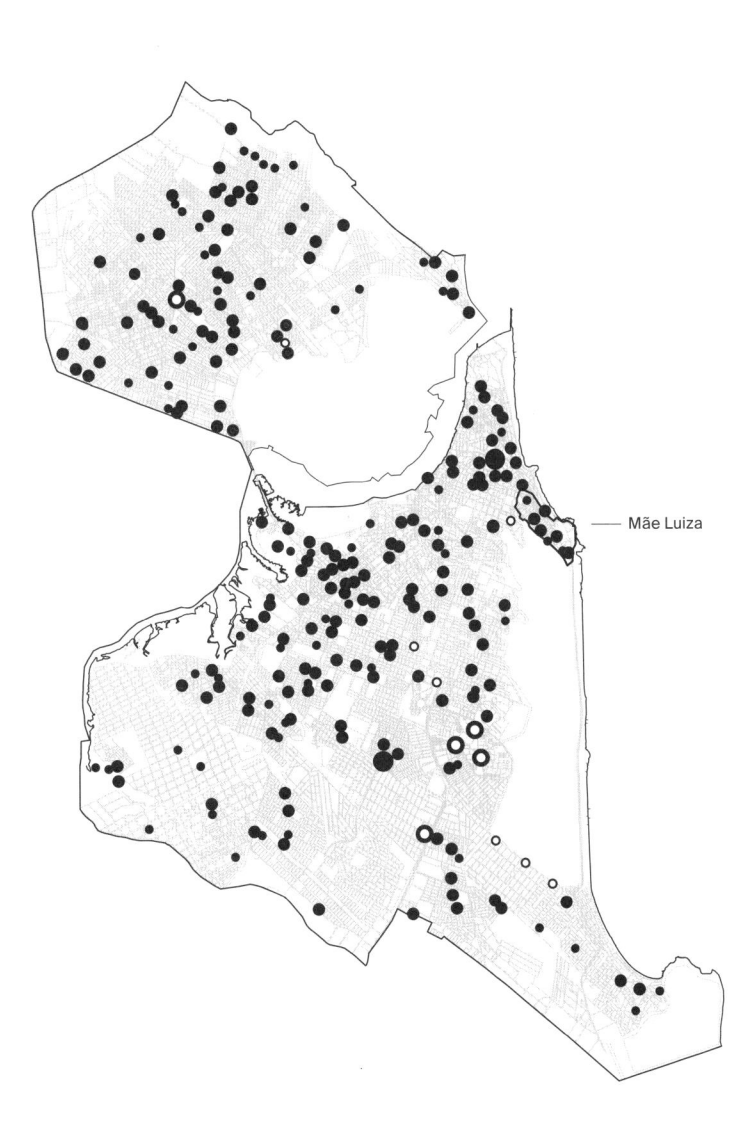

Mãe Luiza ganhou duas pré-escolas, aumentando o número de escolas públicas de seis para oito durante o período. A Escola Estadual Senador Dinarte Mariz, onde se encontra construído o ginásio Arena do Morro, foi substancialmente ampliada e reformada, e a Escola Estadual Severino Bezerra de Melo foi reformada em 2020.

2019

Mãe Luiza

Dulce Bentes
A Lei de Mãe Luiza
Luta pela terra, resistências e desafios à sua permanência

Duas décadas de luta fizeram nascer a Lei 4.663, o documento que garantiu o direito à moradia no bairro Mãe Luiza nos anos 1990. O que mudou até hoje e os desafios de assegurar a Habitação Social.

Na caminhada de luta pelo direito à terra, em 1995, os moradores de Mãe Luiza conquistaram uma das leis mais importantes para a sua permanência no bairro. Trata-se da Lei nº 4.663, que reconheceu o bairro no Plano Diretor de Natal como Área Especial de Interesse Social. Esse instrumento de regularização fundiária se destina principalmente à produção e manutenção da Habitação Social. Reconhece o direito dos assentamentos de origem informal e minimiza processos de gentrificação. Sabemos que nenhuma lei tem em si o poder de transformar e de incluir populações historicamente invisíveis às políticas públicas. Contudo, quando as leis são gestadas na luta das populações excluídas, elas costumam ser importantes instrumentos para a efetivação de direitos.

Nas décadas de 1970 e 1980, os moradores de Mãe Luiza vivenciavam a derrubada dos barracos pela prefeitura, assim como acontecia nos assentamentos de origem informal em todo o Brasil. A resistência pelo direito à moradia verificou-se no contexto político de rearticulação dos movimentos sociais pelo restabelecimento do Estado democrático no país. Em Mãe Luiza, formou-se o movimento social contrário à implantação de grandes empreendimentos no bairro.

Com a implementação do Projeto Parque das Dunas na Via Costeira, no início da década de 1980, aumentou a pressão para a substituição do uso residencial em Mãe Luiza. Até o início de 1990, foram implantados três motéis na Avenida João XXIII em terrenos próximos à Via Costeira. Sendo um tipo de hospedagem destinada principalmente a encontros e permanências de curta duração, os motéis não foram previstos no Distrito Hoteleiro da Via Costeira. Pela proximidade com o eixo turístico, o bairro de Mãe Luiza foi impactado por essa atividade, o que motivou discussões na comunidade.

O lançamento do complexo hoteleiro *Paradiso Mare Resort,* em 1992, proposto para o terreno com formação dunar preservada ao lado do Farol de Mãe Luiza, foi motivo suficiente para acirrar a mobilização de grupos comunitários comprometidos com a defesa do bairro.

Além do impacto ambiental, evidenciou-se o impacto social

devido à presença de equipamentos turísticos de grande porte, com consequências sobre o preço da terra. Esse é o ponto crítico que leva à expulsão das populações locais, conduzindo-as outra vez às áreas periféricas e subequipadas.

O Seminário Popular "Mãe Luiza existe e resiste", realizado em 1992, foi muito importante para evidenciar essa ameaça de gentrificação que se apresentava na dinâmica de crescimento do bairro. Para facilitar o debate, foram convidados representantes da gestão pública, ONGs e instituições de ensino e pesquisa. No grupo sobre Meio Ambiente, do qual participei, pesquisadores de diferentes áreas refletiram sobre os impactos dos grandes projetos no bairro, revelando a necessidade de um planejamento territorial sintonizado com as especificidades Sócioambientais de Mãe Luiza. Concluiu-se que os instrumentos e as prescrições urbanísticas disponíveis no Plano Diretor de Natal, de 1984, vigente à época, não possibilitavam a proteção social e ambiental do bairro. Embora o bairro Mãe Luiza estivesse inscrito nesse Plano como Área Especial de Recuperação Urbana, era necessário formular uma lei específica que considerasse as peculiaridades locais. O trabalho foi protagonizado pelas representações de moradores, sob a liderança do padre Sabino Gentili, através do Centro Sócio de Mãe Luiza, e desenvolvido com a assessoria técnica do curso de Arquitetura e Urbanismo da Universidade Federal do Rio Grande do Norte. O plano urbanístico foi concluído em 1992, tendo sido aprovado através da Lei nº 4.663 pelo legislativo municipal em 31 de julho de 1995.

Com base em fatores Sócioeconômicos, culturais e ambientais, a Lei de Mãe Luiza estimula a presença das diversas atividades urbanas a partir de um lote máximo de 200m², que corresponde ao padrão médio dos lotes historicamente produzidos no bairro, e é maior que a área mínima de 125m², definida pela legislação federal para o lote da habitação de interesse social.

Tal parâmetro instaura-se como importante e estratégico mecanismo de desestímulo à implantação de grandes empreendimentos e aos processos de gentrificação.

A altura máxima prevista de dois pavimentos dialoga com a

infraestrutura e com o fato de o bairro ter se formado sobre o cordão de dunas que configura o atual Parque das Dunas. Tais parâmetros orientam o desenvolvimento do bairro porque possibilitam relacionar expansão urbana com inclusão social e econômica, proteção cultural e ambiental. Ao longo dos 25 anos de vigência da Lei de Mãe Luiza, novas instituições foram im- plantadas, surgiram estabelecimentos comerciais e de serviços, supermercados locais foram consolidados e outros equipa- mentos sociais instalados, a exemplo do Ginásio Arena do Morro, que foi totalmente projetado e licenciado de acordo com os parâmetros legais da AEIS (Área Especial de Interesse Social) Mãe Luiza.

Isso mostra como um edifício grande e público pode ser construído cumprindo as normas. Fica claro também que, ao conquistar um instrumento que garantia o acesso à terra, a comunidade construiu fortalezas em torno dos projetos e equipamentos sociais conquistados, resistindo aos conflitos fundiários e às inúmeras tentativas de alteração e eliminação dos direitos que a lei prevê.

Contudo, propostas definidas no processo atual de revisão do Plano Diretor de Natal apontam possibilidades de retrocesso das medidas protetivas das Áreas Especiais. Na ausência dos mecanismos de proteção Sócioambiental definidos na Lei de Mãe Luiza, os moradores teriam muita dificuldade de permanecer no bairro e de usufruir dos benefícios da urbanização conquistados através de suas lutas.

Os impactos dessa dissolução de direitos foram percebidos principalmente no aumento do preço da terra, nos impostos e nas tarifas de água e energia. Ainda que o processo de gentrificação não tenha ocorrido de forma automática, ele viria a se configurar ao longo do tempo, formando "ilhas" de moradia de alta renda em meio ao território popular. Isso demonstra a importância da manutenção e do aprofundamento dos direitos Sócioambien- tais no marco da Lei de Mãe Luiza para a permanência de gerações presentes e futuras e para afirmação do bairro como um bem, fruto das lutas e ações coletivas.

Local escolhido para o *Resort Paradiso Mare* pretendido, 1992

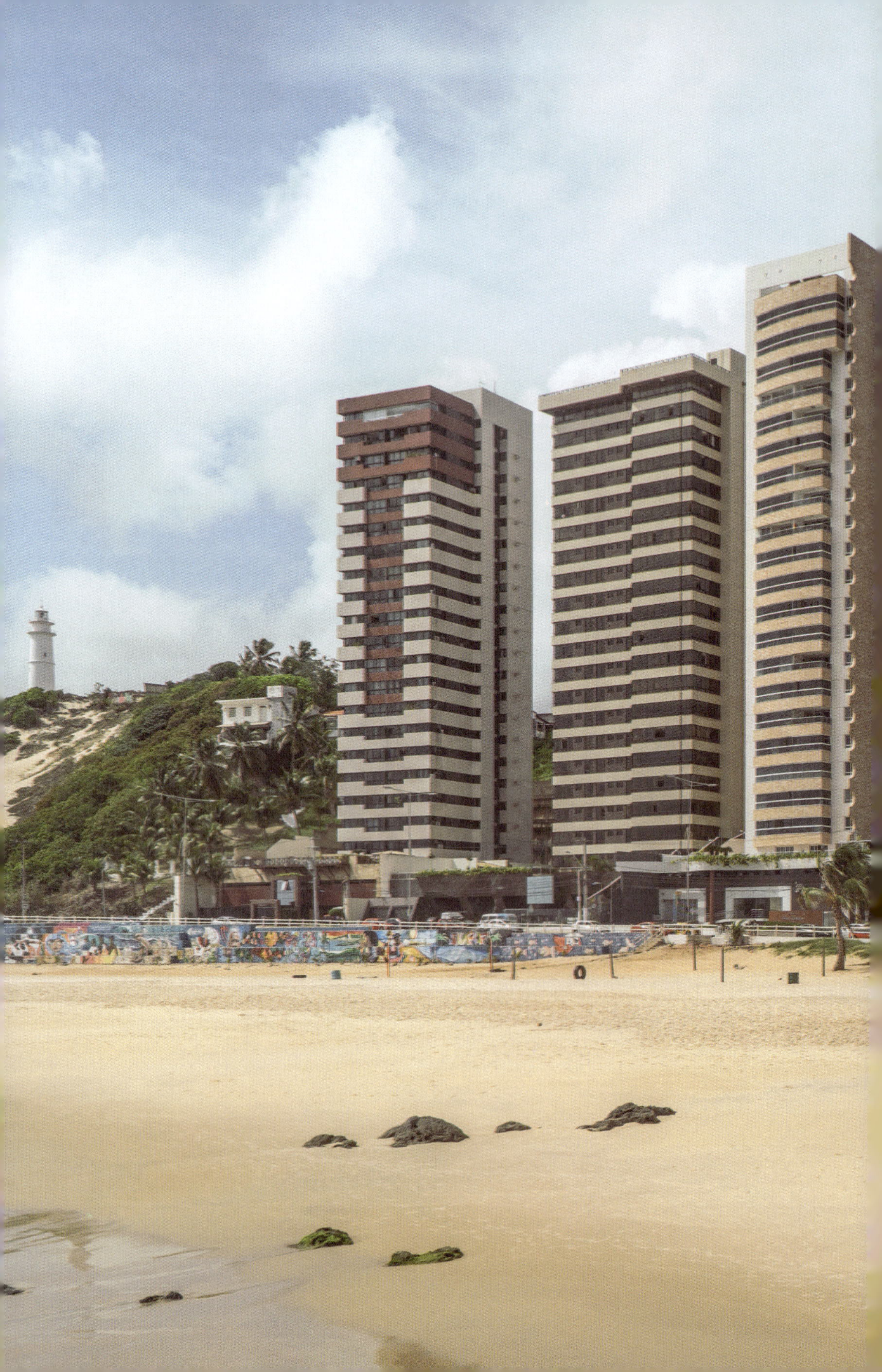

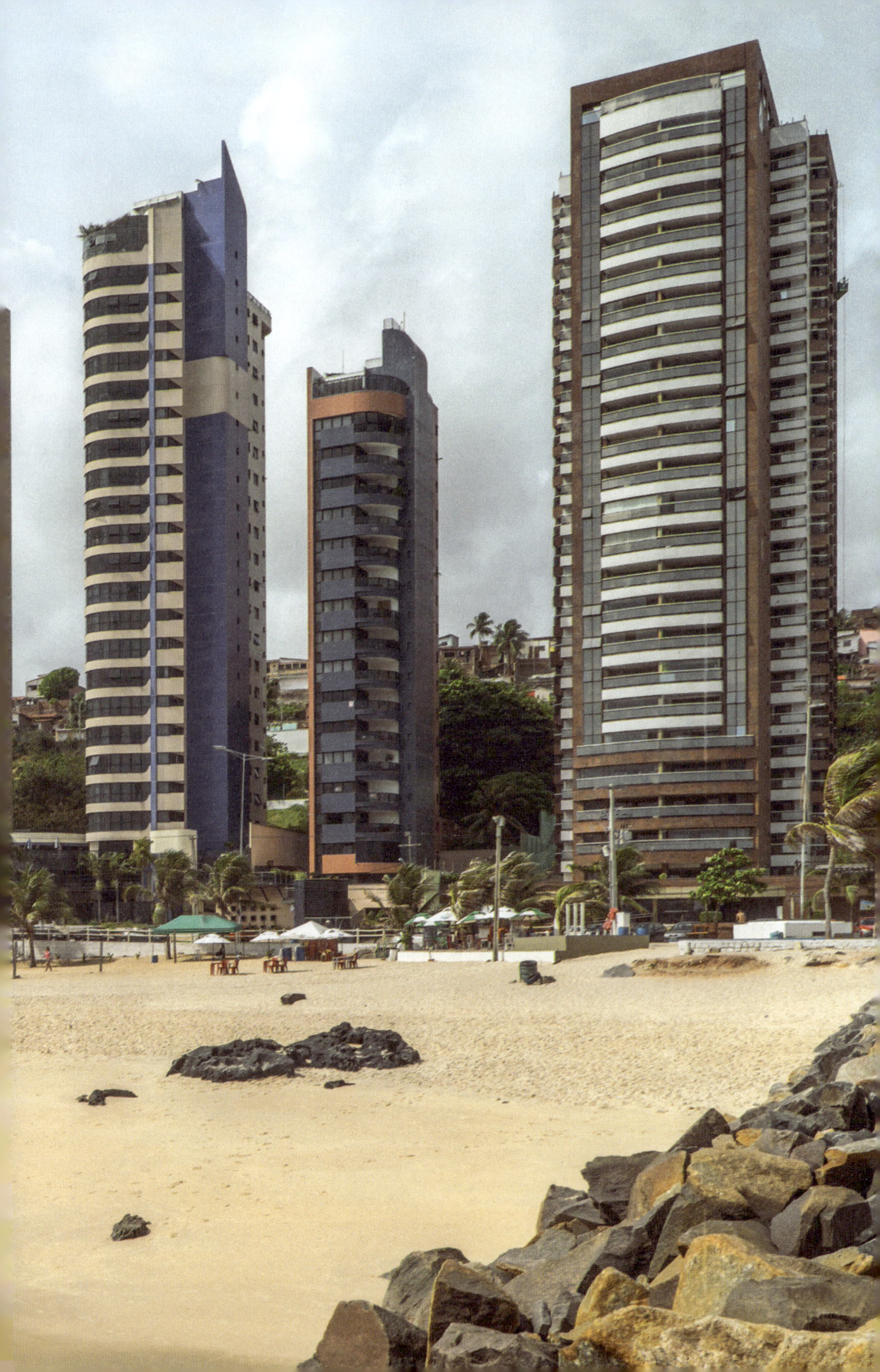

Início da construção dos edifícios ao longo da costa, 2006

A parede dos edifícios costeiros, entre Mãe Luiza e o oceano, 2019

Ion de Andrade
Princípios Institucionais

Planejamento de longo prazo, sinergia entre organizações, participação da comunidade, iniciativas tomadas em conjunto e transparência na gestão formam o escopo do Centro Sócio e conferem à instituição reconhecimento e credibilidade na luta por desenvolvimento e inclusão social.

O Centro Sócio cumpriu e vem cumprindo um papel catalisador do processo de desenvolvimento para a inclusão social em Mãe Luiza.

Mas o que é um catalisador? Na química, um catalisador é uma substância que aumenta a velocidade de uma reação química sem ser consumida no processo. E "desenvolvimento" o que é?

Essa é uma questão importante porque, ao longo do tempo, a instituição foi percebendo que o conjunto de problemas enfrentados junto à comunidade de Mãe Luiza, ao longo dos mais de 30 anos, estava sempre ligado a uma questão de fundo: a presença opressora de um subdesenvolvimento crônico, decorrente da ausência contínua do Poder Público e da isenção de sua responsabilidade diante dos problemas concretos vividos pela comunidade.

Portanto, quando falamos de "desenvolvimento", estamos nos referindo a um processo de ruptura com a exclusão social.

É desse desenvolvimento para a inclusão social que o Centro Sócio foi e vem sendo catalisador.

A ideia do padre Sabino ao fundar o Centro, segundo suas próprias palavras, era a de "criar uma plataforma que pudesse emprestar a credibilidade da Igreja Católica para ajudar a comunidade em sua organização institucional e em suas lutas".

A instituição tinha em si os valores e os princípios organizacionais que a levaram a desempenhar esse papel não esperado ou dado a priori, e isso é parte importante de seu caráter inovador e extraordinário, não somente naquele bairro, mas também em nível nacional.

O primeiro aspecto relevante é o fato de o Centro Sócio – como instituição laica ligada à Igreja Católica – estar preparado para um trabalho de longo prazo, como o da Igreja. Essa gestão do tempo deu à instituição a capacidade de plantar sem preocupação maior com o prazo de colheita. Um bom exemplo foi o seminário de 2006, que discutiu o desenvolvimento no bairro e ainda dava frutos em 2018 com a inauguração da Escola de Música.

Um segundo aspecto igualmente relevante é que, ao posicionar o

Centro como uma instituição a serviço da organização e das lutas da comunidade, o padre Sabino criou uma instituição a serviço das outras e não de si mesma. Não cabia ao Centro definir a agenda, mas apoiar e fomentar o processo de reflexão na comunidade, emprestando-lhe uma plataforma institucional. Por isso, nenhuma iniciativa jamais foi tomada unilateralmente pela instituição, mas sempre depois dos seminários populares, que enunciavam os problemas e as possíveis soluções.

Ao Centro coube a sistematização de propostas elaboradas pelo povo e a execução dos projetos, sempre com a participação da comunidade. Cada um dos espaços institucionais – o Espaço Livre com a creche e a escola de musica, a Casa Crescer ou o Espaço Solidário – tem e teve nas reuniões com sua coletividade um momento importante de escuta para a tomada de decisões. Assim, o Centro sempre atuou e ainda atua como um decifrador da vontade coletiva expressa em diversas atividades participativas.

Essa atuação deu à instituição uma credibilidade e um reconhecimento que excedem hoje os limites de Mãe Luiza. O Centro Sócio tornou-se um interlocutor respeitado, o que facilita o diálogo institucional com o Poder Executivo (estadual e municipal) e com o Poder Legislativo, embora não assegure o atendimento de suas reivindicações.

Nos momentos de crise, como a atual, decorrente da pandemia de Covid-19 – e também como no deslizamento de terra da Avenida Guanabara, que deixou dezenas de desabrigados –, o Centro Sócio é sempre lembrado como a instituição a receber e distribuir as doações que chegam a Mãe Luiza.

Isso só é possível porque a natureza de seu trabalho é desinteressada de qualquer tipo de benefício, poder ou prestígio em favor da própria instituição, permitindo que ela seja guiada apenas pela agenda subjetivamente mais relevante para a comunidade.

Tudo isso só foi materialmente possível porque a instituição contou, ao longo de todos esses anos, com o apoio material e o contínuo acompanhamento de outras instituições, que entenderam

Princípios Institucionais

a necessidade de uma construção de longo prazo. A Fundação Ameropa e a Associação de amigos de Mãe Luiza da Suíça, a paróquia de Penzberg, a Comunidade de Mulheres Mülhausen e a Ajuda ao Brasil Eggenthal são parceiras do Centro Sócio há décadas. O apoio mais significativo por parte do Poder Público foi, cinco anos atrás, a isenção dos encargos previdenciários, um direito legal das instituições filantrópicas. A prefeitura contribui com somas pequenas para a Escola Espaço Livre e o Espaço Solidário.

Além disso, a instituição sempre prezou pela educação continuada dos seus funcionários e pelo rigor da gestão contábil e do planejamento de gastos. O grupo dirigente, por sua vez, se manteve estável ao longo de todo esse período, o que permitiu a manutenção da mesma abordagem metodológica ao longo de três décadas, sempre priorizando a escuta para a interpretação da vontade expressa pela comunidade.

Atualmente, o Centro Sócio tem 68 colaboradores e professores, sem falar no trabalho de voluntários e estagiários de diversas instituições de ensino. Num bairro com cerca de 15 mil habitantes, o Centro Sócio responde mensalmente a mais de mil pessoas com atendimentos diretos na sede da instituição e recebe, diariamente, 418 alunos nas três escolas (alfabetização, apoio educacional e música); cerca de 60 idosos entre internos e externos do Espaço Solidário e, até 2019, aproximadamente 4.800 pessoas nas atividades diversas do Ginásio Arena do Morro a cada mês.

Em trinta anos, por meio de uma metodologia de permanente escuta, a instituição construiu um itinerário de respostas a uma realidade precaríssima, que foi sendo transformada ao longo do tempo. A análise posterior desse itinerário permitiu a identificação de duas grandes fases históricas em termos de organização e lutas da comunidade: a primeira, concentrada no enfrentamento da sobrevivência, e, a segunda, na qual a prioridade está na construção do desenvolvimento e da inclusão social.

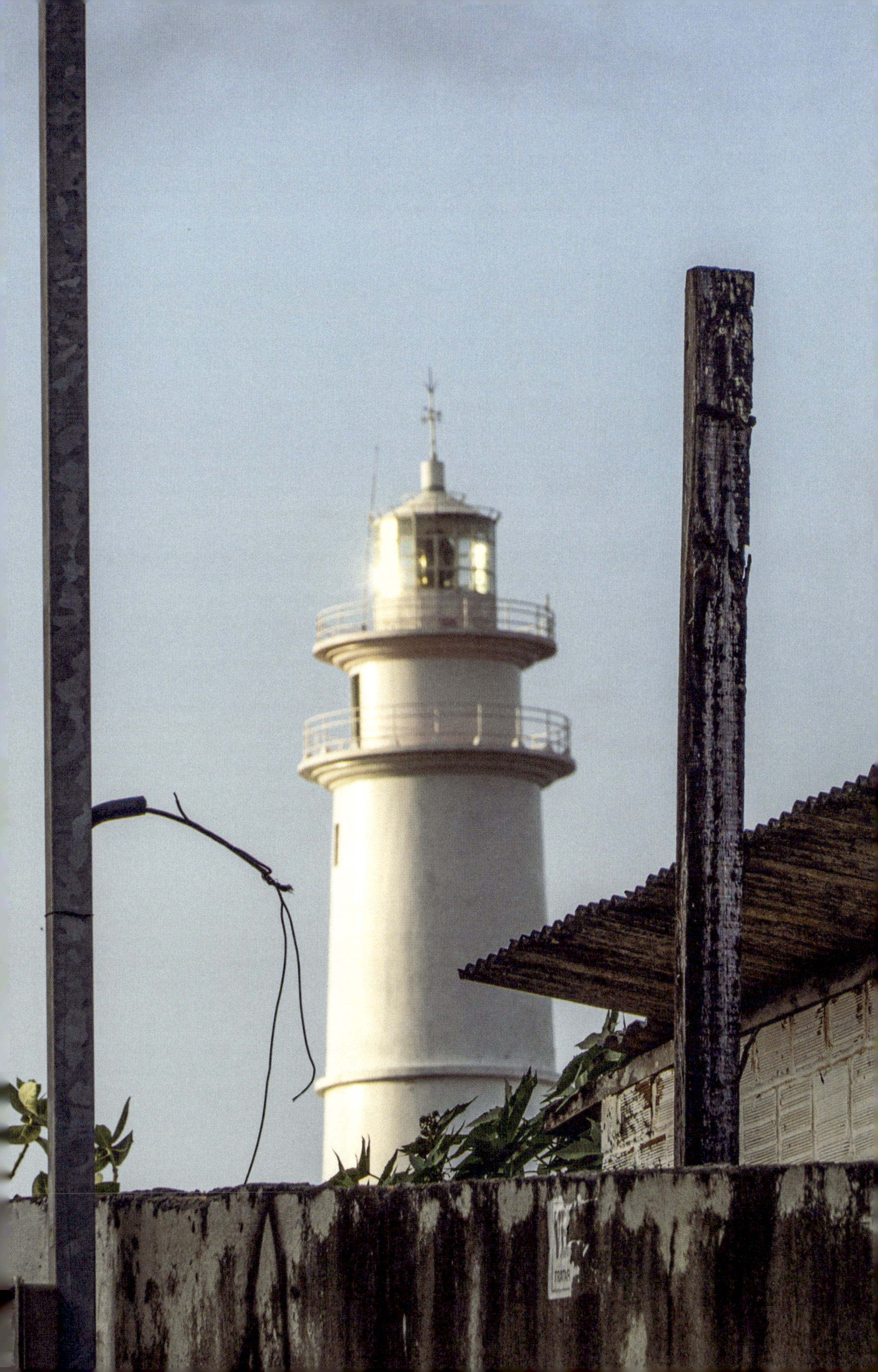

Loyse de Andrade

O envelhecimento da população em Mãe Luiza

Ao longo de 20 anos de atuação no amparo ao idoso, o Espaço Solidário vem acolhendo moradores ou diaristas em torno de práticas elaboradas pela coletividade em prol da afirmação de sua dignidade e autonomia.

O envelhecimento populacional no bairro de Mãe Luiza andou ao lado do crescimento da população idosa no Brasil. Hoje, os idosos acima de 60 anos representam aproximadamente 10% dos moradores do bairro.

Nos últimos anos, principalmente por meio do Estatuto do Idoso, a lei garantiu o Direito Previdenciário e Constitucional a todo idoso. Um avanço considerável, pois o Estatuto do Idoso determina as obrigações para com o idoso fragilizado, responsabilizando primeiramente a família e depois o Estado. Porém a lei não foi acompanhada de políticas capazes de auxiliar as famílias mais fragilizadas, sem condições de dar suporte a seu idoso, nem implementou outras alternativas de acolhimento para os idosos sem suporte social, confirmando a precariedade do amparo.

Vale salientar que a maioria das Instituições de Longa Permanência de Idoso (ILPIs) no Brasil são de iniciativa privada e sem fins lucrativos. No Nordeste brasileiro, elas abrigam 81% dos idosos internos em instituições, os outros 19% sendo abrigados em instituições privadas (com fins lucrativos), destinadas à clientela de renda mais alta. No Rio Grande do Norte, menos de 0,5% dos idosos são acolhidos em ILPIs, o que revela o gigantesco universo da demanda reprimida. A cidade de Natal, com 884 mil habitantes, dispunha apenas de 240 vagas para idosos sem suporte social.

Em Mãe Luiza, ao fim de dez anos de trabalho na área materno-infantil, num projeto baseado em visitas domiciliares (Projeto Amigos da Comunidade), vimos declinar os elevados índices de mortalidade infantil e surgir a nova problemática do envelhecimento da população. Na convivência com as famílias, passamos a nos deparar com situações perturbadoras: idosos moradores de rua, idosos morando sozinhos com limitações motoras e cognitivas ou totalmente desamparados. Circunstâncias recorrentes, discutidas em reuniões semanais com a equipe de saúde do Centro Sócio. A angústia diante da ausência de alternativas de apoio capazes de melhorar a situação desses idosos passou a representar um novo desafio para o Centro Sócio.

Em 2001, foi criada a casa de Longa Permanência do Idoso, o Espaço Solidário desde sua fundação quis ser um espaço de aprendizagem contínua tanto para os idosos como para os membros da equipe (ver pág. 107 e 128).

189

A instituição desenvolveu suas práticas com os idosos em reuniões semanais, criando um espaço de escuta e construção do cotidiano capaz de envolvê-los num processo dinâmico e participativo e de afirmação da sua dignidade e autonomia, ainda que residual. A equipe da instituição se reúne quinzenalmente, compartilhando dificuldades e estudando os processos de envelhecimento para aprimorar e redimensionar suas práticas. Esse processo de construção coletiva envolve a comunidade, familiares e amigos, sempre solicitados a compartilhar conosco o cuidado, a participar tanto das atividades como das festas, e a estar presentes nas discussões. O ponto forte do Espaço Solidário é sua forma de gestão, que envolve os idosos, a comunidade, a equipe, os familiares e amigos das pessoas cuidadas.

Ao longo desses 19 anos, acolhemos cerca de 80 idosos moradores e mais de 150 idosos diaristas. Os idosos moradores passam em média 8 anos na nossa Instituição; um tempo considerável (na Suíça, por exemplo, a média é de 3 anos), o que indica uma qualidade de vida capaz de prolongar a longevidade.

Apesar das preocupações constantes com a sustentabilidade do Espaço Solidário, a presença da instituição durante esses 19 anos mudou profundamente a situação do bairro e provou que é possível melhorar a realidade do envelhecimento nas comunidades de baixa renda do Brasil.

Missa no Espaço Solidário, 2020

Ion de Andrade
Carta de Natal

Publicada pelo Centro Sócio e apoiada num tripé de conceitos solidários, que visavam ao desenvolvimento local das comunidades mais pobres e à materialização da cidadania, a "Carta de Natal" é uma poderosa ferramenta que deu voz aos grupos mais pobres da capital potiguar perante o Poder Público e reafirmou o Direito à Cidade.

Desenvolvimento Local e Direito à Cidade

A Carta de Natal é um documento que foi produzido pelos movimentos sociais e comunitários de Natal (RN), em 28 de março de 2015, a convite do Centro Sócio. A Carta constitui um incentivo às comunidades, sobretudo de baixa renda, e ao Poder Público a buscar, através de uma parceria estratégica, o desenvolvimento local. O ginásio Arena do Morro foi inspirador da Carta, tanto no plano de sua arquitetura como em sua gestão compartilhada com a comunidade.

Apesar dos avanços materiais ocorridos no Brasil desde os anos 2000, a Carta constata que a relação entre o Estado e as comunidades não mudou significativamente, e as iniciativas locais se limitam a poucos e precários investimentos, limitados à escola, às creches, às unidades de saúde e à polícia.

A Carta propõe, portanto, uma mudança profunda das relações entre o Poder Público e as comunidades, abrindo a possibilidade de uma presença pública consistente nas áreas de esporte, lazer, cultura, urbanismo, no cuidado com os idosos e com a dignidade da população em geral.

Três conceitos sustentam a Carta:
– O desenvolvimento local para a qualidade de vida e emancipação das comunidades, alicerçado na materialização de uma agenda integrada de políticas públicas capazes de dar sustentação a uma nova presença pública nas comunidades;
– O direito à cidade, processo por meio do qual a cidadania vai se apropriando de uma cidade cada vez mais acessível, segura e amigável, onde o acesso à cultura, ao esporte e ao lazer se universalizam;
– Os equipamentos sociais estratégicos, entendidos como o conjunto de equipamentos sociais capaz de materializar oportunidades para as comunidades em múltiplas áreas.

A conjugação desses conceitos permitirá às comunidades o acesso a equipamentos sociais, tais como: bibliotecas, teatros, alamedas para pedestres, ginásios poliesportivos, piscinas públicas, centros culturais, casas de idosos, ou centros de velório. A ausência desse tipo de equipamento acarreta uma vida difícil, de precariedade e sofrimento.

Os eixos fundamentais da Carta são:
– O planejamento local participativo, acesso à cidade e equipamentos sociais estratégicos.
– O financiamento público dos projetos.
– A gestão compartilhada dos equipamentos sociais estratégicos (Estado/comunidades).
– O controle social das políticas e dos orçamentos públicos.

A partir desses eixos fundamentais, a Carta elabora uma série de recomendações e sugestões às comunidades e ao Poder Público para que o modelo proposto possa ser replicado em toda parte.

Partindo de Mãe Luiza, um dos bairros mais pobres de Natal, a Carta representa um chamamento ao Brasil por um novo modelo de conquistas sociais que garante a dignidade das pessoas e a cidadania.

Ion de Andrade
Rede Inclusão

Documento derivado da Carta de Natal que propõe uma nova experiência de cidade às periferias e zonas rurais do Brasil em nome do acesso universal à inclusão social e às políticas públicas com o suporte de um planejamento orçamentário sustentável.

Cinco anos após a publicação da Carta de Natal (ver pág. 192), apesar de sua grande visibilidade entre os urbanistas, os resultados práticos continuavam ínfimos. O grande entusiasmo de ver brotar experiências similares às de Mãe Luiza não havia ocorrido em outros locais. Em Natal, apenas algumas iniciativas esporádicas evocaram o ideário contido na Carta de Natal.

Constatamos que parte desse insucesso poderia estar ligado à ausência na Carta de um estudo sobre o impacto dos custos dessa agenda nos orçamentos públicos. Também verificamos que a publicação da Carta de Natal num ano não eleitoral não ajudou a produzir o compromisso necessário com o Poder Público, que muitas vezes só ocorre por meio dos programas de governo preparados antes das eleições.

Concluímos que a Carta de Natal não apontava para bases institucionais pelas quais as iniciativas pudessem ser tomadas. Ela era uma boa ideia, mas ainda precisava ser complementada em aspectos práticos.

Lançamos então um estudo para dar à Carta de Natal os elementos que poderiam ajudá-la a ser mais eficaz. Reunimos um grupo de pessoas do Centro Sócio e das áreas de Arquitetura, Sóciologia e Gestão.

As discussões resultaram no que denominamos Rede de Inclusão e Direito à Cidade ou, simplesmente, Rede Inclusão.

A Rede Inclusão é o instrumento derivado da Carta de Natal, cujo objetivo é mostrar a viabilidade e a manutenção do acesso das periferias e zonas rurais do Brasil às políticas públicas inclusivas e aos equipamentos coletivos (para esporte, cultura, lazer). Esse instrumento serve para materializar uma nova experiência de cidade para o povo, promovendo a sua emancipação e dignidade.

O conceito "Periferias" utilizado no documento é abrangente, não apenas geográfico, e contempla o conjunto das populações vulneráveis.

Na Rede Inclusão há um leque de iniciativas possíveis, que vai da Piscina Pública ao Centro Dia para idosos ou da intervenção em

Capitais	População	Terço mais pobre alvo da política	Terço mais pobre por agrupamento de vinte mil habitantes	Custo por município considerando 1,5 milhão de reais por agrupamento de vinte mil habitantes/ano	Orçamentos municipais efetivos (2019/2020)	Percentual dos custos propostos dos orçamentos municipais
Porto Velho	442'701	147'567	7	R$ 11'067'525	R$ 1'558'036'080	0,71%
Rio Branco	348'354	116'118	6	R$ 8'708'850	R$ 829'051'331	1,05%
Manaus	1'861'838	620'613	31	R$ 46'545'950	R$ 5'149'837'000	0,90%
Boa Vista	296'959	98'986	5	R$ 7423'975	R$ 1'344'914'737	0,55%
Belém	1'410'430	470'143	24	R$ 35'260'750	R$ 3'725'147'000	0,95%
Macapá	415'554	138'518	7	R$ 10'388'850	R$ 840'068'000	1,24%
Palmas	242'070	80'690	4	R$ 6'051'750	R$ 1'364'000'000	0,44%
São Luís	1'039'610	346'537	17	R$ 25'990'250	R$ 3'390'370'000	0,77%
Teresina	830'231	276'744	14	R$ 20'755'775	R$ 3'590'015'000	0,58%
Fortaleza	2'500'194	833'398	42	R$ 62'504'850	R$ 8'541'489'019	0,73%
Natal	817'590	272'530	14	R$ 20'439'750	R$ 3'226'694'000	0,63%
João Pessoa	742'478	247'493	12	R$ 18'561'950	R$ 2'322'071'000	0,80%
Recife	1'555'039	518'346	26	R$ 38'875'975	R$ 6'375'627'000	0,61%
Maceió	953'393	317'798	16	R$ 23'834'825	R$ 2'600'000'000	0,92%
Aracaju	587'701	195'900	10	R$ 14'692'525	R$ 2'382'000'000	0,62%
Salvador	2'710'968	903'656	45	R$ 67'774'200	R$ 8'022'875'000	0,84%
Belo Horizonte	2'395'785	798'595	40	R$ 59'894'625	R$ 12'106'581'000	0,49%
Vitória	333'162	111'054	6	R$ 8'329'050	R$ 1'659'981'077	0,50%
Rio de Janeiro	6'390'290	2'130'097	107	R$ 159'757'250	R$ 31'001'430'204	0,52%
São Paulo	11'376'685	3'792'228	190	R$ 284'417'125	R$ 65'662'001'878	0,43%
Curitiba	1'776'761	592'254	30	R$ 44'419'025	R$ 9'400'000'000	0,47%
Florianópolis	433'158	144'386	7	R$ 10'828'950	R$ 2'048'266'161	0,53%
Porto Alegre	1'416'714	472'238	24	R$ 35'417'850	R$ 7'723'000'000	0,46%
Campo Grande	805'397	268'466	13	R$ 20'134'925	R$ 4'307'329'000	0,47%
Cuiabá	561'329	187'110	9	R$ 14'033'225	R$ 2'663'916'427	0,53%
Goiânia	1'333'767	444'589	22	R$ 33'344'175	R$ 5'756'298'170	0,58%
Total	46'226'690	15'408'897	770	R$ 1'155'667'250	R$ 197'590'999'084	0,58%

Esta tabela mostra a metodologia utilizada para determinar os recursos necessários para implementar a rede de inclusão para cada capital estadual no Brasil, bem como a participação destes recursos no orçamento municipal total.

segurança ambiental até os espaços culturais, de acordo com as necessidades de cada comunidade. Tais iniciativas, políticas e equipamentos coletivos deverão ser definidos num processo de planejamento no qual a comunidade terá papel protagonista nas escolhas a serem feitas.

Com foco no Brasil e não somente em Natal, o documento Rede Inclusão traz o dimensionamento da população-alvo dessa política, propondo alcançar os 30% mais pobres, e faz o levantamento do percentual necessário dos orçamentos de cada capital do país. Esse estudo mostra que com um custo médio de 0,5-1,0% dos orçamentos das capitais ou, alternativamente, com 0,2% dos orçamentos federais, toda a agenda de obras prevista para a iniciativa poderia ser implementada.

Os gastos em pessoas, custeio, manutenção e gestão também são estimados no documento, mostrando que a iniciativa é viável, sobretudo se houver uma participação orçamentária das três esferas de governo – a municipal, a estadual e a federal.

A Rede Inclusão aponta para a necessidade de resolver os problemas do desenvolvimento para a inclusão social com o protagonismo das comunidades. Portanto, a Rede deve ser materializada com a contribuição, por parte do Poder Público, de uma liquidez financeira para a resolução dos problemas percebidos como prioritários pelas comunidades.

O documento termina com quatro compromissos a serem subscritos pelos candidatos a prefeito ou a vereador.

Os quatro compromissos são:
– Destinar, de forma orgânica e definitiva, pelo menos 0,5%-1% do orçamento municipal para essa agenda de infraestrutura e políticas públicas na perspectiva de sua sustentabilidade enquanto política de Estado;
– Assegurar que o investimento ocorra por meio de um processo de planejamento territorial participativo, com recortes de curto, médio e longo prazos, envolvendo cada comunidade no desenho do seu próprio projeto de desenvolvimento local;
– Assegurar que, respeitada a metodologia participativa, seja apresentado a cada comunidade um rol de propostas possíveis com exemplos do que pode ser feito com os orçamentos disponíveis, pois, na exclusão social, é difícil sonhar e lutar pelo que não é conhecido ou que parece indevido ou inalcançável;
– Dar prioridade a esta ação coletiva no contexto do município, concretizando-a como uma política pública.

A Rede Inclusão está ao alcance do Brasil e mudaria profundamente a sua realidade para melhor.

Padre Robério Camilo da Silva
Força do pertencimento no bairro de Mãe Luiza

A identidade em Mãe Luiza está ligada ao compartilhamento tanto das alegrias quanto das tristezas, mas também pelo compartilhamento de uma história comum e das lutas por um futuro melhor.

Em Mãe Luiza, o sentimento de identidade é algo muito forte, desde a chegada dos primeiros moradores na década de 1940. A falta de chuva e os desafios econômicos que não permitiam às pessoas permanecer em suas comunidades deram origem ao êxodo rural na década de 1950 – a saída do homem do campo para as periferias das grandes cidades. Isso acabou gerando o fenômeno urbano das favelas.

Assim foi que, vindas de várias regiões do Estado, as pessoas construíram suas habitações sobre a bela duna diante do mar. Gradativamente, os laços dessa identidade foram sendo criados pelas necessidades comuns. Primeiro, de moradia; depois, na luta pela comida, pela água e pelo trabalho. Uma satisfação mínima das necessidades básicas garantiu a sobrevivência e a permanência das pessoas neste novo território.

É preciso lembrar que, como toda ocupação, as casas eram de palha, de taipa, papelão, tábua, como eram e ainda são as favelas. Sem água e sem energia elétrica. Não existia controle de natalidade, logo, as famílias eram numerosas e obrigadas a morar em casas diminutas. Não existindo saneamento básico, muitas crianças morriam. As condições eram bem precárias, mas isso não era impedimento para a chegada de mais pessoas vindas do interior, na esperança de dias melhores.

A comunidade foi crescendo, e com ela os problemas sociais típicos das favelas da época, deixando de ser invisível aos olhos do Poder Público. As autoridades políticas tiveram de olhar para aquele amontoado de gente morando em cima da bonita formação dunar. Passou a existir como bairro e com o nome de Mãe Luiza a partir do dia 23 de janeiro de 1958. Este reconhecimento fez crescer ainda mais o sentimento de identidade das pessoas e o orgulho de pertencimento à Mãe Luiza. Muitas melhorias chegaram ao bairro, como resultado das reivindicações e das ações dos moradores.

Na consolidação do sentimento de identidade, um agente teve e ainda tem papel fundamental: as memórias relatadas pelos primeiros moradores, pelos mais velhos. Os pais contam aos filhos e os avós, aos netos. São recordações muito respeitadas, pois, na maioria das vezes, são recontadas com muitas lágrimas. Relatos de superação, de heroísmo, de muita luta, apresentados como exemplos de honestidade e incentivo para a presente juventude, muitas vezes, sem rumo. O importante é que os mais velhos não têm vergonha de seu passado, e sim muito orgulho; são vencedores. Apresentam como fruto dessa grande batalha a casa própria, construída com extremo sacrifício, os filhos formados e empregados, e o fato de permanecerem no bairro, a despeito de todas as dificuldades.

Com a fundação do Centro Sócio em 1983, pelo saudoso padre Sabino Gentili, a noção de identidade foi sendo substituída pelo incentivo à reflexão sobre pertencimento. Na época, o bairro tinha aproximadamente 15 mil habitantes, com renda de zero a três salários- mínimos, raramente mais de US$ 60 (em 2020 o salário-mínimo foi de R$ 1'045, correspondendo aproximadamente a US$ 180–200).

A população ganhou no Centro Sócio um forte aliado em favor da vida, através das mais diversas lutas. A primeira e mais urgente foi o combate à mortalidade infantil, muito alta na época, com o amparo e proteção às crianças famintas e, consequentemente, doentes. Muitas vidas foram salvas. Depois, em 1993, veio a Casa Crescer, para impedir adolescentes a entrada na dependência química e, consequentemente, na criminalidade (ver pág. 106).

O pertencimento se manifesta de modo muito forte nas situações de sofrimento coletivo, cada vez que a comunidade se sente ameaçada. Ela passa a entender a sua identidade sob a leitura e a organização proporcionadas pela construção coletiva de saídas; o método de trabalho adotado pelo Centro Sócio. Mas vai além disso.

Em Mãe Luiza, o pertencimento oriundo do sofrimento e das lutas inaugurou uma relação durável entre a comunidade e as respostas a seus problemas. Em lugar de serem percebidas como coisas de "fora" para "dentro", tais respostas passaram a ser vistas como uma elaboração da própria comunidade; tanto quando amparada pelo Poder Público – como no caso da reforma e ampliação das escolas –, como quando o apoio veio de fora, de instituições amigas, como a Fundação Ameropa e o Escritório Herzog & de Meuron, para o Ginásio Arena do Morro e para a

Escola de Música.

Esse pertencimento se manifesta por um grande respeito ao espaço físico, preservado, por exemplo, das pichações de grafite comuns a qualquer bairro. Esses espaços têm sido até aqui também preservados dos furtos e efetivamente considerados como espaços públicos comunitários.

O Centro Sócio intuitivamente se deu conta disso e tem levado esse valor à sua gestão de todos os espaços; sempre coletiva, com reuniões mensais com os pais e familiares, seja nas escolas, no Espaço Solidário e Colegiado Gestor, seja no Ginásio Arena do Morro. Esse diálogo permite que a comunidade se construa e que ela crie seus próprios espaços públicos.

Tudo isso deveria servir como modelo para a gestão pública de todo o Brasil.

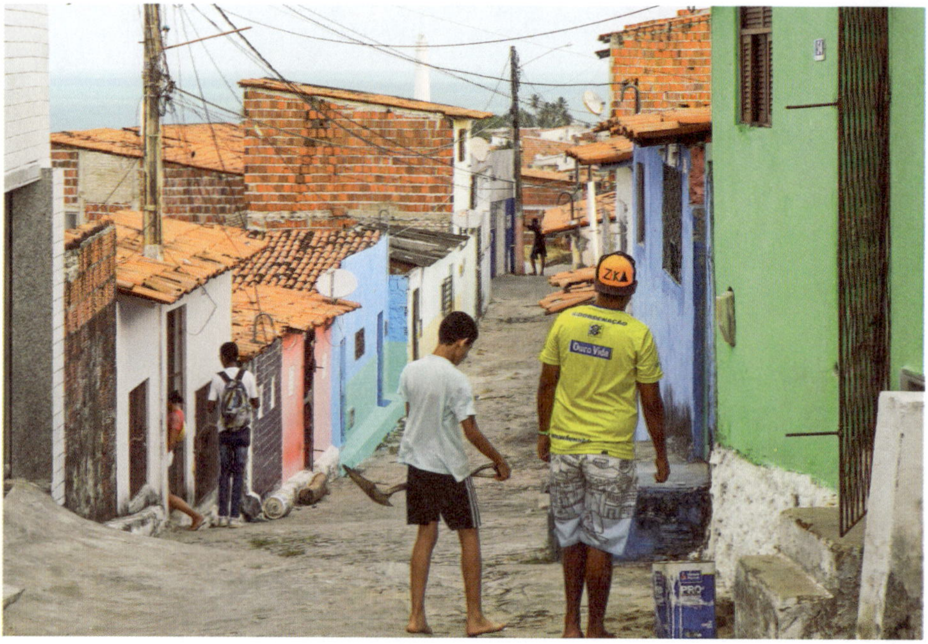
Ouro Vida

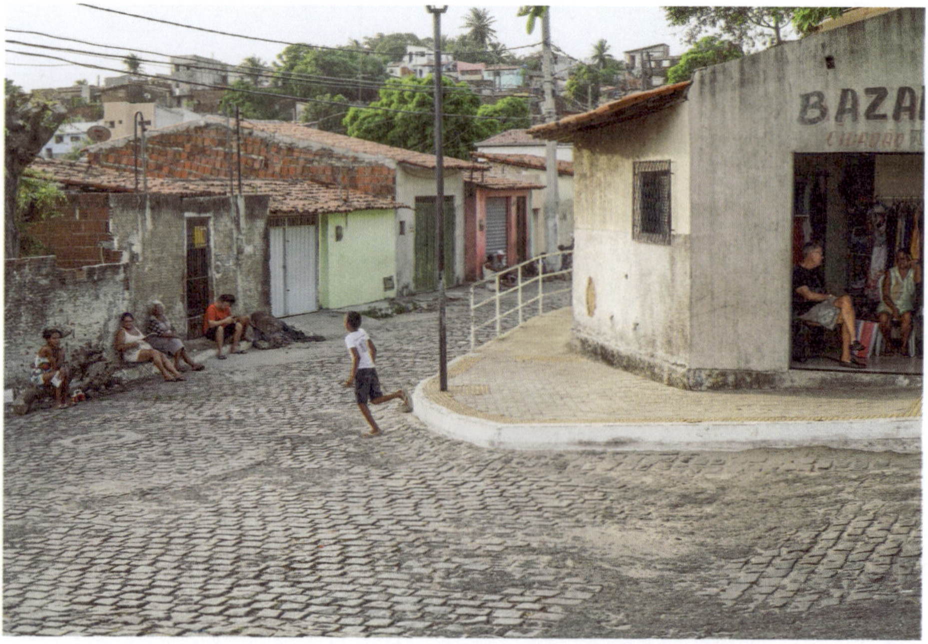
BAZA

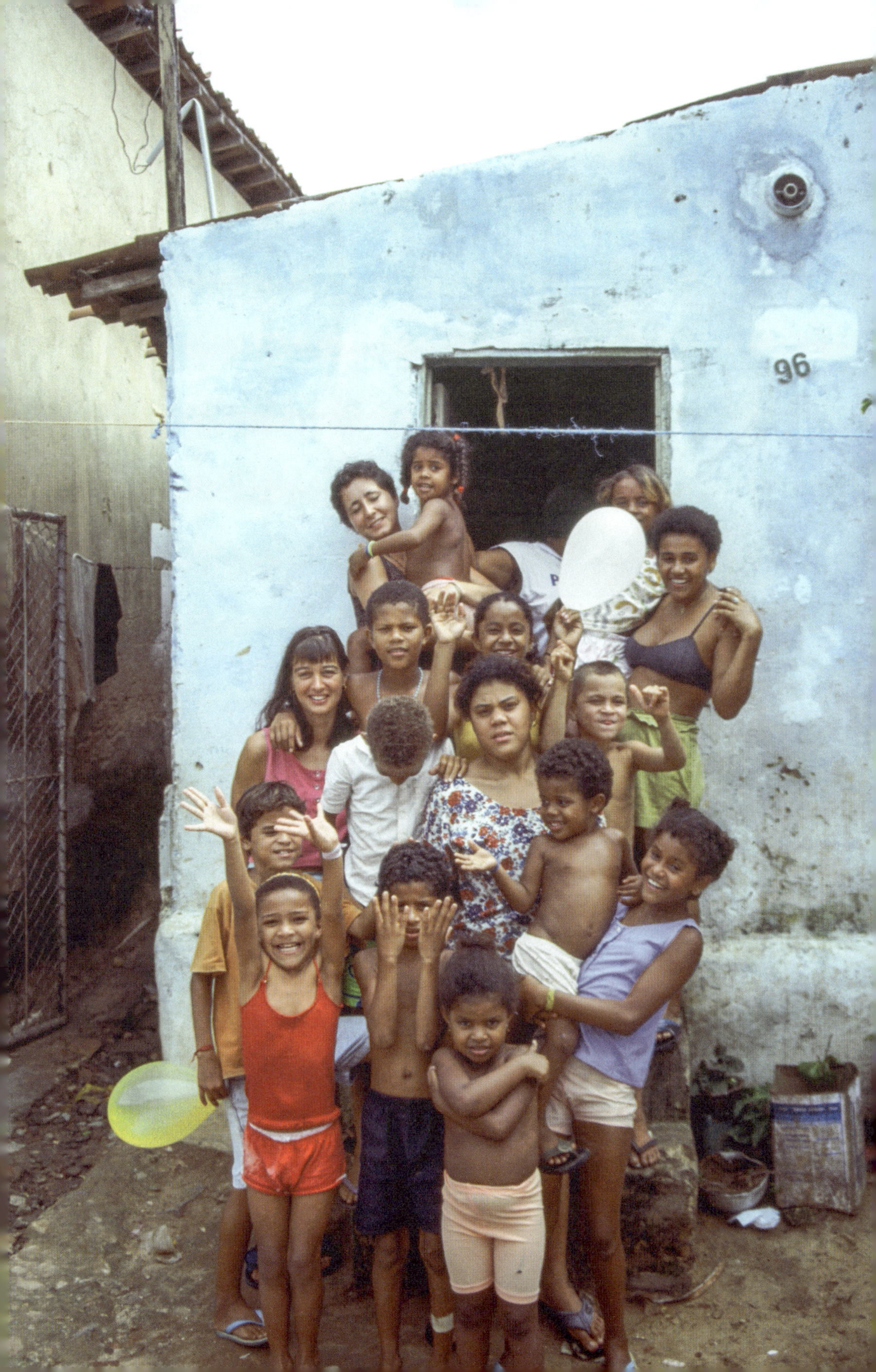
96

Feira, 2018

203

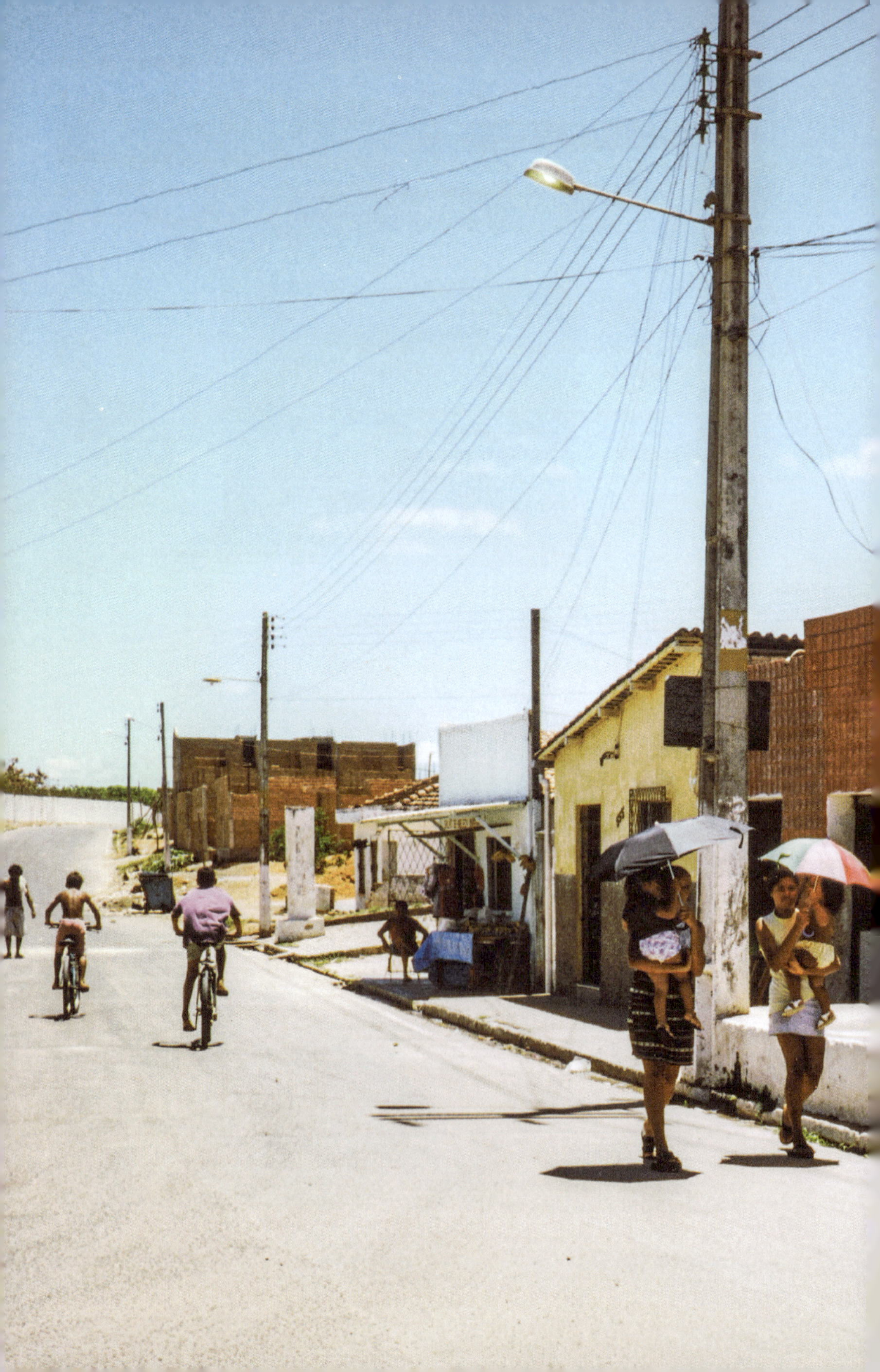

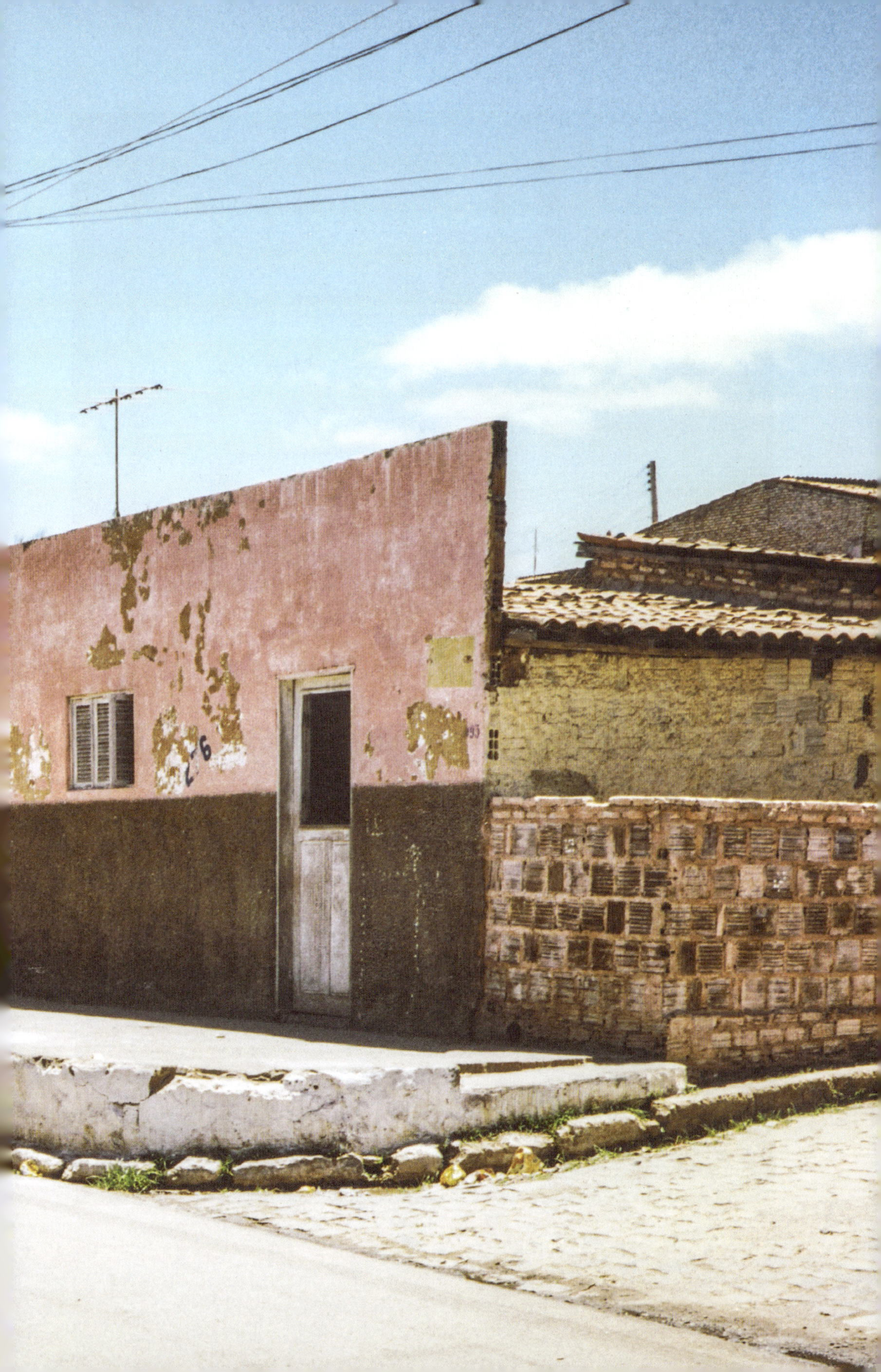

206

207

Padre Robério Camilo da Silva, Ion de Andrade, Loyse de Andrade, Edilsa Gadelha, Nicole Miescher, Josélia Silva dos Santos

O que mudou e o que não mudou

Depois de três décadas de trabalho, um balanço do progresso alcançado em Mãe Luiza. De um "não-bairro" com casas de taipa, sem luz elétrica nem água corrente ao acesso à água encanada, eletricidade, educação, saúde, lazer, casas e esperanças renovadas. As mudanças discriminadas são pegadas de solidariedade e apontam o que ainda precisa mudar.

O que mudou em Mãe Luiza

Mudanças Positivas
– Redução da mortalidade infantil, antecedendo sua redução geral, que ocorreu no Brasil a partir do ano 2000;
– Redução da desnutrição no primeiro ano de vida, devido à maior aderência ao aleitamento materno, antecedendo sua redução geral, que ocorreu a partir de 2004;
– A partir de 2004, os materiais de construção das casas melhoraram. Taipa e materiais de construção frágeis foram gradualmente substituídos em sua maioria por alvenaria;
– A partir de 2004, o acesso à água encanada, eletricidade e saneamento melhorou e, a partir de aproximadamente 2010, as casas começaram a ser renovadas e pintadas;
– Melhorias nas calçadas;
– Melhoria da coleta de lixo;
– Diminuição da infestação por ratos;
– Originariamente de areia, as ruas foram pavimentadas ou calçadas;
– Foram plantadas árvores e flores nas ruas pela população e pela prefeitura;
– O analfabetismo entre jovens e adultos diminuiu e houve um crescimento do número de estudantes que ingressam na universidade;
– Duas escolas estaduais foram renovadas em Mãe Luiza, dentre 41 escolas renovadas no Rio Grande do Norte;
– Surgiram bares e pequenos restaurantes incrementando a vida social no bairro;
– As favelas, entendidas como assentamentos precários, não existem mais no bairro;
– Melhoria das condições de transporte;
– Mais carros pertencentes aos moradores;
– Assistência básica de saúde comunitária melhor, porém ainda precária;

– Melhor atendimento aos idosos, sobretudo devido ao Espaço Solidário;
– Níveis mais baixos de violência e uma queda nos homicídios, hoje proporcionalmente menos numerosos do que em Natal;
– Oportunidades para a prática de esportes, música e atividades culturais;
– Uma mudança palpável na mentalidade, reforçando o senso de identidade, de comunidade e uma maior autoconfiança sobretudo da juventude.

Mudanças Negativas
– Presença de prédios altos em frente à Mãe Luiza a partir de 2006, cortando a ventilação, o acesso e a vista;
– Perigo de gentrificação pelo negócio imobiliário em Natal.

O que não mudou em Mãe Luiza
– Desemprego e escassez de empregos formais. Praticamente nenhum emprego qualificado;
– Os governos raramente atuam no interesse da Comunidade, exceto sob pressão;
– A percepção de Natal sobre Mãe Luiza continua negativa.

Muitas coisas mudaram, muito foi alcançado durante os últimos 30 anos. Ainda há muito a ser feito.

Erminia Maricato
Mãe Luiza – relato de uma visita em julho de 2018

Como construir territórios inclusivos? Tal pergunta é respondida na visita ao contraditório e fascinante universo de Mãe Luiza.

No fim de julho de 2018 estive em Natal abrindo o seminário "Caminhos para a construção de territórios inclusivos", promovido pela Universidade Federal do Rio Grande do Norte UFRN), ao lado da Arquidiocese de Natal, do Observatório Social do Nordeste e do Fórum do Direito à Cidade.

Algumas lições que aprendemos em Natal foram dadas pelo Centro Sócio Pastoral Nossa Senhora da Conceição situado na comunidade Mãe Luiza. Apesar de ser um caso raro, essa não é a única favela do Brasil a manter atividades culturais e esportivas, bem como uma banda filarmônica para crianças e jovens da comunidade, a maioria de não brancos, como era de se esperar, que encanta e emociona qualquer visitante. Essas atividades acontecem em um espaço de qualidade arquitetônica ímpar: um projeto do premiadíssimo escritório suíço Herzog & de Meuron, custeado por uma entidade filantrópica suíça desde o projeto à obra e sua manutenção. O sucesso das atividades culturais, esportivas e artísticas na comunidade Mãe Luiza inspirou a Carta de Natal, que reuniu muitas comunidades da cidade.

Em vez de limitar as demandas dos trabalhadores às necessidades ligadas à sobrevivência – como habitação e transporte, além de equipamentos mínimos para educação e saúde –, a Carta propõe a luta por equipamentos públicos de qualidade que assegurem, nas periferias, o pleno desenvolvimento das potencialidades dos jovens e das crianças.

Na Carta de Natal há um apelo à retomada do Orçamento Participativo, que sabiamente nos traz de volta aquilo que interessa tirar das mãos dos lobbies poderosos: os recursos públicos.

O boom imobiliário que assolou as cidades entre 2009 e 2016 (e ameaça Mãe Luiza e os bairros da orla de Natal atualmente, com a atual revisão do Plano Diretor da cidade) teve impacto extrema- mente predatório em Natal e nas demais cidades brasileiras de porte grande ou médio.

A verticalização extravagante de edifícios, determinada por índices exagerados de ocupação do solo, contrasta com uma dispersão urbana que recria novas formas de segregação e exclusão. As camadas populares são assim expulsas para o exílio da periferia, em numerosos conjuntos habitacionais situados na não cidade.

Apesar de tudo, ali a cidadania mostra uma energia contagiante e há um evidente recomeço de práticas de democracia direta. Um recomeço que mostra engajamento e criatividade, o que é fundamental para assegurar outro futuro.

Extraído e adaptado de "O desastre urbano e os despertares", em *Outras Palavras*, publicado em 07/08/2018 e disponível em https://outraspalavras.net/cidadesemtranse/o-desastre-urbano-e-os-despertares/

Uma conversa entre Jacques Herzog (JH), Ascan Mergenthaler (AM) e Lars Müller (LM)
Arena do Morro

Na primeira década deste século, as conquistas sociais em Mãe Luiza pareciam tornar possível a ideia de expandir a infraestrutura. Pretendia-se expressar o otimismo de que o que havia sido alcançado no desenvolvimento social era suficientemente robusto e sustentável para se refletir na paisagem urbana e que tais intervenções seriam utilizadas, valorizadas e cuidadas. Nicole Miescher, da Fundação Ameropa, aproveitou o contato com amigos arquitetos de sua cidade natal, a Basileia. Herzog & de Meuron é um escritório de arquitetura de renome internacional conhecido por seus planos e projetos de arte in situ. Esta é uma conversa com os arquitetos sobre seu projeto e seu método de trabalho.

LM Nicole sempre buscou uma visão externa e trouxe especialistas para seus projetos. Como vocês procederam? A função de vocês não era apenas construir uma arena, mas também intervir na estrutura local utilizando os métodos que vocês dominam. Vocês olharam para o Brasil e para a cidade de Natal fazendo uma pesquisa abrangente e depois deram um *zoom* naquele pequeno bairro de Mãe Luiza.

AM Na verdade, Nicole nos perguntou: "que tal se vocês construíssem um ginásio no bairro Mãe Luiza, um ginásio esportivo?" Chegamos à conclusão de que não poderíamos simplesmente projetar e construir um ginásio; primeiro, tínhamos de entender o local. E esta foi a nossa resposta: "dê-nos a tarefa de examinar o local, de pesquisar, e nos indique contatos em universidades com pessoas que o conheçam para que possamos começar por aí e recolher informações". Disso resultou na publicação *A Vision for Mãe Luiza,* um documento importante. Além de uma análise cuidadosa de Natal e do bairro Mãe Luiza, descrevemos todos os pilares: como aquele lugar pode se desenvolver nas próximas décadas tanto em termos de planejamento urbano quanto arquitetônico. É, por assim dizer, o corrimão de segurança que definimos, a partir do que descobrimos.

JH Pierre e eu conhecemos Nicole pessoalmente há quase 40 anos. Trabalhamos com ela várias vezes e também construímos para ela. Sabemos que é uma pessoa interessada e excepcionalmente aberta. Ela também tem uma veia artística. Isso é importante em um projeto que você sabe que não será comercial, mas sim uma aventura. No ETH Studio Basel (ver pág. 272) não queríamos desenvolver um projeto arquitetônico no sentido tradicional. Em vez disso, examinamos cidades e paisagens, especialmente áreas e locais caracterizados como bairros informais. Mãe Luiza é um desses bairros informais da cidade. A questão central é: faz sentido um arquiteto intervir ali? Naturalmente, podemos fazer sugestões razoáveis, mas não tínhamos certeza de como elas seriam recebidas, como as pessoas viveriam com elas. Só o futuro dirá o que acontecerá com a arena, ainda que, já hoje, pareça ser um sucesso. Queremos saber se as medidas estruturais fazem sentido – e em caso afirmativo, qual é esse sentido –, se serão aceitas e se irão melhorar a situação em um período mais longo; ou se a arquitetura que criamos funciona apenas em nossa cultura, em nossas cidades, já que são estruturadas de acordo com regras claras, não informais.

LM Vocês então chegaram à conclusão de que uma intervenção utilizando seus métodos poderia ser significativa e interessante. De um lado está a pré-história do lugar, as condições sociais; de outro, a aparência exótica do bairro Mãe Luiza. Querendo intervir e definir o tom: como as circunstâncias sociais e estéticas influenciaram a tarefa em questão? Como surgiu a Rua Verde? Ela é praticamente a espinha dorsal, um eixo atravessando o bairro – em contraste com a tônica evidenciada pela arena. Qual foi a resposta de vocês às condições do local?

AM A resposta tem origem em como a cidade cresceu: informalmente, mesmo seguindo certas regras. Por exemplo, existem restrições de altura surpreendentemente rígidas e regulamentos de construção que devem ser cumpridos. Isso explica, em certa medida, por que há uma certa uniformidade no que é construído. Claro, também há muita individualidade na malha fina, porque os moradores de Mãe Luiza gostam de projetar suas casas de maneira muito pessoal, com cores vivas e barras de ferro forjado ornamentadas. Então observamos bem de perto como o bairro estava estruturado, e foi aí que percebemos logo no início essa via de mão dupla, a Alameda Sabino Gentili. Alguém pode perguntar: por que há duas ruas aqui e não somente uma? Surgiu então a ideia de utilizar apenas uma rua para tráfego de automóveis, fechar a outra e declará-la uma "rua verde". Nossa recomendação foi: "faça dela uma rua de mercado, uma rua para as pessoas, um ponto de encontro para que as duas ruas não sejam danificadas pelo trânsito". Além disso, esse eixo redefinido como uma Rua Verde está voltado para as margens do bairro, onde você pode sentir o ambiente natural e o oceano nas proximidades. Isso resulta em uma estrutura rigorosa, um esqueleto ao longo do qual o bairro pode se desenvolver. Essa proposta simples, porém eficaz, foi rapidamente retomada e explorada pelos moradores de Mãe Luiza. Ao longo dos anos, eles construíram e expandiram a Rua Verde de acordo com as suas ideias. Um trecho é adicionado a cada ano, e o eixo verde cada vez mais toma forma. É bom ver como esses processos só precisam ser iniciados e depois se desenvolvem por conta própria.

JH Os assentamentos informais são construídos para as necessidades diárias das pessoas de acordo com as suas próprias ideias e possibilidades, e não de acordo com as ideias de um planejador hierarquicamente superior ou de uma autoridade. O espaço público também faz parte das necessidades diárias das pessoas, mas é mais difícil de se projetar e implementar porque requer discussões, um consenso e uma organização que comande o processo. Se dissermos "faça um eixo verde só para os pedestres e deixe a outra via para os carros", isso soa bem aos nossos ouvidos e também acho que é algo sensato. Mas como isso chega no local e como você pode fazê-lo sem perturbar toda a estrutura? Em última análise, as pessoas ali precisam querê-lo e implementá-lo por elas mesmas. É provavelmente a maneira correta de observar o desenvolvimento e ver como algo funciona na prática. Passo a passo. Então pode funcionar.

LM Isso parece plausível. Uma sociedade deve estar em boas condições para ser receptiva a tais intervenções. Também deve haver uma necessidade. Foi o momento certo para ambas as intervenções em Mãe Luiza, tanto para a arena como carro chefe quanto para a Rua Verde como uma espinha dorsal.

AM Se você jogar sementes em solo seco, as plantas não germinarão. O campo deve ser trabalhado e estar úmido. É exatamente isso o que o Centro Sócio, a Fundação Ameropa e a rede internacional vêm fazendo há mais de 30 anos. Essa ação lançou as bases para mais desenvolvimento.

LM Sobre a arena: lembro-me de um pequeno desenho mostrando as vigas do salão e o desenho continuando ao longo da borda da empena, ampliando o volume e abrindo-a até a pista. Mais uma vez você pode ver como a realidade local se torna um ponto de partida.

AM Era somente um telhado, nem mesmo um corredor, somente um telhado. Na verdade, apenas a estrutura de um telhado. O conceito de telhado estendido foi apresentado junto a outros cenários possíveis, selecionados e apoiados pela comunidade.

LM Vocês continuaram a construir o telhado e fecharam o terreno de frente à rua. Gosto do pragmatismo, da reação ante ao que é apropriado: pensar no futuro e aproveitar o que já existe. A Rua Verde antes era uma rua comum. Agora ela se tornará verde e terá uma função diferente. Vocês procederam da mesma forma com a arena e fizeram uma correção urbana. Quando me aproximei da arena pela primeira vez, de carro, tive a impressão de algo defensivo, protetor e desafiador. Se você subir por dentro, vai se sentir como um príncipe em sua torre.

AM O prédio se comporta de maneira muito diferente de cada um dos lados, e isso é importante. O aspecto desafiador e ligeiramente elevado é proveniente da topografia dada e da extrusão consistente da geometria da estrutura do telhado que cobre todo o terreno. Com isso, o edifício atinge uma certa altura em relação ao mar, em relação à vista, e assume, dessa maneira, uma postura, um olhar para a frente. Do lado do bairro e voltado para a escola, o prédio é muito baixo, com uma boa escala humana. O teto desce tanto que você pode tocá-lo. Essa primeira ideia – um grande telhado para todos que se estende por toda a propriedade – foi uma boa base para o desenvolvimento do projeto.

LM O elevado e o acesso ao nível dos olhos são qualidades sensorialmente perceptíveis do edifício.

AM São qualidades implícitas e é importante que o edifício tenha os dois: no que diz respeito à vista, não é muito elevada, mas o edifício sim mostra uma atitude. Ao mesmo tempo, é um espaço maravilhosamente aberto e de baixa soleira – um lugar muito convidativo.

JH Há algo de modesto no edifício, algo comum, que eu realmente aprecio. Modesto porque não parece monumental; não se exibe, por assim dizer, apesar da grande área que cobre. É também um local coberto em um lugar onde antes aconteciam os esportes e os jogos. A maneira como o edifício foi construído é comum: camadas de pedras simples com fendas de ventilação do tipo que você vê em todo o Sul – como as estruturas que as pessoas constroem para si mesmas nas favelas.

LM Graças à sobreposição de usos, a arena dá uma sensação de pequena escala que as pessoas realmente gostam. A assimetria é impressionante na arena. Em sua forma, o campo de esportes retangular forma o centro, onde regras claras se aplicam. A periferia é fragmentada e estruturada em formas arredondadas, abertas e permeáveis. Vejo nessa arquitetura uma resposta ao informal e à sua autoimagem estética. O rebaixamento até a escola, a uma escala humana, e a abertura para o sul permitem, em minha opinião, uma percepção sensorial que asSócio simbolicamente ao otimismo, quer vocês tenham se esforçado explicitamente para isso ou não. A abertura, a permeabilidade e o caráter não autoritário da arena convidam à participação. O respeito coletivo e o uso do edifício por pessoas que normalmente não pensam em arquitetura mostra que aceitaram o convite e tomaram posse do edifício.

AM Acredito que não é apenas o material, mas o próprio edifício que faz essa abertura. O interior está inundado de luz e ar, esse é um aspecto importante. Na verdade, é apenas um telhado com paredes de proteção através das quais é possível olhar. Você participa do que está acontecendo do outro lado. Essa é a grande diferença em relação a todos os outros ginásios que visitamos na área. Nos outros, você sempre entra em um corredor escuro, embora esteja ofuscantemente claro do lado de fora, e talvez haja uma claraboia através da qual o sol queima como um raio laser. O fato de termos conseguido desmontar a estrutura de forma que todo o espaço fosse inundado por luz e ar é a maior qualidade do projeto. As pessoas gostam muito disso porque não entram em um espaço hermético e ficam isoladas do mundo exterior. É um espaço público que oferece proteção do sol forte e da chuva ocasional. Um lugar que foi concebido para o esporte e está se abrindo para outros usos e atividades. Lá se ensina, faz-se música e também se reúnem os mais idosos. Esses novos usos se agregam ao esporte porque o edifício é flexível e convidativo, não é uma arena esportiva multifuncional.

LM É difícil jogar futebol em uma sala de concertos. Mas em um campo de futebol você pode escutar um concerto ou celebrar uma missa. É impressionante como foi possível construir um pavilhão para um uso primário desportivo que também é adequado para um concerto ou um encontro de cidadãos. As pessoas apreciam essa função múltipla, mesmo que não se importem com a arquitetura. Esse processo é baseado em um método de Herzog & de Meuron? Uma abordagem experimentada e testada foi aplicada a Mãe Luiza e à cultura brasileira? Vocês essencialmente depuraram o cânone estético do local ao incorporar a arena no tecido urbano e usar deliberadamente pouca quantidade dos materiais mais conhecidos.

JH Não, não trabalhamos de acordo com um método definido. Mas é claro que observamos de perto onde estamos e para quem trabalhamos. Conforme mencionado antes, o procedimento é semelhante ao do ETH-Studio Basel. Cada lugar nesta Terra é diferente; trata-se de pessoas concretas com necessidades concretas. Queremos fazer um lugar melhor, mais agradável, mais prático e mais bonito. Talvez também mais humano. Essa sempre foi uma *raison d'être* da arquitetura. Também é o caso aqui nesta parte do mundo com a qual ainda não estamos familiarizados. Usamos paredes de cobogós como envelope externo do edifício. São materiais conhecidos das pessoas de lá. Os nossos, entretanto, são feitos com mais cuidado. Sim, aqui cuidado talvez seja um termo melhor do que beleza. As pessoas parecem sentir que algo foi feito para elas. Para cada indivíduo, mas também para eles enquanto comunidade. É bom ver quanto respeito as pes-soas têm por esse novo lugar. Mas é difícil fazer previsões ou mesmo afirmações sobre como ele se desenvolverá ao longo dos anos. Ainda assim, pensamos que uma arquitetura bonita e cuidadosamente pensada tem um impacto significativo em como a vida se desenvolve dentro e ao redor dela.

AM Talvez você tenha inicialmente pensado que seria uma construção para os jovens – também para lhes dar um futuro. É muito gratificante que o prédio esteja realmente sendo usado por pessoas de várias gerações. Todos podem encontrar seu lugar. A arena é como um fórum, é uma oferta. Mais uma palavra sobre o cânone estético do lugar: nós pensamos muito nas cores – porque o Brasil é muito colorido. Surgiu uma ideia de incluir cores no projeto do edifício, mas a rejeitamos e decidimos usar apenas a cor dos próprios materiais. As cores vibrantes vêm dos próprios usuários. No Brasil, as pessoas trazem muita cor consi- go. Suas roupas e o colorido que trazem à vida são simplesmente fantásticos. Não queríamos competir com isso. Portanto, o prédio é muito retraído, e justamente por isso se destaca do bairro e de todo o lugar. Simplesmente absorve a vida colorida.

JH A cor teria sido uma opção óbvia para o bairro Mãe Luiza. Porque tudo é muito colorido ali. "Cor e arquitetura" é um assunto difícil. Não existem muitos exemplos de sucesso que resistam ao teste do tempo. E talvez fosse difícil trabalhar com cores no Brasil porque as pessoas as usam elas mesmas, até mesmo em suas próprias casas; de acordo com o seu sentimento. É muito pessoal e tudo está sempre sendo refeito, pintado de novo. Molduras de portas e janelas, paredes internas, paredes externas, parapeitos – em cores fortes e com combinações ousadas. Não dá para copiar isso; eles fazem melhor, com mais vivacidade. E uma colaboração com um artista, como temos tentado sempre que falamos de conceitos de cor, teria sido inadequada.

LM É bom ver como a arena é intuitivamente aceita pelas pessoas e como sua recente construção é incorporada à estética do local como uma coisa natural. Costumo conversar com Nicole sobre sua busca por beleza. Quer dizer, é também a expressão estética do informal que cria a identidade do lugar. A beleza está nos olhos de quem vê. A motivação com a qual você constrói a arena é diferente daquela das pessoas em criar uma identidade e se diferenciar dos outros, seja através de paredes rosa e batentes de porta verdes ou através de suas roupas. Agora, com a arena, existe esse lugar que é de todos e que se tornou parte da identidade coletiva.

AM Não tenho certeza se o povo de Mãe Luiza acha a Arena do Morro bela. Talvez os seus sentimentos sobre o edifício sejam mais "belos", leves e bons quando as pessoas estão dentro dele.

Elas se sentem confortáveis ali, e é isso o que as atrai. Isso é fantástico! Se elas próprias tivessem construído o edifício, teria sido muito diferente, e poderiam tê-lo pintado um pouco também. Mas precisamente a neutralidade da aparência é o truque: o desenho simples do teto em forma de escama, a iluminação e a ventilação permitem uma percepção sensorial que agrada as pessoas. Isso vai além de toda beleza. A arena é uma máquina de percepção. É mais fria por dentro do que por fora, mesmo sem recursos técnicos. A luz brilha no interior tão intensamente quanto no exterior, mas é agradavelmente difusa. Isso atrai as pessoas para a arena, é por isso que elas querem estar lá.

JH Acho um pouco absurdo tentarmos descrever nós mesmos a beleza e a estética desse novo lugar. Julgar nossa arquitetura não é uma tarefa nossa, mas sim dos críticos de arquitetura ou de pessoas de fora do ramo. O que quer que eu diga não mudará nada. O fator decisivo é se a arquitetura funciona no dia a dia – e é ótimo que esse fator pareça funcionar em Mãe Luiza.

O antigo ginásio visto das dunas, 2006

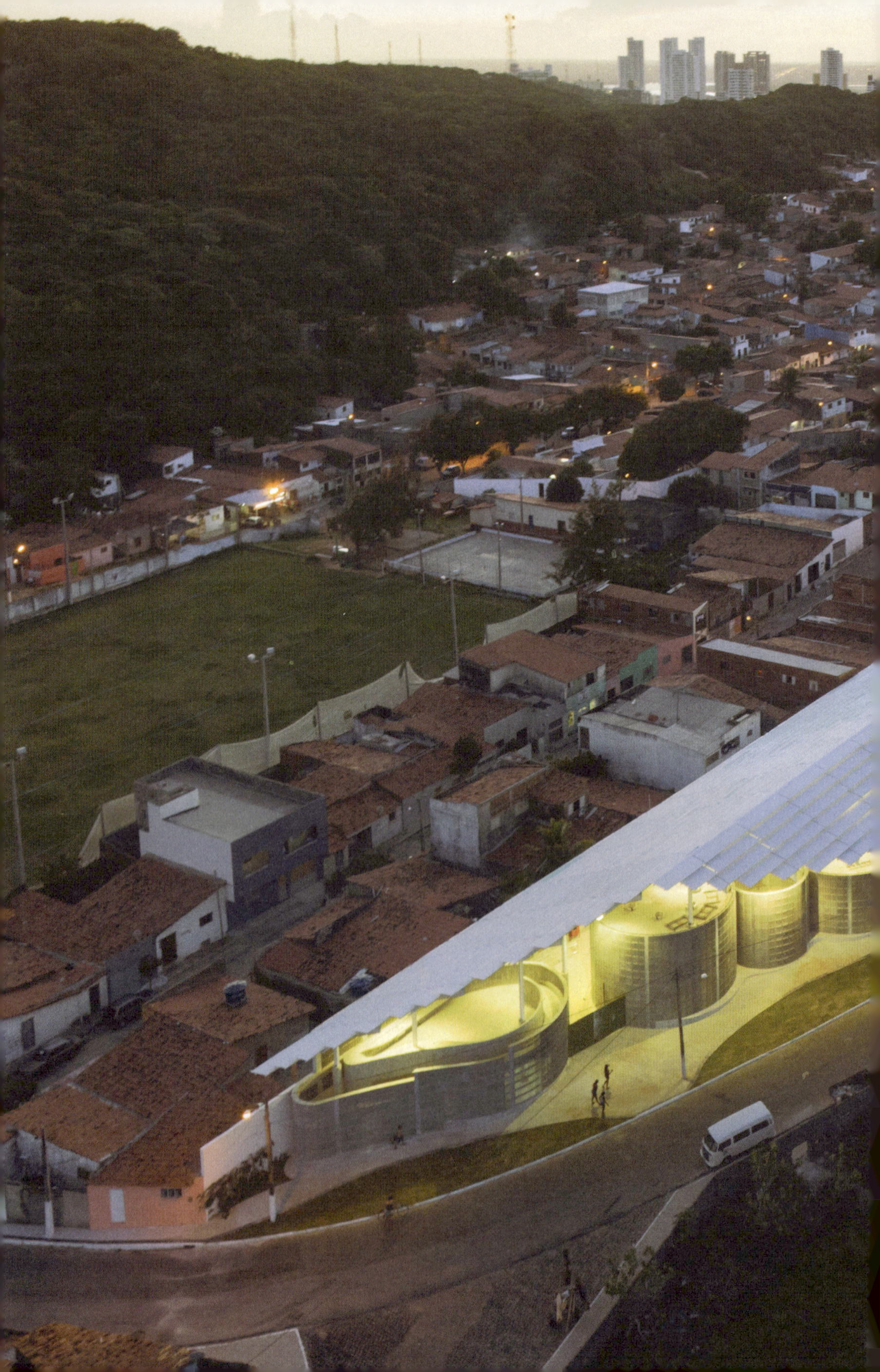

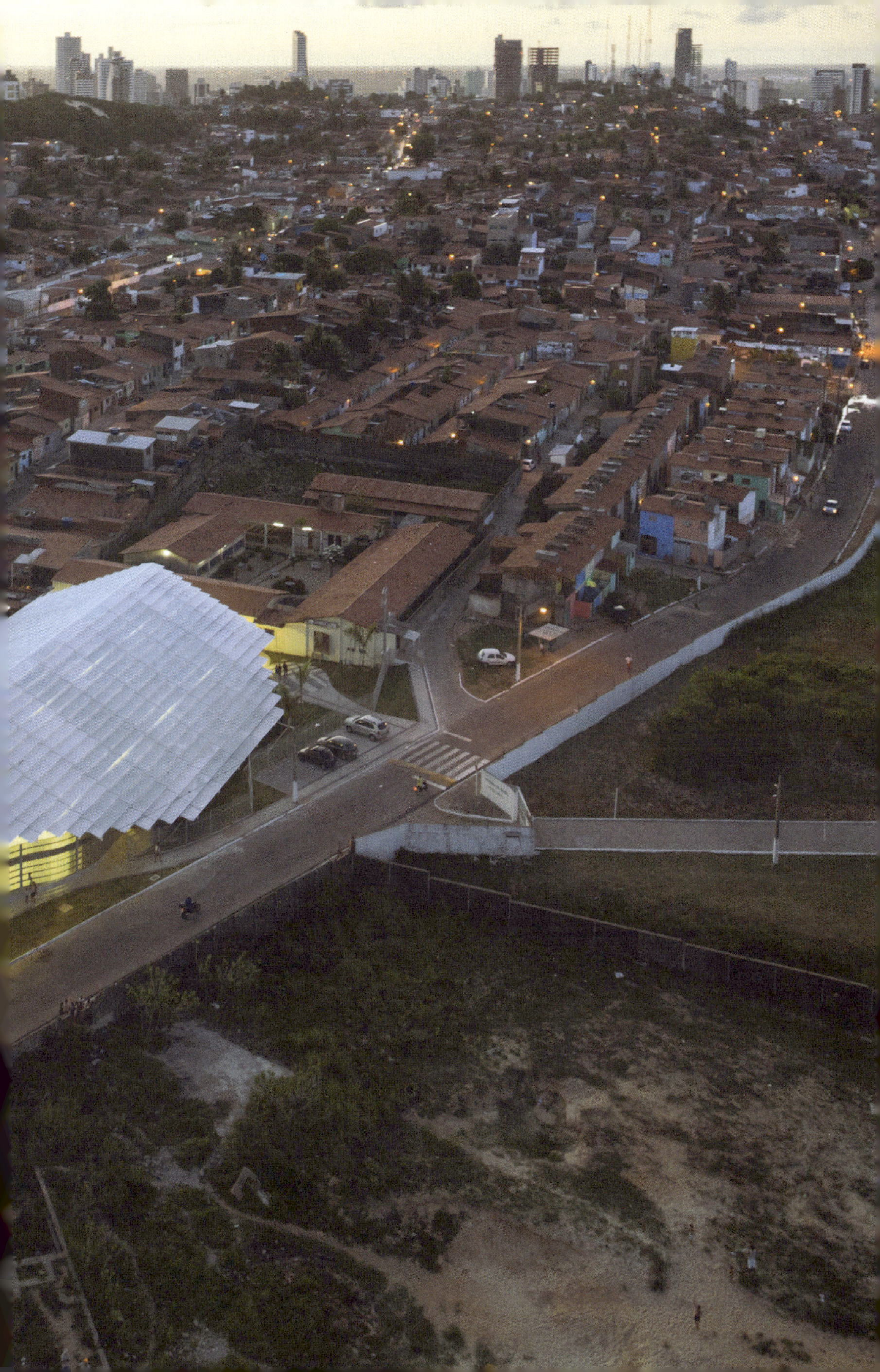

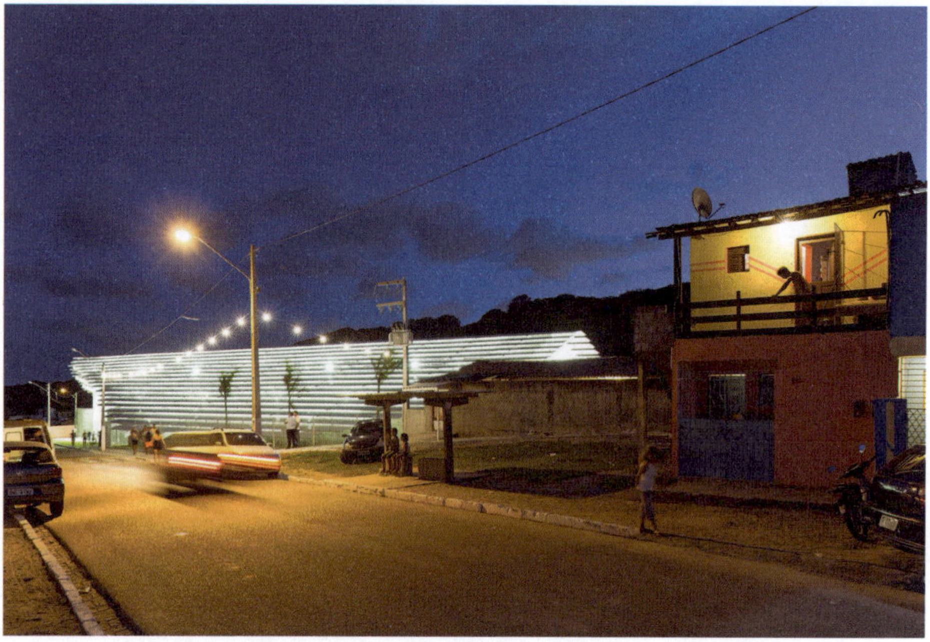

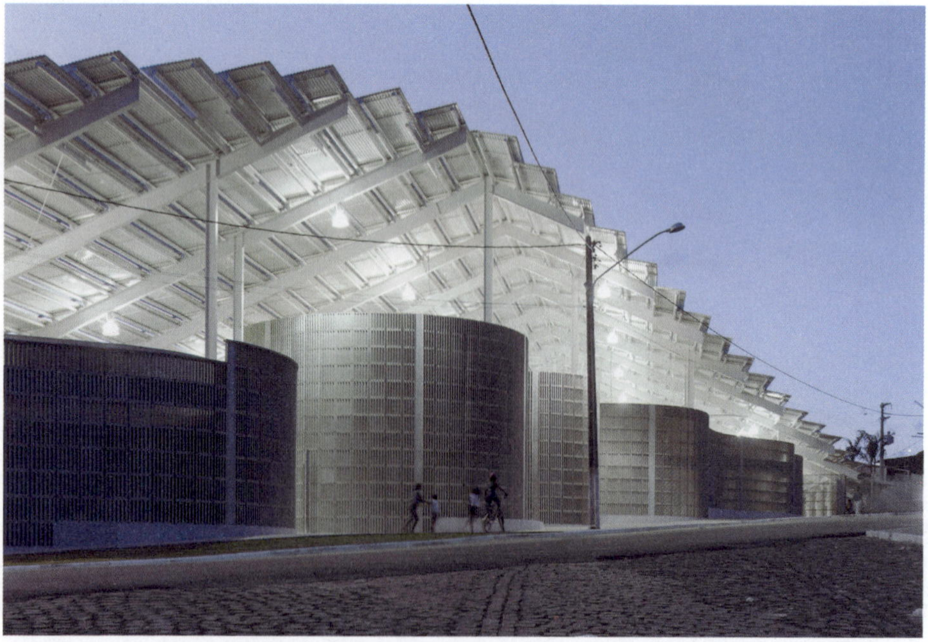

221

0 50 100 250 m

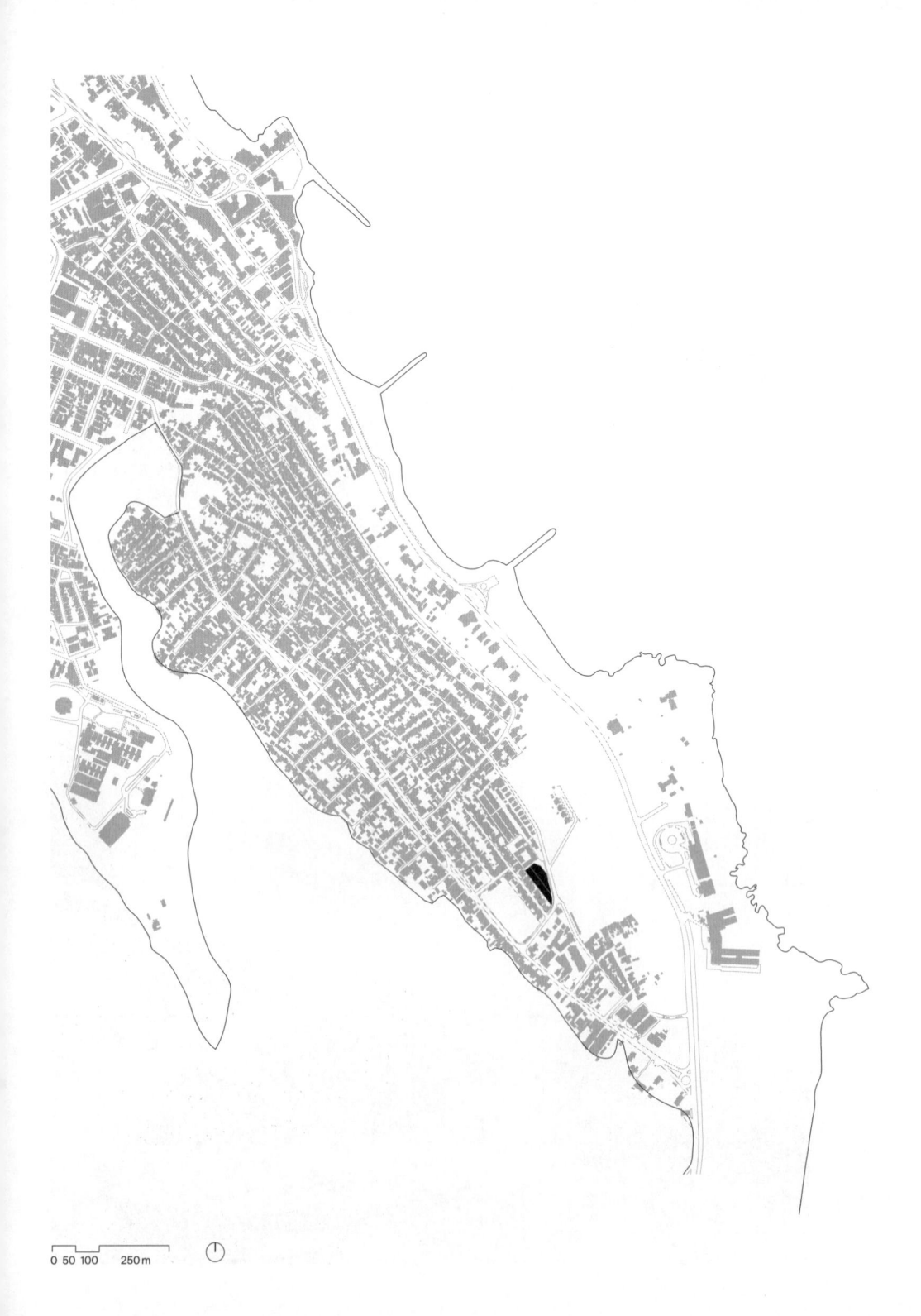

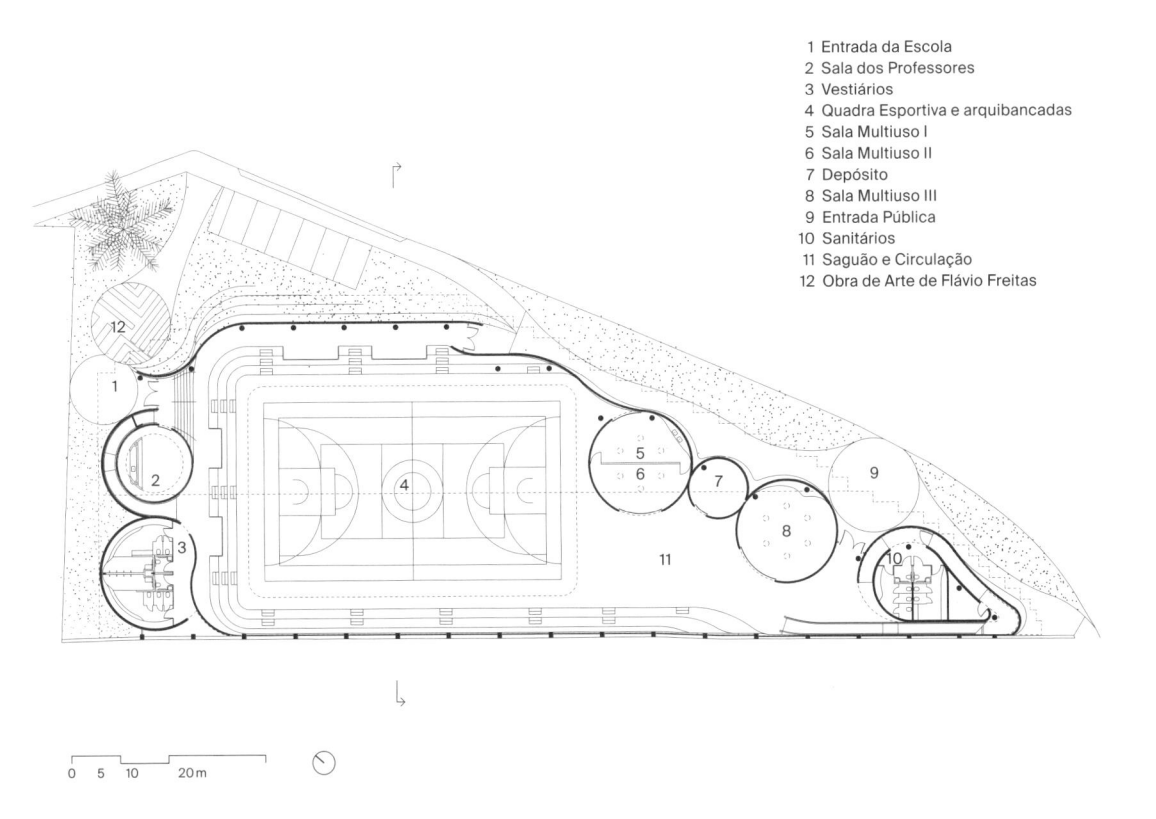

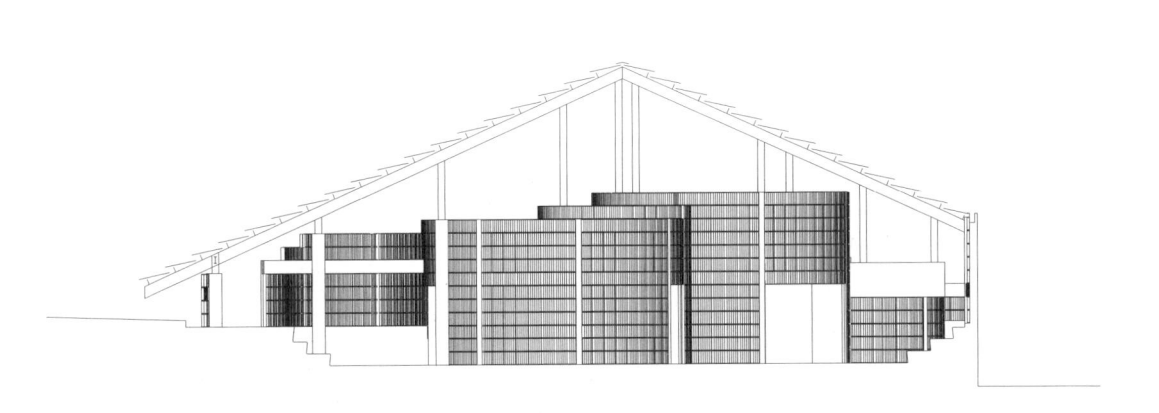

1 Entrada da Escola
2 Sala dos Professores
3 Vestiários
4 Quadra Esportiva e arquibancadas
5 Sala Multiuso I
6 Sala Multiuso II
7 Depósito
8 Sala Multiuso III
9 Entrada Pública
10 Sanitários
11 Saguão e Circulação
12 Obra de Arte de Flávio Freitas

224

225

226

227

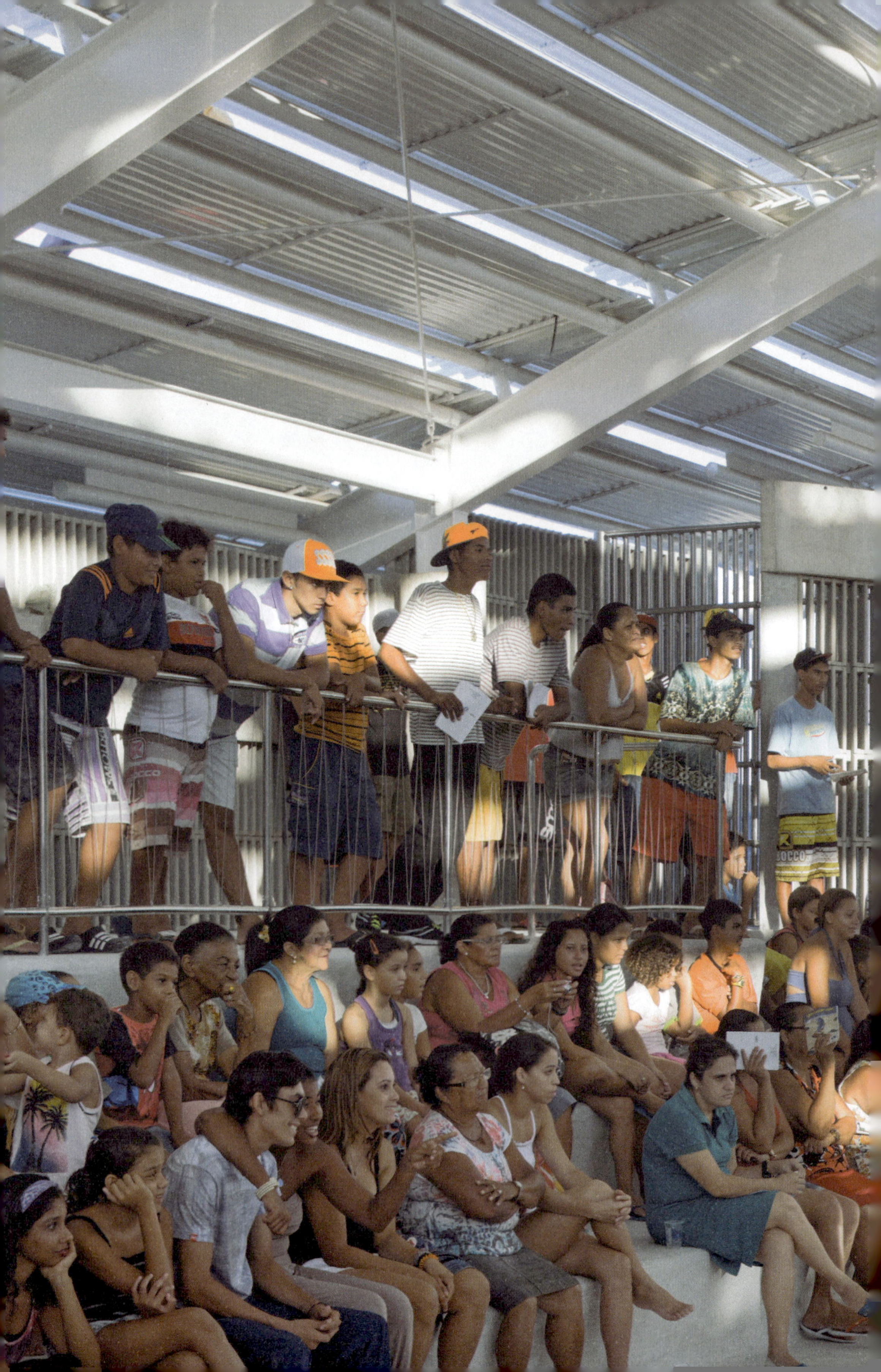

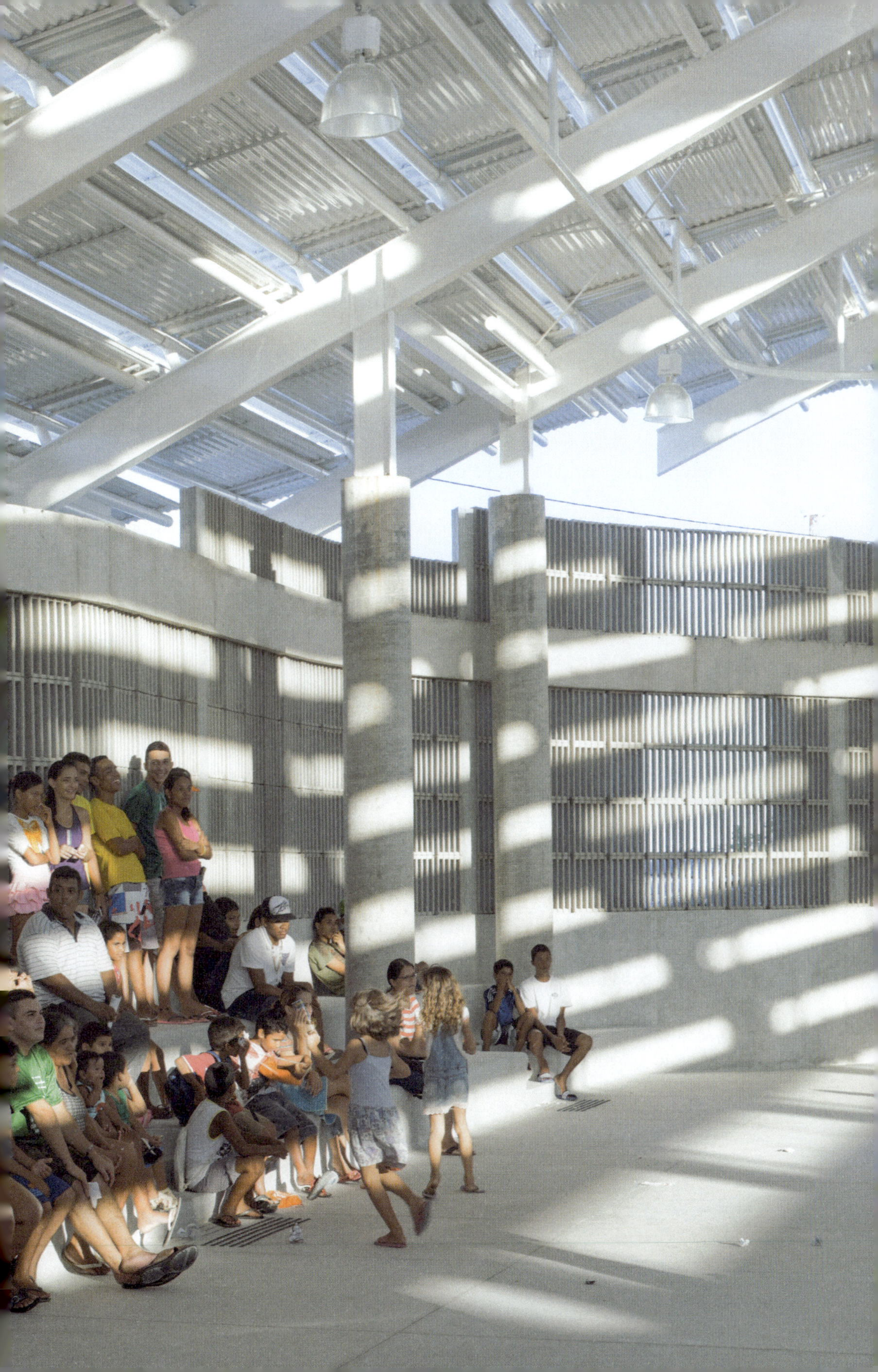

Raymund Ryan
Construindo otimismo: Mãe Luiza em ascensão

Quando uma construção solidária é feita por alguém de fora, mas planejada com a devida escuta da comunidade e respeito ao entorno do projeto e a seus desdobramentos, tal construção traz em si algo fundamental: a colaboração horizontal e o espírito comunitário de transformação.

À medida que o mundo gira, evoluindo ao mesmo tempo positivamente e negativamente, o relacionamento entre as sociedades privilegia- das e desprivilegiadas está em constante fluxo. A América do Sul ocupa uma posição híbrida em qualquer dicotomia simplista "Primeiro Mundo/Terceiro Mundo", exibindo manifestações ou sintomas de ambos e misturando as evidências físicas de maneira não-ortodoxa.

Na década de 1920, Oswald de Andrade propôs o conceito do *Movimento Antropofágico*, uma provocadora ideia de que a cultura brasileira canibaliza outras culturas, essencialmente, para produzir algo novo, mutante e distintamente brasileiro. Esse tema contagiou grande parte da subsequente arte de vanguarda. Encontra eco na obra de estrangeiros atentos, recém-chegados àquele país em expansão; um exemplo notável é a arquiteta e curadora de origem italiana Lina Bo Bardi.

Em meio à turbulência da década de 1960, o arcebispo católico de Recife, Dom Hélder Câmara, abordou a necessidade de maior equidade no progresso econômico e político. Advogou em favor do povo do Nordeste, sua região natal, buscando um senso de otimismo para os membros de seu rebanho excluídos simultaneamente pela política e pelo materialismo ocidental.

O que Oswald de Andrade, Lina Bo Bardi ou Dom Hélder Câmara teriam pensado das intervenções em andamento implementadas pelos arquitetos suíços Herzog & de Meuron, em nome da Fundação Ameropa, em Mãe Luiza – um bairro popular na cidade nordestina de Natal? Mais do que uma imposição cultural vinda de longe, ou algum *diktat* burocrático, o projeto coletivo emergiu de seu contexto imediato. Reutilizou o tecido e a estrutura de edifícios existentes e ampliou a malha de vias e densidade urbana.

Em fotografias aéreas, vemos a localização física de Mãe Luiza. O bairro se estabeleceu não muito longe do centro da cidade, ao longo de uma colina debruçada sobre o Oceano Atlântico. Essa é uma realidade cotidiana no Brasil: um urbanismo provisório, independente de planejamento ou serviços oficiais, mas que desfruta de vistas extraordinárias. O curso adotado pelos arquitetos foi aumentar essa realidade e criar e intensificar os elos dentro da comunidade e entre a comunidade e seu entorno.

Um elevado sentido do lugar foi alcançado através da definição superior de espaço construído e de um acolhimento da natureza. Em Mãe Luiza, os arquitetos imaginaram uma série de intervenções: ruas melhores, um tipo de fórum ou ágora pública, um edifício baixo para atividades comunitárias e esportivas e uma conexão com uma plataforma de observação a partir da qual a espetacular vista da terra e do litoral se descortina. Foi aí que a construção do otimismo fortaleceu a comunidade de dentro para fora, abrindo-a, ao mesmo tempo, para o mundo continental.

Como os arquitetos de uma cultura podem trabalhar – construir – em outra? Para a exposição *Building Optimism,* no Heinz Architectural Center de Pittsburgh, foram apresentados dezoito projetos de toda a América do Sul, desde a inserção estratégica de novas instituições no tecido urbano de Medellín, na Colômbia, até uma proposta mais dispersa de pavilhões comunitários ao longo da área costeira sujeita a terremotos no Chile. Tais projetos elevaram a consciência coletiva a benefício cívico.

Como em outras partes do mundo, muitas cidades da América do Sul agora abrigam edifícios "assinados" por arquitetos que caem de paraquedas, vindos do exterior e permanecendo ali em caráter temporário. Intimamente aliada à marca e à mercantilização do produto, essa "*starchitecture*" pode reduzir a arquitetura ao status de bibelô.

Para a exposição, apenas dois projetos de firmas que não eram sul-americanas foram incluídos: a robusta universidade UTEC, de Lima, um trabalho de gigante infraestrutura da Grafton Architects, de Dublin, e a melhoria incremental de Mãe Luiza, por Herzog & de Meuron.

O que queremos dizer, então, com a ideia da construção do otimismo? O que esperamos ao nos alinhar a esta frase?

A construção física, é claro; a atenção ao substantivo "construção" bem como ao verbo "construir", envolvendo minuciosa preocupação com os componentes da construção e com a maneira como os componentes são montados e reforçam uns aos outros. Esse otimismo, portanto, não deriva de uma aplicação falsa de imagens ou modismos; ele é, antes, o caráter da construção e do lugar resultante, pelo menos em parte, de uma sequência de decisões lógicas – um senso de otimismo nascido de uma espécie de pragmatismo poético.

A palavra "construção" refere-se a um objeto no espaço físico da cidade ou do campo. É uma das acepções desse substantivo. Mas também remete ao verbo "construir", um significante gramatical do ato da construção. Nesse sentido, diz respeito à criação, com uma forte sugestão de atividade comunitária. Essa interpretação da construção diminui a ênfase em algum objeto completo e finalizado e inclui a possibilidade da imperfeição e da adaptabilidade ao longo do tempo. Há otimismo tanto na meta quanto no processo.

O planejamento urbano busca necessariamente equilibrar a legibilidade morfológica e a capacidade de mudança ou permutação. Os arquitetos podem ter como meta criar construções que sejam simultaneamente precisas e adaptáveis, conscientes da forma, mas suficientemente informais para permitir modificações e crescimento com o passar do tempo. Assim, na construção do otimismo existem aspectos do racional e do orgânico. A atenção à montagem dos componentes das construções é aliada a uma apreciação da natureza – luz do sol, sombra, vegetação, a brisa do oceano que é tão abundante no litoral brasileiro.

Em tais induções de otimismo, o espaço social e os edifícios cooperativos oferecem oportunidades especiais. Instalações como a Arena do

Morro, no coração de Mãe Luiza, convidam os cidadãos a compartilhar experiências e a se encontrar de formas que são negadas por edifícios herméticos destinados a um único uso.

O espírito comunitário é um fator animador em tais empreendimentos. Afinal, uma vez as equipes profissionais tendo concluído suas tarefas, o prédio e seus arredores ficam aos cuidados do bairro e da sociedade. Essa sensação de cuidado continua por muito tempo após a conclusão do projeto físico. O projeto final não é apenas a estrutura, mas a forma múltipla e inventiva através da qual a sociedade passa a usar essa estrutura, tornando-a brasileira, nas palavras de Oswald de Andrade.

A forma deve ser sempre ajustada à realidade local, pela tecnologia local e pelos modos locais de socialização. O sucesso em Natal será medido pela maneira como a população de Mãe Luiza tornará suas essas intervenções.

Talvez isso espelhe a exortação de Dom Hélder Câmara, de décadas atrás, que pregava: "intervir na realidade para transformá-la".

Nicholas Fox Weber
Idealismo

Idealismo com o "pé no chão", calcado no senso de solidariedade e com iniciativas práticas não se encontra a cada esquina. Arregaçar as mangas e empreender ações capazes de mudar a vida das pessoas para melhor é o que faz a diferença.

"Ele / ela é tão idealista", ouvimos.

Não sei quanto a você, mas a mim a afirmação soa um pouco pejorativa. A implicação é que a pessoa de quem se fala não é muito prática. "Cabeça nas nuvens" é o que está implícito. Trata-se de alguém cheio das melhores intenções e de teorias fantásticas, sem uma base sólida e conhecimento prático para colocar intenções positivas em ação.

Por que o idealismo precisa ter uma reputação tão ruim?

O exemplo de Mãe Luiza torna o idealismo algo totalmente diferente. Como você já está lendo este livro, é possível que conheça a história, talvez muito melhor do que eu, mas acho que vale a pena recontá-la.

Chegaremos lá. Em primeiro lugar, entretanto, há uma razão pela qual o idealismo me toca de modo muito pessoal. Fui criado por idealistas – no verdadeiro sentido da palavra. Meu pai, nascido em 1915, e minha mãe, nascida em 1919, levaram adiante um romance – mamãe tinha dezoito anos quando se conheceram e dezenove quando se casaram – baseado no idealismo. O ideal era claro para ambos: deveria haver igualdade entre os seres humanos. As pessoas pobres deveriam ter mais com que viver; ninguém deveria ser oprimido por sua origem racial ou étnica; os seres humanos deveriam ser bons uns com os outros; o fascismo era algo a ser superado; nenhum indivíduo deveria ditar a maneira como os outros vivem. O idealismo deles não estava necessariamente em meu DNA – na verdade, não acredito nessas coisas, porque todos nós, quem quer que sejamos, temos ancestrais cujos valores não compartilhamos –, mas estava em tudo o que se dizia e fazia quando eu era criança. Mais importante do que a genética foi o que ouvi e vi, porque o idealismo deve ser posto em prática de modo a fazer diferença.

Eu não via meus pais apenas como românticos – embora fossem: minha mãe com seu jeito de ser à la Lauren Bacall, mais forte do que feminino; meu pai com seu tipo moreno e sua maneira de acender o cigarro das mulheres sacudindo o isqueiro Dunhill tão rápida e silenciosamente que você só notava depois –, mas sim como pessoas unidas pelo desejo de melhoria da humanidade e erradicação do mal, esse desejo que define o idealismo. A festa de noivado deles foi uma arrecadação de fundos para a Brigada Abraham Lincoln, um pequeno exército de norte-americanos independentes que foram para a Espanha lutar contra Franco e o totalitarismo, no momento exato em que o oposto do idealismo estava tomando conta daquele belo país (depois disso, como Picasso, eles nunca viajariam para a Espanha enquanto Franco estivesse vivo). Minha mãe usou meias de lã no casamento para que nem mesmo a menor quantia de dinheiro se destinasse à compra de seda japonesa numa época em que o Japão tentava se expandir e, portanto, se preparava para a guerra. Eles se afiliaram ao Partido Comunista Americano – e, sim, isso os deixou temerosos na década de 1950, quando Joseph McCarthy assumiu a missão de destruir todos aqueles que acreditavam que o comunismo poderia aliviar as dores dos pobres e conferir igualdade à existência humana. Meus pais já haviam deixado o partido na época em que Stalin se tornou chefe da União Soviética – viram, como muitos idealistas veem, que o poder corrompe e o poder absoluto corrompe de forma absoluta – mas os ideais permaneceram em seus corações.

Então, é claro que quando me inteirei do projeto em Mãe Luiza senti um alento e uma conexão; os idealistas parecem parentes meus. Assim como meus pais – meu pai dirigia a gráfica que o pai de minha mãe havia fundado –, todos os grupos de apoio da Suíça, da Alemanha e do Brasil (para os detalhes, ver pág. 268–271) dependiam do sucesso da solidariedade para tornar a ação do idealismo mais do que palavras vazias.

A iniciativa alcançou com brio os mais carentes. Pessoas necessitadas receberam ajuda; foi assim que o idealismo mudou as coisas para muita gente.

Suponho que um dos motivos pelos quais isso me incomoda é que, em minha infância, vi muitos idealistas – meus pais entre eles – cedendo ao desespero. O comunismo gerou totalitarismo: era a ditadura czarista sob uma forma diferente. Então, de modo hediondo, John Fitzgerald Kennedy e Martin Luther King, dois indivíduos cheios de coração e esperança – e ideais – para milhões de pessoas, foram brutalmente mortos nos anos 1960. Permanecer um idealista em face de tais reveses para o progresso humano requer indivíduos comprometidos, ao contrário de alguns acadêmicos que estudam o idealismo em vez de agir de acordo com ele. O vocabulário deles é disparatado, com longos textos que definem o idealismo como uma combinação de "filosofias metafísicas" e, em seguida, usam como muleta um jargão acadêmico que insiste em palavras como "epistemologicamente", "ontológico", "dualista" e "fenomenologicamente". Que tal arregaçar as mangas e ver o idealismo concretizado de forma que amenize as adversidades e dê alegria à vida, a cada dia, como o Centro Sócio fez em Mãe Luiza?

Um dos mais antigos enigmas do pensamento humano é por que as pessoas são generosas. O idealismo, para mim, é generosidade concretizada: boas obras em ação, não apenas em pensamentos.

Em *Servidão humana*, o brilhante romancista e contista inglês Somerset Maugham encena uma conversa entre o herói, Philip, e um artista mundano e superconfiante chamado Cronshaw.

No capítulo XLV, Cronshaw diz:

"– Os homens procuram apenas uma coisa na vida: o prazer.
– Não, não, não! – exclamou Philip.
Cronshaw deu uma risadinha.
– Você se empina como um potro assustado porque usei uma palavra à qual o seu cristianismo atribui um significado depreciativo. Tem uma hierarquia de valores; o prazer está na base da escada, e você fala com certo arroubo de autossatisfação, de dever, caridade e veracidade… Não teria ficado tão assustado se eu falasse de felicidade em vez de prazer: soa menos chocante […] Mas […] é o prazer que se esconde em cada uma das suas virtudes. O homem realiza ações porque são boas para ele, e, quando são boas também para outras pessoas, são consideradas virtuosas: se ele tem prazer em dar esmolas, é caridoso; se tem prazer em ajudar os outros, é benevolente; se tem prazer em trabalhar para a sociedade, tem espírito público; mas é para seu prazer particular que você dá dois centavos a um mendigo do mesmo modo como é para meu prazer particular que bebo outro uísque com soda. Menos pretensioso do que você, eu não aplaudo a mim mesmo por causa do meu prazer, nem exijo sua admiração."

Uma das maneiras mais fáceis de fugir do idealismo, que, afinal de contas, se manifesta melhor quando se trabalha para o bem comum, é ser cínico diante dele. O diálogo de Maugham é uma maneira deliciosa de exaltar os méritos da empatia e consequente generosidade argumentando contra eles. Por serem idealistas e tenazes, os participantes do projeto em Mãe Luiza enfrentaram a batalha para ajudar vastas populações carentes. O idealismo com tração é celestial, não apenas como teoria ou desejo, mas como força para o benefício dos outros.

Andrea Lorenzo Scartazzini
Música como capacitação e identidade

A Escola de Música de Mãe Luiza acalenta sonhos de jovens talentos, causando impacto positivo em toda a comunidade. A dedicação do conjunto de sopro nascido ali contagia a audiência dos eventos do bairro e evidencia a música como ferramenta eficaz para a capacitação profissional, o fortalecimento da autoestima e a formação da identidade cultural.

A música, em todos os seus estilos e formas excepcionalmente diversos, é tão onipresente e dada por garantida que pouco pensamos a respeito. Nossa companheira constante, ela muitas vezes serve apenas para abafar o silêncio ou o zumbido subjacentes à vida cotidiana. A música flui sobre nós e nos circunda onde quer que as pessoas se reúnam – em lojas, restaurantes, bares e discotecas, elevadores, transporte público, ruas e praças das cidades, até mesmo na praia, sem mencionar propaganda e mídia. Escapa de fones de ouvido, alto-falantes, rádios e telas de tevê e, de vez em quando, chega até nós ao vivo.

A música está conosco desde o dia em que nascemos, íntima e inocente no início, como cantigas de ninar e canções infantis. Mais tarde, com o passar dos anos, muitos de nós desenvolvemos um relacionamento profundamente pessoal com a música. Cantamos, assobiamos, cantarolamos, tocamos e ouvimos, e essas melodias e sons acabam por se aninhar em nossas cabeças, ecos insistentes que dão um impulso ao nosso passo, que nos impulsionam, elevam e consolam. Não é verdade que alguns dos momentos mais profundos, sentidos, felizes e comoventes se confundem com o som da música? Ela cria amizades, forma a base da identidade, fortalece nossos laços comuns. Eventos festivos sem música, vitórias no futebol sem as canções dos torcedores, cultura sem concertos, festas e danças sem ritmo e som – "A vida sem música seria um erro" (Friedrich Nietzsche).

A música é um segredo profundo. É uma linguagem, mas não convencional, pois atinge camadas que as palavras sozinhas não alcançam, e muitas vezes com uma intensidade dilacerante. De todas as formas de arte, talvez seja a música a que nos fala de forma mais direta – independentemente de idade e escolaridade. E, no entanto, é tão individual no efeito que causa quanto as próprias pessoas. A mesma música que leva alguém ao êxtase deixa outros indiferentes.

A música nos une através do tempo e do espaço: a melodia de "Parabéns pra você", a canção mais cantada em todo o mundo, vem da professora de jardim de infância Mildred Hill, de Louisville, Kentucky, que a escreveu em 1893 para sua coleção de canções *Song Stories for the Kindergarten*. Poucos podem nomear a autora da melodia, mas a música é cantada em todos os cantos do mundo. Tornou-se universal, como muitas outras que estão vinculadas a rituais e tradições.

A música tem o poder de mudar e melhorar a vida das pessoas. É provavelmente por isso que tantos de nós sonhamos com uma carreira como estrela e ídolo das massas, e talvez explique por que há anos assistimos a programas de talentos em todos os canais de todos os países. Quem lida com música em nível profissional sabe o quão exigente e complexa ela é. A música tem uma gramática (teoria da harmonia) e um alfabeto (notação musical). Também tem muitas regras (que às vezes se devem desrespeitar). Aprender a tocar e estudar um instrumento ou fazer treinamento vocal requer, junto com o dom para a música, trabalho árduo e disciplina. Mas investir tanta força e energia compensa. Fazer música é gratificante e dedicar-se à música confere beleza, substância e significado à vida.

As virtudes que essa atividade exige também se estendem a outras áreas da vida. Dedicar-se a algo com paciência, praticar uma sequência repetidas vezes, melhorar mais e mais, desenvolver alegria e ambi- ção ao executar tarefas desafiadoras (aspectos que são igualmente fundamentais no esporte): todas essas qualidades fortalecem o caráter e conferem forma à vida diária de um modo que ultrapassa em muito o reino do puramente musical. Assim, é possível perseguir outros objetivos de maneira mais concentrada, fazer melhor uso do seu tempo e aceitar novos desafios com maior determinação.

Desde 2016, Mãe Luiza mantém uma banda composta por 35 jovens e uma escola de música fundada em 2018. A escola oferece a 75 crianças e jovens a oportunidade de aprender a tocar um instrumento de sopro.

O entusiasmo diante dessa nova instituição é enorme e, para ser aceito, o candidato precisa primeiro passar por um teste. Como não há instrumentos suficientes para todos, os alunos precisam compartilhar os instrumentos para estudar. Os músicos tocam regularmente em eventos da comunidade, e Mãe Luiza sem seu conjunto de sopros já se tornou uma ideia impensável. Vários alunos particularmente talentosos já foram aceitos pela Escola de Música da Universidade Federal do Rio Grande do Norte.

Como projeto social, a escola de música de Mãe Luiza também teve um impacto positivo nas famílias dos jovens instrumentistas: sua paixão e devoção pela música são irresistíveis a todos ao seu redor. Também trazem uma mensagem: que vale a pena investir energia em si mesmo e na própria educação, e que iniciar uma jornada rumo a uma vida melhor não precisa ser uma ilusão. Sob essa luz, dedicar- se à música não é apenas uma maneira maravilhosa de passar o tempo; é um instrumento essencial de capacitação e identidade.

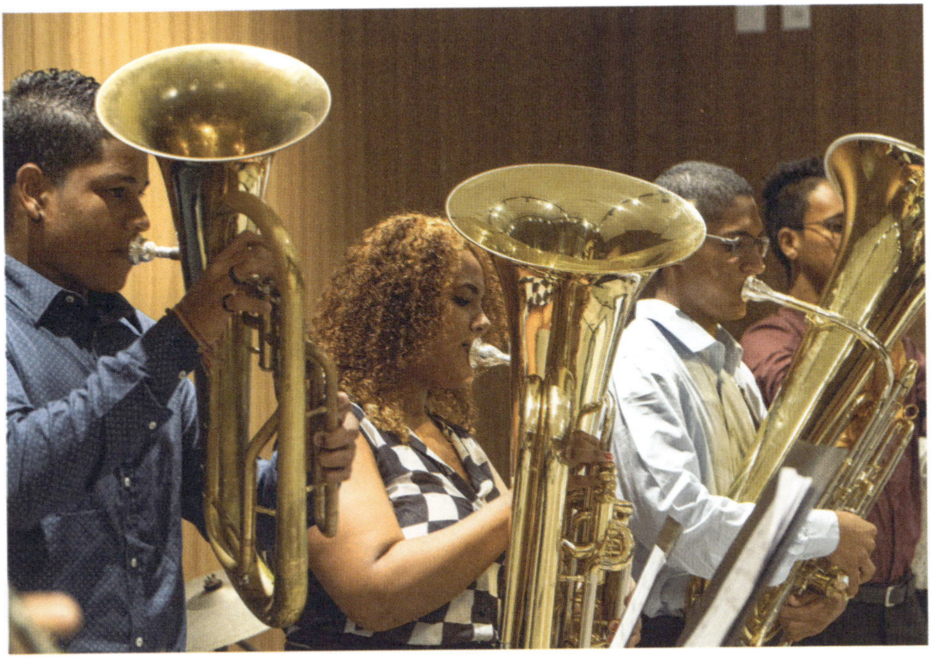

Nicole Miescher
A fragilidade do projeto

A continuidade dos trabalhos de transformação de Mãe Luiza depende tanto da vontade e da disponibilidade das pessoas envolvidas, quanto da manutenção do financiamento das atividades, e da atitude das autoridades públicas. Uma reflexão sobre riscos e ameaças à iniciativa.

Durante mais de trinta anos um grupo de mulheres e homens do Centro Sócio em Mãe Luiza tem se empenhado com ardor na luta pela melhoria de vida dessa comunidade pobre. Trabalham com um salário modesto ou de graça, sem qualquer interesse financeiro. São movidos pelo idealismo e acreditam profundamente que tudo pode, na realidade, ser transformado para melhor. Vários amigos do Brasil, bem como da Suíça e da Alemanha, apoiam o trabalho deles e os acompanham em seu caminho.

Sem o idealismo de todas as partes interessadas, nada teria acontecido.

Mas será que essa rede sólida um dia vai desmoronar? Haverá gente nova para continuar o trabalho? Essa gente nova terá a mesma paixão, o mesmo compromisso e persistência?

O financiamento necessário continuará a ser fornecido?

Será que os políticos vão mudar as leis de construção em Mãe Luiza, permitindo a gentrificação dessa comunidade, lindamente situada nas dunas entre o centro de Natal e o oceano? Será que os interesses financeiros prevalecerão sobre as considerações sociais, obrigando o povo de Mãe Luiza a se mudar para a periferia, como em tantos casos, para dar lugar a moradias de alto padrão?

Parece que as autoridades públicas permanecerão ausentes e não cumprirão suas responsabilidades, a menos que sejam pressionadas a fazê-lo, ou se houver uma vantagem específica em fazer algo.

A sorte também faz parte da vida. Acreditamos que, com sorte, perseverança e a vontade contínua de lutar, Mãe Luiza encontrará o seu caminho, como tem feito nas últimas três décadas.

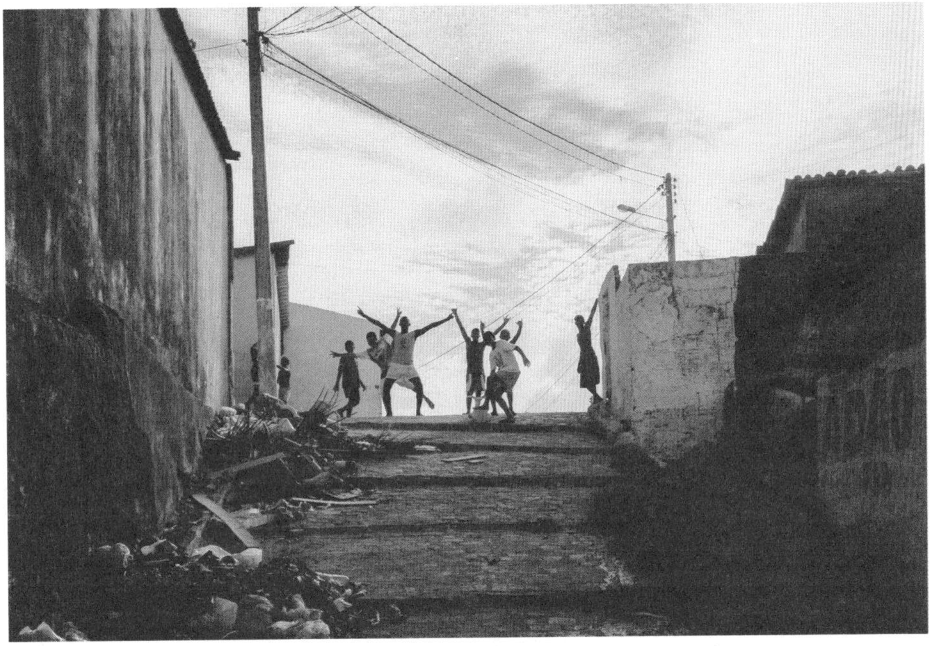

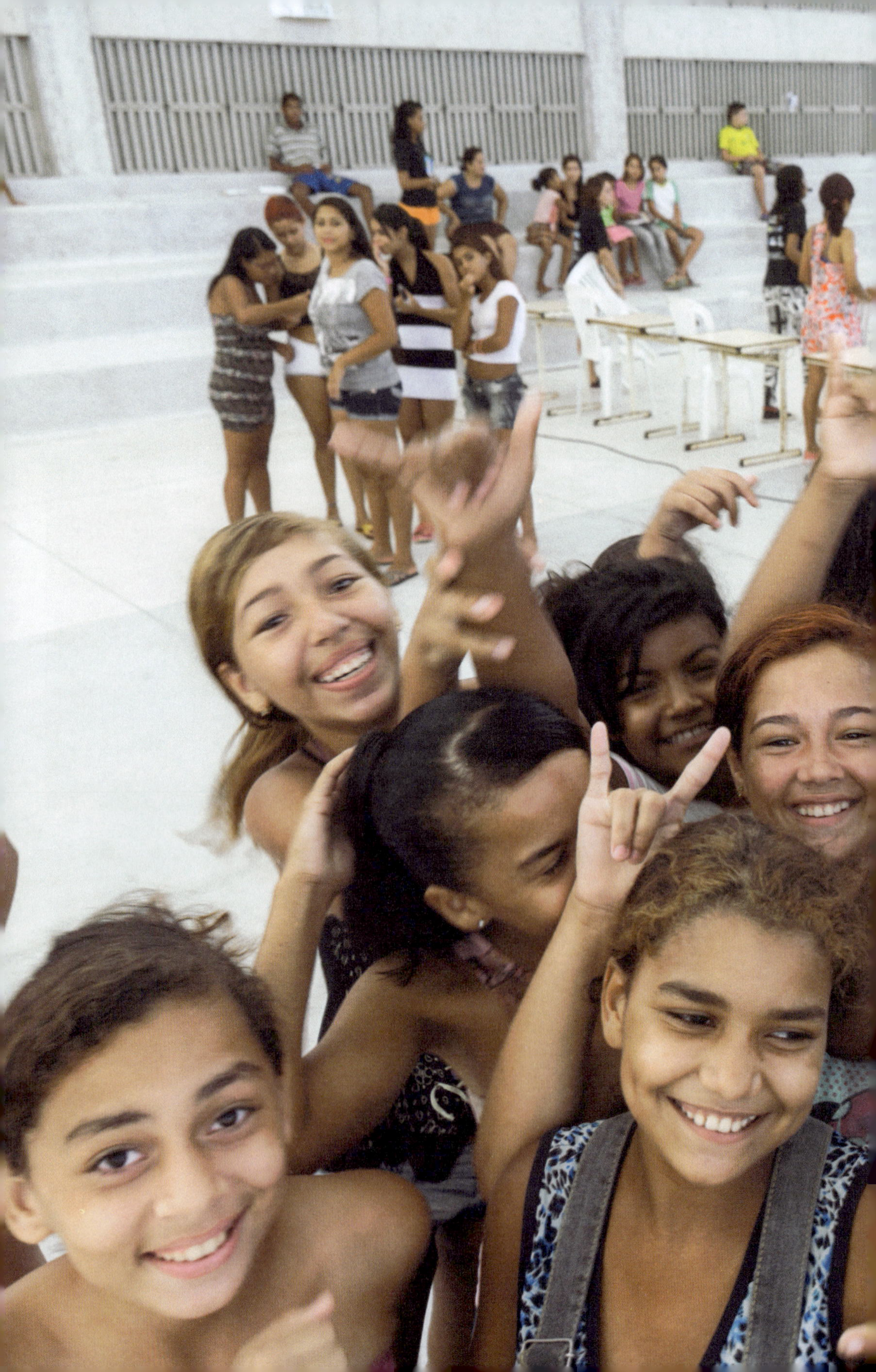

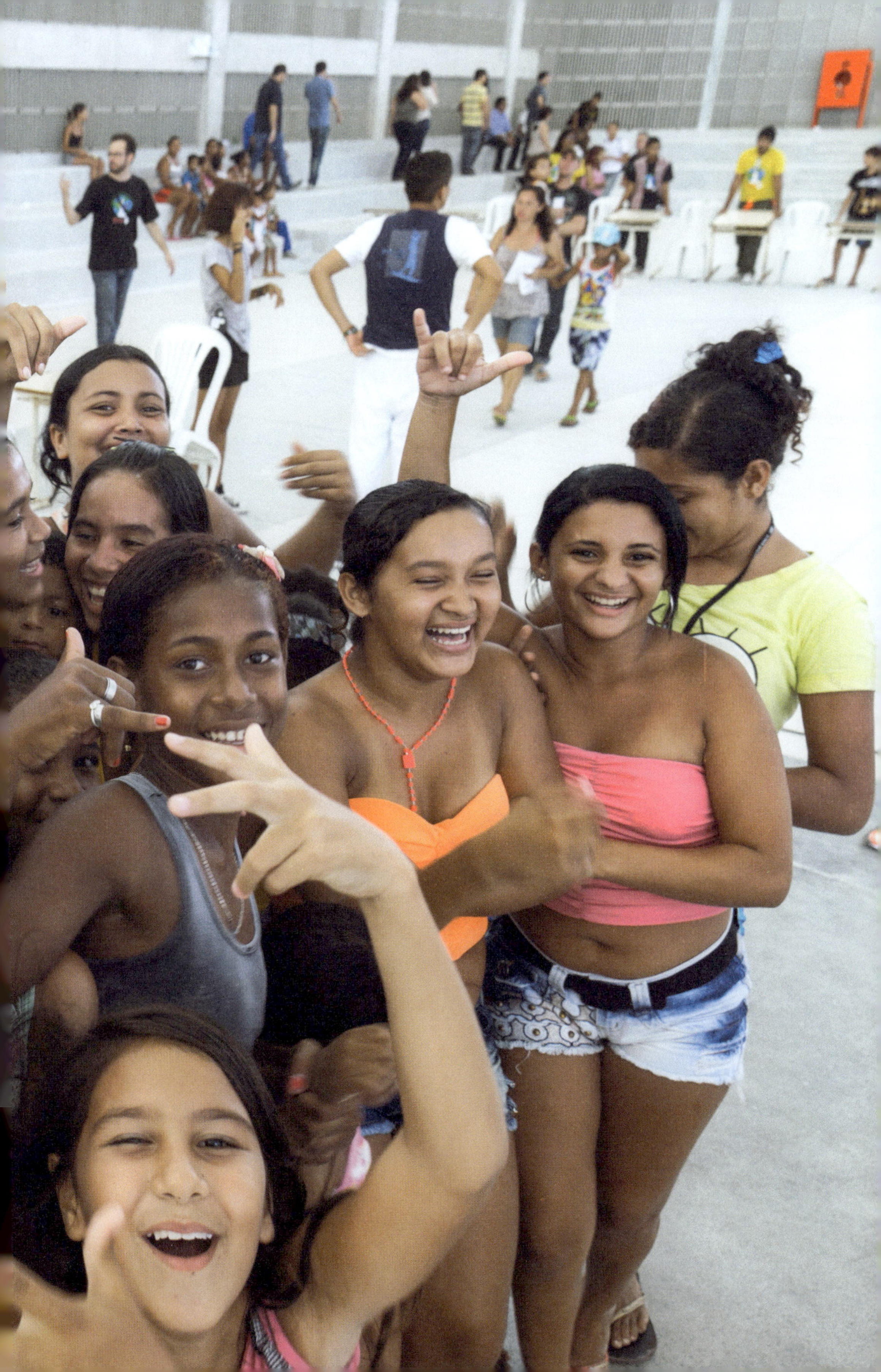

Mô Bleeker
Círculo ou espiral: reflexões de um salmão anádromo

Em que medida a experiência em Mãe Luiza poderia ser uma fonte de inspiração para outras comunidades pobres no Nordeste do Brasil e em outras partes que se esforçam para alcançar um mínimo de dignidade e autonomia? Essa foi a pergunta feita pelos editores deste livro quando nos conhecemos. O que eu poderia dizer em resposta? Nunca tinha estado em Mãe Luiza, nunca tinha pisado em seu chão, sentido seus odores, contemplado suas vistas, nem mesmo ouvido a música do cotidiano daquela comunidade.

Desde então, porém, tenho escutado com atenção as muitas histórias contadas sobre Mãe Luiza. Ao fazê-lo, me veio à mente uma imagem que pode descrever seu potencial como manancial de transformação. No início, uma imagem vaga, mas redonda, tomou forma – a figura de um círculo. A comunidade como esfera de despertar e de solidariedade. Um círculo de vida. Um círculo inerentemente virtuoso. Em uma reflexão posterior, no entanto, o círculo me pareceu muito limitado como metáfora. A comunidade não poderia, sozinha, sustentar sua própria transformação, muito menos servir de inspiração para os outros. As pessoas sofrem e lutam. Enquanto comunidade, podem lograr certo progresso e obter algumas melhorias, mas fundamentalmente nada muda. Ou será que muda?

Continuei escutando, e tentei traçar os passos que a comunidade de Mãe Luiza tinha dado. Sua força está na capacidade de se organizar e se envolver coletivamente com gente de fora da comunidade. Em círculos cada vez mais amplos, Mãe Luiza estendeu a mão para outras pessoas, que por sua vez se transformaram, criando condições para mudanças na sociedade em geral. Gradualmente, a imagem do círculo se transformou na figura de uma espiral, uma forma de vida que se estende para além de si mesma. A questão, desse modo, ficou clara para mim: como um círculo virtuoso se expande e se torna uma espiral geradora de vida?

Então, aqui estou, no final deste livro – nadando como um salmão anádromo rio acima e contra a corrente –, procurando uma resposta para essa questão humana fundamental.

Recordemos: forçados a se deslocar, os futuros moradores de Mãe Luiza, sobreviventes da fome e da exclusão, decidem um dia partir em busca de um lugar onde haveria não apenas água, mas talvez mais do que isso – se Deus quisesse. O que eles pensavam? Que esse Deus existia? Ainda? Ou que tinha se calado para sempre, assim como seus poços, por fim drenados pela seca? E como dar nome a um tipo de situação em que é preciso decidir – de imediato e sem demora – ficar perto de seus ancestrais e morrer de fome ou partir rumo ao desconhecido, um ato que talvez prolongue a vida, mas que também pode resultar em morte prematura por causas até então desconhecidas?

Depois de muitas dificuldades, a comunidade de deslocados chega a Natal. Instalam-se lá, junto à última grande duna, a última barreira antes do oceano. Esse lugar, chamado Alto da Aparecida, parece, no mapa, uma pequena marca de nascença no alto do ombro direito do Brasil. Instalando-se primeiro como posseiros, sua condição permanece ambivalente, até que o então prefeito Djalma Maranhão lhes dá o direito de morar ali. Em 23 de janeiro de 1958, o Alto da Aparecida é formalmente reconhecido como o assentamento de Mãe Luiza, em homenagem à mulher que foi a primeira moradora e a primeira parteira da comunidade. O assentamento vai crescendo aos poucos, mas permanece em modo de sobrevivência. Nessa época, os militares tomam o poder no Brasil[1]. No Nordeste, a ditadura aumenta a violência que já existe sob muitas formas: violência estrutural, expressa através da exclusão sistemática; negação dos direitos humanos fundamentais, ausência do Estado de Direito. Violência cultural, embutida na ideologia da segurança nacional, no racismo, numa ampla discriminação. E, por fim, violência direta e interindividual: os crimes de desespero coexistem com os crimes engendrados pela ditadura – tortura, desaparecimentos forçados, e também corrupção e o chamariz do ganho ilegal através do contrabando de drogas e do tráfico de pessoas[2]. No Brasil, e sobretudo no Nordeste, a opulência de uns poucos contrasta de forma aguda com a extrema pobreza da maioria: um hediondo carnaval de desumanidade.

Os moradores de Mãe Luiza são, então, parte de uma comunidade imensamente vulnerável: continuam sendo sobreviventes. Sem nome, sem proteção, à mercê dos mais fortes. Crianças nascem, velhos se vão – que descansem em paz. Os jovens também partem, atraídos por outras luzes, como mariposas em torno de uma vela: dinheiro rápido e fácil, drogas, crime, gangues, brigas de rua e sua cota de medo e morte. Os perigos mudam de forma com o passar dos anos. Logo esse pedaço de paraíso atrai também os abutres da especulação imobiliária, que desejam vista exclusiva do oceano sem serem incomodados por esses pobres, esses não consumidores que seria mais fácil expulsar para o outro lado – literalmente – das margens desta modernidade voraz. Os deslizamentos de terra também atingem Mãe Luiza com força, destruindo e às vezes matando. E Mãe Luiza reconstrói, e Mãe Luiza reedifica – obra de Sísifo, com demasiada frequência.

Inspirados pelos sermões de Dom Hélder Câmara, Arcebispo de Olinda e Recife, duzentos quilômetros ao sul, e seu convite a *sonhar, agir e escrever a história juntos*, Mães e Pais Coragem emergem nessa comunidade, recordando uns aos outros a importância da partilha, do respeito por si mesmos e pelos outros, de sua dignidade. Por toda parte no Brasil, sobretudo no Nordeste, e de modo mais amplo na América Latina, sopra vento semelhante: diante de um Estado ausente, corrupto ou autoritário, comunidades se deparam com a necessidade de lutar pelo reconhecimento de seus direitos, de se organizar de maneira que vá além da mera sobrevivência, a fim de viver uma vida digna. Na esteira de campanhas populares de alfabetização e promoção da saúde pública, centenas de jovens, mulheres e homens, leigos e membros de ordens religiosas deixam seus locais de residência, muitas vezes em áreas urbanas, e descobrem com espanto a realidade cotidiana de milhões de seus concidadãos, que sofrem de fome e inúmeras outras doenças oportunistas da pobreza e do analfabetismo. Ouve-se a conclamação a *se colocar de pé e resistir* em toda a América Latina e em outros continentes. Mas o que significa *se colocar de p*é e resistir? Passar de uma situação da mera sobrevivência à de uma vida digna é um processo complicado, difícil e, à primeira vista, literalmente inimaginável.

É aqui, neste entrelugar em essência anônimo, neste lugar de transição entre identidades correntes e imaginárias, que emerge um impulso coletivo e horizontal, resultando numa convulsão que perdura até hoje. As mulheres, os homens, os jovens e as crianças de Mãe Luiza – migrantes forçados e posseiros – estão mais uma vez na estrada, mas agora o movimento é sobretudo interno: a metamorfose do ser humano marginalizado e sem destino específico em sujeito social, sujeito de direito. A transformação de um grupo improvável de indivíduos maltratados numa comunidade de identidades, vidas, interesses e lutas marca um ponto de partida e uma linha de chegada, um local de encontro, um espaço de alquimia. Assim como muitas comunidades no Nordeste e em outras partes do Brasil e da América Latina, Mãe Luiza se transforma numa coletividade nutriz e fértil. Um lugar de pertencimento, de afirmação de identidade. A vida ali continua dura e rudimentar; os serviços públicos são insuficientes e a violência sempre se infiltra. Mas existe uma imensa energia, um espírito emancipatório que produz mudanças – outras maneiras de imaginar a si mesmo e a sua realidade.

A metamorfose em curso é contagiosa, num sentido positivo. As pessoas vindas de fora ficam intrigadas, inspiradas e – por que não dizer – literalmente *fascinadas e encantadas*. Mas também e sobre- tudo sentem-se desafiadas: a caridade ajuda, mas não transforma. Bandagem esterilizada para um ferimento, ela não cura; é, em essência, um remédio insuficiente. E cuidado: a caridade não pode nem deve substituir um

Estado negligente e ausente, que opta por ignorar sua obrigação de servir ao bem comum.

Quando o Padre Sabino se instala em Mãe Luiza, muitos são os amigos e voluntários que se juntam a ele para compartilhar um momento de vida. Entendem que para *estar juntos*, para *caminhar com* os que se põem de pé e resistem, é preciso ir mais longe. Talvez também tenham a convicção de que "ninguém educa ninguém, ninguém se educa a si mesmo, os homens se educam entre si, mediatizados pelo mundo"[3]. Chegam visitantes de outras partes do Brasil e do mundo, impressionados com os habitantes de Mãe Luiza e tocados por essa energia. A ajuda externa também está presente agora, e oferece apoio financeiro às iniciativas coletivas que emergem da mobilização dos membros da comunidade, incluindo uma escola, um jardim de infância, um espaço para idosos, um centro comunitário, uma escola de música. Colaborando com os moradores, Herzog & de Meuron, o florão da arquitetura suíça, projeta o Ginásio Arena do Morro, que virá a ser capa de uma das mais conceituadas revistas de arquitetura do mundo. Ao mesmo tempo, a Fundação Ameropa, criada pela multinacional de grãos e fertilizantes de mesmo nome com sede em Basileia, financia obras de infraestrutura social em Mãe Luiza.

Quando os visitantes voltam para casa, falam dessa comunidade – do Padre Sabino, da beleza do povo e da região, bem como da pobreza que não passa. Também dizem que algumas coisas estão melhorando. E do que mais falam? De coisas simples, acima de tudo. Que em Mãe Luiza as pessoas veem de maneira distinta os porquês das coisas – do cotidiano, da tristeza, da saudade, da esperança. Que as pessoas dizem que o senso de fatalidade, seu companheiro de toda a vida, está se esvaindo, e que algo ainda indistinto, ainda sem nome, vai aos poucos começando a substitui-lo. Começa-se a sentir que *outra coisa* é possível, que *outra vida* é possível. Que ser pobre, quer enquanto negro ou indígena, no Nordeste, no Brasil e no mundo, não equivale necessariamente a uma maldição. Padre Sabino, os amigos brasileiros, suíços e alemães e a Fundação Ameropa também sentem isso, no princípio de forma difusa, cada um a seu modo, cada um com suas próprias palavras. O que os aproxima, porém, é o que vivenciam em Mãe Luiza. Isso lhes dá um sentido, confere à sua vida um novo rumo, ainda que mal perceptível, à época. É isso: Mãe Luiza cria uma abundância de sentido.

No assentamento, as pessoas compartilham o que sabem. Aprendem umas com as outras. Também dialogam para entender melhor o contexto em que nasceram, em que vivem. Como escreve Maurice Godelier, o antropólogo social francês, as pessoas não apenas vivem em sociedade: produzem a sociedade para viver. Fabricam a história. Das duas forças que constituem o poder de dominação e exploração, a mais forte não é a violência exercida pelas institui- ções ou classes que dominam uma sociedade, mas o consentimento dos que se submetem a essa dominação.[4] Se houve consentimento nesse caso, ele logo desmorona quando a comunidade de Mãe Luiza começa a entender que miséria não é doença nem deficiência hereditária; na verdade, é o resultado de muitos fatores políticos, sociais e econômicos. O que não é normal é o Estado ser tão negligente, é não haver infraestrutura no assentamento – nem um plano de desenvolvimento ou qualquer trabalho digno do nome nesse sentido. Não, isso não é normal, até porque esses políticos, que pedem aos moradores seu voto (só nesse momento dirigindo-se a eles como cidadãos), já prometeram tantas coisas – um prometeu a construção de um posto de saúde; outro, uma escola ou a pavimentação das ruas. As promessas, contudo, se dissipam com a brisa da manhã e nada acontece. Resta apenas a desconfiança e um profundo sentimento de injustiça.

Assim, aprender a escrever uma simples palavra – ÁGUA, por exemplo – inaugura um debate sobre muitas questões que discutem juntos: de onde vem a água? Por que existe água doce e água salgada, água da chuva, água das lágrimas? Por que dizemos *romper as águas* antes do parto? Por que dizer que *bebemos a "água" do bebê* – ou seja, sua urina – para celebrar seu nascimento? Quem é o dono da água? Ela é prejudicial à saúde? Como purificá-la? Por que não temos latrinas? Então, conjugar as palavras "educação", "saúde", "mulher", "igualdade", "participação" e "responsabilidade do Estado" leva a todo tipo de indagações que demandam ação. Quando a realidade se torna *inteligível*, tornamo-nos mais fortes e mais conscientes do que temos que fazer e como proceder. Conjugar o verbo "ser" – "eu sou" e "nós somos". E saber usar os pronomes "meu" e "nosso": "minha" vida – "nosso" destino; "meus" filhos – "nossa" educação; "meus" avós – "nossa" cultura; mas "nossos" direitos – os deveres "deles".

E a Constituição da República Federativa do Brasil! Que preâmbulo magnífico, verdadeira música para a alma. Contém frases tão delicadas que mais parece bordado à mão: "(…) um Estado Democrático, destinado a assegurar o exercício dos direitos sociais e individuais, a liberdade, a segurança, o bem-estar, o desenvolvimento, a igual- dade e a justiça como valores supremos de uma sociedade fraterna, pluralista e sem preconceitos, fundada na harmonia social e comprometida, na ordem interna e internacional, com a solução pacífica das controvérsias."[5] Que programa! E se tentássemos "compreender" (do latim "com-prehendere ou "com-prendere" – ligar, ou seja, abarcar como um todo) o significado de cada palavra desse preâmbulo? E se as transformássemos em realidade? Mas onde se encontra esse Estado que deveria garanti-lo e promovê-lo? O que anda fazendo? Há algum modo de explicar a esses funcionários públicos que eles não estão respeitando a Constituição? Quem poderia fazer isso? E o que significaria para Mãe Luiza?

Mãe Luiza está se tornando mais inclusiva e acolhedora. O sentimento de pertencimento gera alegria, orgulho, um senso de identidade cultural expresso em música, canto, teatro, relatos de vida. Quem anda armado sabe disso: a lei do mais forte e da violência perde terreno. Algo acontece em Mãe Luiza. As coisas já não são mais como antes. E quando se desenvolve a prática dos orçamentos participativos, a exemplo de Porto Alegre[6], aprende-se a planejar no sentido do bem público, a conjugar bem comum e atividades realizadas no tempo livre, investimentos coletivos e distribuição de bens, combate à corrupção e Estado de direito. Em suma, um inventário de possibilidades tão inebriantes quanto as milhares de constelações que se podem ver, quando eles se deitam na praia à beira do oceano e abrem os olhos, numa noite sem lua. Então, o salmão anádromo que nada rio acima se pergunta o que aprendemos até aqui. O que há de especial, ou mesmo de inspirador, no caso de Mãe Luiza, nesse invulgar conjunto de compromisso e boa vontade?

Descartemos de saída o rótulo do "idealismo", tantas vezes sinônimo de admiração distante, tornando o objeto de estima tanto "apresentável" quanto conveniente. Com um gesto da mão, descartemos também os outros "ismos" todos. Esses amálgamas carecem de sutileza e evocam rótulos preconceituosos que alguns usam a esmo e sem distinção para comparar aqueles que ofertam um pouco de seu tempo livre àqueles que devotam sua vida à comunidade, aqueles que doam alguns bens excedentes àqueles que organizam refeições comunitárias para os moradores de Mãe Luiza. Nada explicam, do mesmo modo, os argumentos ideológicos dos partidos políticos, quer sejam eles oriundos de partidos "revolucionários", com frequência eles próprios autoritários, hierárquicos e patriarcais, ou dos mais "progressistas". Dom Hélder Câmara resume muito bem: "Se dou pão aos pobres, todos me chamam de santo. Se mostro por que os pobres não têm pão, me chamam de comunista e subversivo."[7] O DNA da dinâmica comunitária de emancipação que se desenvolve em Mãe Luiza – e, de forma análoga, em outras partes do Nordeste, da América Latina e do mundo onde se conjugam a exclusão e a pobreza – não se deixa encerrar por rótulos redutores. O fato é que, em determinado momento e por múltiplas razões, as comunidades *não mais consentem*. Organizam-se para conquistar a realização de seus direitos e exigir que o Estado assuma suas responsabilidades.

Então, o que sabemos sobre as moradoras e os moradores de Mãe Luiza? Que aos poucos abrem os olhos, que começaram a *se ver* de outra forma e, assim, a produzir *uma outra realidade*. Dito de outro modo: *Dão-se conta de quem são e de quem podem vir a ser*. A inspiração começa com a descoberta da própria identidade num contexto social, cultural e estrutural específico. Resulta na apropriação de sua história e, portanto, de seu futuro. O que significa "eu" nessa sociedade; o que significa "nós". "Meu" empenho, "nossa" mobilização.

E quando o Padre Sabino encontra essa comunidade, percebe de imediato seu potencial – seu potencial *inerente*. Também sabe que terão de trabalhar juntos para que o progresso seja durável. Cooperar em nível horizontal de modo que, após a morte do padre, o compromisso com um espírito de coletividade permaneça, porque é compartilhado por todos. E quando a presidente da Fundação Ameropa visita Mãe Luiza, entende de imediato o caráter único do que acontece ali – algo tão profundamente humano que ela decide que a Fundação deve apoiar esse esforço. Para uma instituição solidária, é uma oportunidade bem-vinda, uma escolha judiciosa e um investimento inteligente. De fato, quando as comunidades são organizadas, multiplica-se o impacto de qualquer apoio financeiro.

Em seu catálogo, o escritório Herzog & de Meuron escreve que o amplo teto cobrindo a Arena do Morro é uma metáfora da comunidade – um espaço aberto para receber a todos.[8] É inegável que o belo participa da reconquista da dignidade e da renovação do espaço público urbano nas cidades. Outros também entenderam isso. Nessa mesma época, em outras circunstâncias, com maior ou menor participação comunitária e apoio do Estado, a reconquista do espaço público ocorre em outros lugares marcados pela pobreza, pela violência e pela discriminação. Na Colômbia, por exemplo, o grande arquiteto Rogelio Salmona acompanha a transformação das "comunas de la violencia" de Medellín em espaços públicos seguros, acessíveis a todos, e, em Bogotá, "não-lugares" se tornam espaços de encontros pacíficos e intercâmbio cultural. Não é de se surpreender, portanto, que nos chegue a notícia de que na entrada da Arena do Morro membros de gangues larguem as armas – pelo tempo dos eventos esportivos, antes de voltar à luta nas ruas. Como os membros da terrível Mara Salvatrucha, a gangue de uma cidadezinha em El Salvador, que recebeu a medalha pelo mais belo arranjo floral durante as festividades da Páscoa – um magnífico tapete de flores celebrando a beleza de Maria ou das mães dos membros da gangue, quem sabe? Ainda que apenas pelo tempo de uma trégua. E é verdade: a beleza humaniza, a beleza repele a violência, mas não por muito tempo, se não for acompanhada por políticas sociais de envergadura.

Assim, vemos tomar forma um círculo virtuoso magnífico; ao mesmo tempo, contudo, compreendemos suas cruéis limitações: como em qualquer círculo fechado, todos ficam onde estão. As leis da exclusão, imutáveis como as leis da gravidade, reiteram-se ao infinito. Mesmo que, sob o teto da Arena do Morro, os moradores joguem basquete ou deem um concerto, o Estado ainda não cumpre com suas responsabilidades. Mãe Luiza continua vulnerável, à mercê dos ventos inconstantes das reviravoltas políticas, da ganância e da corrupção, das leis do lucro e da inflação, da renovada onda de violência de gangues, ou mesmo de um grande cansaço por parte da comunidade. Para que uma transformação se torne efetiva e sustentável, vários elementos importantes, na verdade todas as partes envolvidas, devem cooperar. Enquanto certos atores de vulto – o Estado e o setor privado, por exemplo – continuarem a negar sua responsabilidade, é difícil ver como esse processo de transformação pode se tornar sustentável. Na verdade, o governo local, regional e nacional tem falhado repetidas vezes – em ação e omissão – em cumprir com suas obrigações e deveres. É sabido, porém, que a colaboração de instituições públicas responsáveis e organizações comunitárias participativas acelera os processos de transformação e muitas vezes produz resultados duradouros. Com o tempo, investimentos em políticas públicas de desenvolvimento, se bem direcionados e judiciosos, podem transformar uma socie- dade inteira, priorizando a redução da pobreza, a melhoria dos serviços públicos de saúde, o treinamento vocacional e outras medidas preferenciais. É também por isso que os Objetivos de Desenvolvimento Sustentável (ODS[9]), formulados pela ONU e promovidos em conjunto pela comunidade internacional, procuram justamente contribuir para esse encontro entre governos, *sujeitos de deveres,* e cidadãos, *sujeitos de direitos,* numa interdependência dinâmica que, se bem compreendida, poderia produzir mudanças duradouras nas estruturas e nas relações sociais.

Neste ponto da nossa reflexão, ainda falta uma outra narrativa. A de um terceiro ator que desempenha um papel único e importante: o setor privado. Como nos recorda a ONU em sua reflexão sobre o papel do setor privado na promoção dos Objetivos de Desenvolvimento Sustentável, é "do seu interesse particular" apoiar sem restrições o Estado de Direito, de modo a fortalecer um sistema de justiça funcional, e o respeito aos direitos humanos, tanto nos países em que opera quanto globalmente.[10] Para esse fim, a ONU conclama a comunidade empresarial a assinar e implementar os Dez Princípios do Pacto Global.[11] Inúmeras multinacionais e empresas privadas estão operando no Brasil, hoje. Desempenham papel importante no desenvolvimento do país. Sua presença ou ausência, suas palavras ou seu silêncio têm um impacto significativo sobre o governo e a política nacional. Ou seja: o setor privado, sobretudo no caso de corporações internacionais, está bem posicionado, ao condicionar seu investimento ou compromisso, para pressionar o governo a favor de políticas que promovam a justiça social e econômica. Além do mais, isso seria *do seu interesse parti- cular*, sobretudo porque hoje, no Brasil, a situação é sombria. O Banco Mundial estima que mais de doze milhões de pessoas vivam atualmente em estado de pobreza extrema.[12] A fome voltou ao país. Sem programas sociais adequados, e diante de uma crise iminente na área da saúde, esse número poderia aumentar em cerca de 70% nos próximos quatro anos. Ao mesmo tempo, o país também enfrenta uma crise ecológica. O número de incêndios florestais na Amazônia brasileira aumentou quase 20% em 2020, em comparação com o ano anterior. As populações indígenas são as primeiras vítimas. Para não mencionar a perda da flora e da fauna. Muitas regiões, como Mãe Luiza, uma comunidade costeira, já sofrem as consequências da crise climática, enquanto o resto do planeta vê um de seus pulmões vitais virar fumaça.

Algo radicalmente inconsistente ocorre aqui, reflete o salmão anádromo. A balança não está equilibrada, a conta não fecha. Não parece justo delegar a responsabilidade de transformar sua realidade apenas à comunidade de Mãe Luiza, mesmo com o amável apoio de seus muitos amigos. A justiça exige mais: requer um comprometimento de igual envergadura por parte de todos para garantir que o governo e o setor privado assumam suas respectivas responsabilidades no cumprimento do contrato social estabelecido pela Constituição brasileira e pelo Pacto Global da ONU.[13] Persistir nesse jogo de paciência em que cada um continua desempenhando o mesmo papel, *sozinho e isolado*, ad infinitum, é agir num círculo fechado. Não faz sentido, e pode até mesmo contribuir para um novo ciclo de vitimização em Mãe Luiza. Ao contrário, seria importante mobilizar o senso de responsabilidade entre aqueles que integram o governo e a iniciativa privada para promover um diálogo verdadeiro entre eles e a comunidade de Mãe Luiza. Além disso, Mãe Luiza está pronta para esse intercâmbio: elaborou – de forma participativa – seu próprio planejamento de desenvolvimento, instrumento útil para estabelecer um diálogo com os candidatos eleitorais, com as autoridades públicas e com o setor privado[14].

E se essa comunidade soube se reinventar sob condições de dificuldade extrema, se essas mulheres e esses homens se puseram de pé, será descabido imaginar que, na esteira desse exemplo, o setor privado e o governo também se ponham de pé e exerçam por fim sua responsabilidade enquanto membros plenos da comunidade global, sujeitos de direitos, sujeitos de deveres? Em suma, que se inspirem eles também em Mãe Luiza!

Mas voltemos à Suíça, onde a Fundação Ameropa e sua matriz estão sediadas. Para seguir na mesma linha de pensamento, sugerimos que se inspirem também em outro preâmbulo, o da Constituição suíça, para suas iniciativas no Brasil e em outras partes do mundo, pois a governança, a economia e o clima não se conjugam mais apenas em nível nacional, mas em nível global. O texto desse preâmbulo é igualmente magnífico, delicadamente bordado à mão, e ainda por cima carrega o selo de "made in Switzerland", o que equivale a dizer que seria *do seu interesse particular* praticar hoje em escala global: "Determinados a conviver, em sua diversidade, com respeito ao outro e à equidade, conscientes das conquistas comuns e do dever de assumir suas responsabilidades para com as gerações futuras, sabendo que só é livre quem usa sua liberdade e que a força da comunidade se mede pelo bem-estar do mais fraco de seus membros..."[15]

Num momento em que o Brasil está pegando fogo, Mãe Luiza continua, sim, vulnerável. Mas se a história de Mãe Luiza é de fato uma tremenda fonte de inspiração, e se as mulheres e os homens de Mãe Luiza conseguiram operar essa incrível metamorfose e se tornar seres humanos dignos, do que cada um de nós seria capaz, aqui e agora, se aceitássemos ser verdadeiramente inspirados – e transformados? Se nos dedicássemos sem trégua à tarefa de transformar nossa sociedade e suas estruturas de modo a alcançar o tão aguardado objetivo da responsabilidade compartilhada em benefício do bem comum?

Nada é impensável. Como prova, se essa comunidade de sobreviventes hoje produz esse excedente de dignidade humana, podemos esperar que o governo e o setor privado também participem de uma dinâmica de verdadeira parceria – e que, reconhecendo sua responsabilidade conjunta, envolvam-se numa espiral virtuosa para o bem comum. Tais parcerias têm o potencial de aumentar a qualidade da vida em comunidade – ou seja, vida *sustentável* em comunidade, na qual as relações sociais são solidárias e atenciosas, e que promove uma interdependência em escala global em que "a força da comunidade se mede pelo bem-estar do mais fraco de seus membros".

E se também abríssemos os olhos – *em nosso interesse coletivo* – e nos puséssemos de pé, o que aconteceria? Concretamente, hoje, no Brasil, na Suíça, no mundo? Hoje. Aqui. Eu. Nós.

Assim, o salmão, aninhado na nascente do rio, respira fundo uma última vez antes de voltar a descer rumo ao mar. Estimando se ainda tem forças, deixa para trás um último rastro de bolhas que sobem à superfície, círculos concêntricos que se transformam em espiral e se perdem no fluxo universal da vida.

1 A ditadura militar durou de 1º de abril de 1964 a 15 de março de 1985. Um relato das graves violações de direitos humanos ocorridas no Brasil entre 1946 e 1988, especialmente durante o período da ditadura militar, foi fornecido pela Comissão Nacional da Verdade, que publicou seu relatório em 10 de dezembro de 2014. Para um resumo do relatório e suas principais recomendações (em inglês), ver: Kai Ambos e Eneas Romero, "The Report of the Brazilian Truth Commission: Late Truth sem Justiça?", *EJIL: Fale!* (blog), 19 de janeiro de 2015, acessado em 18 de fevereiro de 2021, https://www.ejiltalk.org/12892/. O relatório completo (em português) pode ser acessado em: http://cnv.memoriasreveladas.gov.br/audi%C3%AAncias-p%C3%BAblicas.html

2 O "triângulo da violência", de Johan Galtung, fornece uma estrutura útil para caracterizar as diferentes facetas da violência empregadas pela ditadura militar. Ver: Johan Galtung, "Violence, Peace and Peace Research," *Journal of Peace Research* 6, nº 3 (1969): 167–191 e Johan Galtung, "Cultural Violence", *Journal of Peace Research* 27, nº 3 (1990): 291–305.

3 Paulo Freire, *Pedagogia do oprimido* (Rio de Janeiro: Paz e Terra, 1987).

4 Maurice Godelier, *L'Idée et le Matériel – Pensée, Économie et Société,* (Paris : Fayard, 1984) 9, 23–24.

5 Preâmbulo da Constituição de 1988, acessado em 11 de março de 2021, http://www.planalto.gov.br/ccivil_03/constituicao/constituicaocompilado.htm

6 O orçamento participativo é praticado em várias partes do Brasil e da América Latina.

7 Este ditado é amplamente atribuído a Hélder Câmara sem um fonte dada. Para uma seleção de sua ver Francis McDonagh (ed.), *Dom Hélder Câmara. Essencial escritos,* (Maryknoll: Orbis, 2009).

8 https://www.herzogdemeuron.com/index/projects/complete-works/351-375/354-1-arena-do-morro.html

9 https://sustainabledevelopment.un.org/content/documents/15801Brazil_Portuguese.pdf

10 "Business and SDG 16: Contributing to Peaceful, Just and Inclusive Societies", United Nation Sustainable Development Goals Fund, acessado em 11 de março de 2021, https://www.sdgfund.org/sites/default/files/Report_Business_And_SDG16.pdf

11 "Os 10 princípios", acessado em 31 de março de 2021, https://www.pactoglobal.org.br/10-principios

12 Citado por Bruno Villas Bôas em: "Crise pode jogar mais 5,7 milhões na pobreza extrema no país", Valor Econômico, 19 de abril de 2020, acessado em 31 de março de 2021, https://valor.globo.com/brasil/noticia/2020/04/19/crise-pode-jogar-mais-57-milhoes-na-pobreza-extrema-no-pais.ghtml

13 As Nações Unidas exortam as empresas que atuam no setor privado a assinarem o Pacto Global de forma voluntária. As empresas participantes se comprometem a integrar os Dez Princípios em sua estratégia de negócios, cultura e operações cotidianas. Além disso, essas empresas são obrigadas a fazer um relato anual a suas partes interessadas sobre seu progresso na implementação dos Princípios, e seus esforços em apoiar as prioridades da sociedade. Em seu Código de Conduta, a Ameropa, matriz da Fundação Ameropa, afirma que "cumpre voluntariamente a iniciativa do Pacto Global da ONU". Não informa, contudo, que tenha realmente assinado o Pacto Global, e seu nome não consta da lista de empresas signatárias no website da UN Global Compact. Ver: "The Ameropa Code of Conduct, Human Rights", Ameropa, acessado em 31 de março de 2021, https://www.ameropa.com/fileadmin/user_upload/About_Us/Ameropa_Code_of_Conduct_3.10.2018-1.pdf

14 Ver a descrição da rede social *Rede Inclusão e Direito à Cidade (Rede Inclusão)* e sua atuação no website do Centro Sócio Pastoral Nossa Senhora da Conceição: http://centroSóciopastoral.org.br/Rede_Inclusao/ (acessado em 31 de março de 2021)

15 Preâmbulo da Constituição Suíça de 18 de abril de 1999 (em 1 de janeiro de 2020), acessado em 31 de março de 2021, https://fedlex.data.admin.ch/filestore/fedlex.data.admin.ch/eli/cc/1999/404/20180101/en/pdf-a/fedlex-data-admin-ch-eli-cc-1999-404-20180101-en-pdf-a.pdf

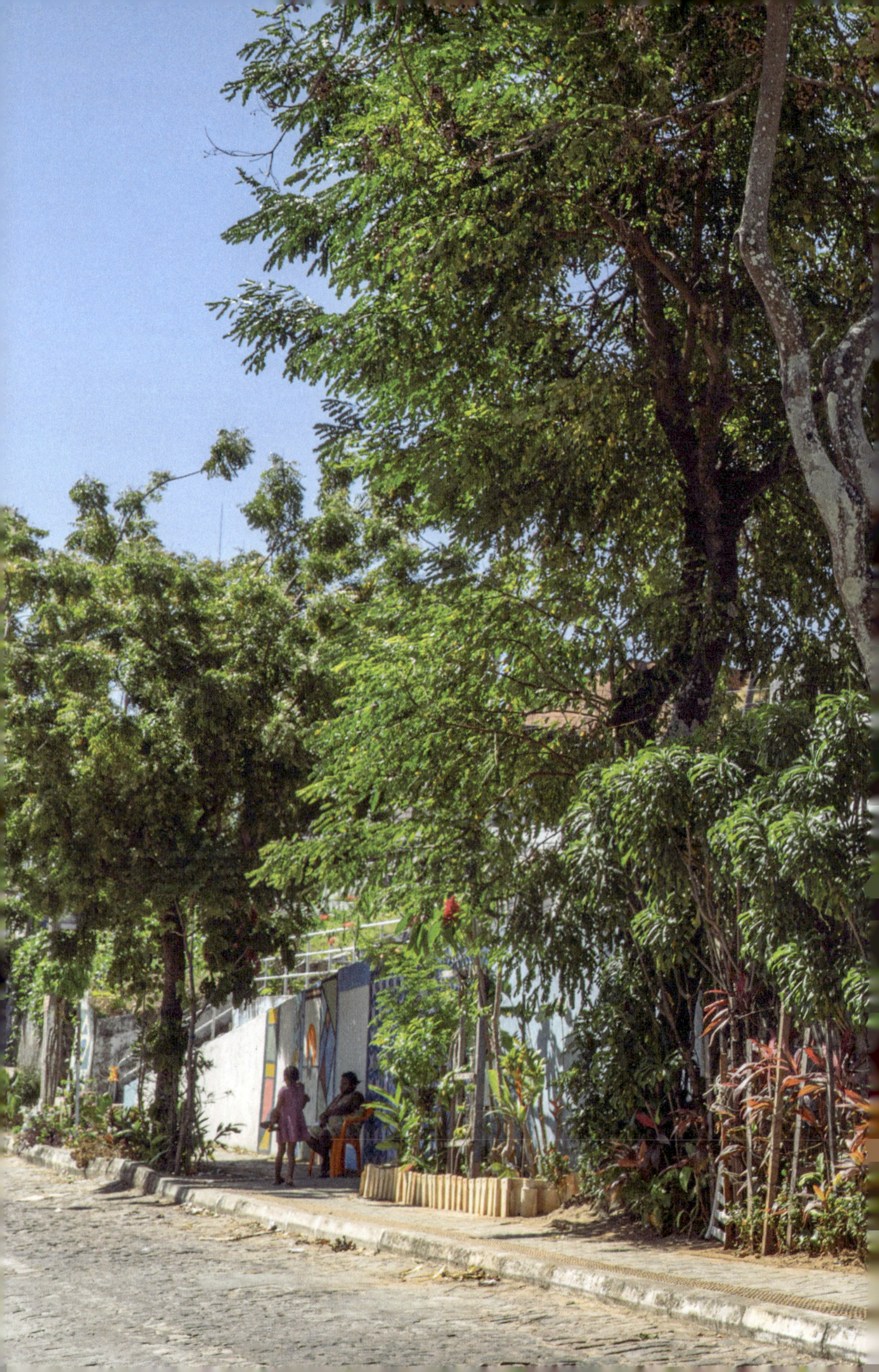

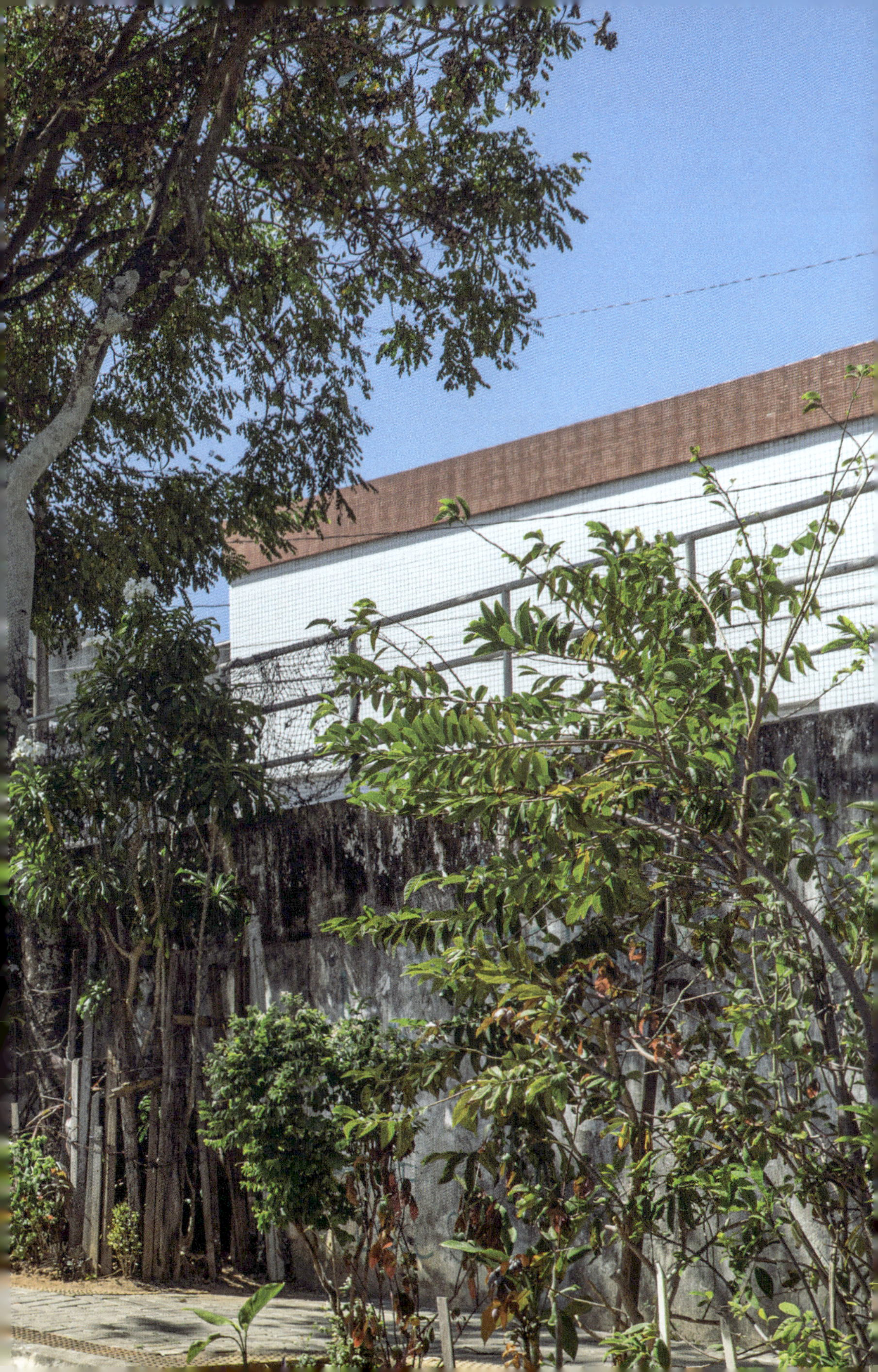

Agradecimentos

Brazil

Lista das pessoas que trabalharam no Centro Sócio a partir de 1988 (contratados ou cedidos)

Adriana Cláudia de Assis
Adriana Maria do Nascimento
Adriana Silva de Paiva Santos
Adriano Costa da Silva
Aíldo Saraiva Peixoto
Alcione Barbosa de Lima
Aldenise Bernardino da Silva
Allyson Amílcar Ângelo Freire Soares
Ana Cláudia Gomes
Ana Heloiza Cassimiro Costa
Ana Lúcia de Assis
Ana Paula Cordeiro da Silva
Andréia dos Santos Coelho
Andressa da Silva Pinheiro
Angélica Nunes Medeiros
Anísio Roberto de Assis
Antonia da Conceição Lima Xavier
Antonio Cristiano do Nascimento
Bartolomeu Silva Carneiro
Bruna Carollina Pessoa de Macedo
Caetano Joana de Araújo
Carlos Alex de Lima
Carlos Magno Dantas de Medeiros
Castro da Silva Rafael Edval de Araújo
Célia Maria de Souza
Célia Maria Oliveira da Silva
Cláudia Maria do Nascimento
Daniel Denysin de Sena Ribeiro
Dayana do Nascimento Vieira de Assis
Deise Bernardino da Silva
Denise Cruz da Cunha
Deygreson Rodrigo Soares da Silva
Diana de Araújo Silva
Dione Paz Bezerra
Divanete Bezerra Santos de França
Djavan Sena Ribeiro
Domingo Barsa Soares
Edione Mendonça Macário
Edjane Mendonça Macário
Edson Rufino Martins
Elizabeth Morais da Costa
Enaide Morais da Costa
Fábio Silva Cristiano
Felipe Francisco de Araújo
Francinalda do Nascimento Cardoso
Francinalda Lima do Nascimento
Francineide Alves de Araújo Silva
Fransueide Alves de Araújo Silva
Francineide do Nascimento
Francineide Lima do Nascimento
Francisca Darc Bezerra de Assis
Francisca das Chagas Silva
Francisca Felicia Lima Rodrigues
Francisco Canindé Faustino de Lira
Francisco de Assis de Souza
Francisco de Assis Nascimento de Castro
Francisco de Assis Pereira de Morais
Francisco dos Santos Anderson
Francisco Eduardo Barbosa
Francisco Lucena de Araujo
Francisco Teixeira da Mata
Geisa Barbosa Marinho
Geisa Felicia Rodrigues de Lima
Geneci Pereira da Costa
Gentil Barbosa do Nascimento
Geraldo da Silva Dias
Gerinaldo Chianca da Fonseca
Gidyonne Christine Bandeira Silva
Gilson da Cruz
Giovana Paiva Oliveira
Girlene Pereira da Costa
Haroldo Melo do Vale
Heriberto Santos da Cruz
Hermínio Pereira de Brito
Hilton de Azevedo Silva
Iara de Araújo
Iara Pereira Matias Lopes
Iaraci Valeriana da Cunha
Ieda Maria de Souza
Ilma Maria da Silva
Inacia Patrícia Felix Miranda de Farias
Iole Bárbara de Oliveira Sbrana
Ion Garcia Mascarenhas de Andrade
Iracy Garcia Mascarenhas de Andrade
Iraíldo Souza de Azevedo
Iranédia Lemos de Almeida
Iraneide de Franca Borges
Irene Rocha de Oliveira
Iriane Maria Bernardo da Silva
Isabelle Katherinne Fernandes Costa
Isanilda Nogueira Bezerra
Ivanilda Salviano de Araújo
Ivanildo da Silva Justino
Ivanildo Hermínio de Lima
Jailson Silva de Souza
Jairo José Azevedo da Silva
Janny Kelly Monteiro Freire
Jaqueline Gomes Felipe da Cruz
Jeann Karlo Dantas Lima
Jefferson Leandro Ramos de Oliveira
Joana Maria de Sena Ribeiro
Joana Maria Teixeira Gomes
Joana Marta de Sena Ribeiro
João Batista de Freitas
João Batista de Góis Filho
João Batista Gomes Soares
João Paulo Araújo
Joel Xavier de Barros
Jorge Lopes da Silva
José Antônio de Souza
José Carlos Euflausino
José Claudio Ferreira da Silva
José da Silva Cláudio
José de Azevedo Joailson
José Guedes
José Guedes Filho
José Jackson da Costa
José Mendes Feitosa
José Pereira de Brito Neto Gutemberg
José Pereira dos Reis Neto
José Roberto da Costa
Joseane Costa da Silva
Joseane Domingas da Silva Gomes
Josefa Maria Santos da Silva
Josélia Silva dos Santos
Josenildo Vasconcelos Guedes
Joseniz Guimarães de Moura
Josilene Silva de Souza
Josilma Gomes Soares
Josinaldo dos Santos Araújo
Josinaldo Euflasino Salviano
Juliana Balduíno dos Santos
Juliane Iasmin do Nascimento Ferreira
Junior Luiz Marinho
Kátia Patrícia Gomes da Silva
Kelly Khristian Vieira do Nascimento
Larissa Maria Souto Moura
Lidiana Silva de Oliveira
Lindalva Maria de Aráujo
Lindemberg Tomaz de Brito
Loyse Madeleine Raboud M. de Andrade
Luana Cibely Leandro dos Santos
Lúcia Helena Coelho Nobrega
Luciana Barbosa Marinho
Luciene Santos da Rocha
Lucileide Barbosa da Silva
Luiz Antônio de Santana
Luiza Belarmino de Oliveira (In Memoriam)
Luzia Francisca de Souza
Maciel Fernando da Silva
Magnólia Tomaz de Brito
Manoel Wilton de Souza

Maoel Nazareno da Silva
Marcelange Tomaz de Brito
Marcelo Karlane da Cruz
Márcio Jose Santos de Araújo
Márcio Ribeiro da Silva
Maria Aparecida da Silva Fernandes
Maria Aparecida Silva de Souza
Maria da Conceição de Lima Ferreira
Maria da Conceição do Nascimento
Maria da Conceição Silvania
Maria Dantas da Silva (In Memoriam)
Maria das Dores do Nascimento
Maria das Graças Lima de Medeiros
Maria das Graças Souza Felix
Maria de Fátima da Silva
Maria de Lourdes Inácio dos Santos
Maria de Oliveira Barbosa Jailde
Maria do Monte Freire do Nascimento
Maria do Socorro Correia Silva de Lima
Maria do Socorro Mota Coutinho
Maria do Socorro Nunes Chagas
Maria do Socorro Silva Soares
Maria do Socorro Vieira
Maria dos Navegantes de Oliveira
Maria dos Santos Lúcia
Maria dos Santos Margarete
Maria Ednalva Paulo
Maria Elizabeth de Souza
Maria Francinalva Cunha
Maria Francisca do Nascimento (In Memoriam)
Maria Lúcia de Souza Carneiro
Maria Tereza do Nascimento Cavalcanti (In Memoriam)
Marinês Bertuleza Cunha da Silva
Marjane Maria Alves Ferraz
Marleide Santos da Silva
Marluce Tavares e Silva
Marly do Nascimento
Máximo Dias de Araújo
Moacir da Silva Rocha
Moelma Cortez de Medeiros
Nágima Lima de Oliveira Silva
Naílda Soares Ferreira
Nascimento Gilmar Silva do
Nélio Paz Bezerra
Nilton Santana Sobrinho
Nisário Pedro da Silva
Odair José Euflasino Salviano
Oscar Vasconcelos Passos
Ozete Barbosa de Moura Souza
Paula Virgínia da Silva
Redja Cristiane Nascimento de Oliveira

Reis José Jerônimo de Araújo
Ribeiro de Lima Gabriel Ribeiro de Lima
Rita de Cassia Rodrigues da Silva
Rosana Célia Dourado Grecco
Rosane Medeiros da Silva
Roseane Paula Veras da Costa
Rosemere Tavares Vasconcelos
Rosimary dos Santos Oliveira
Rosinaldo Sales de Santana
Sandra Maria do Nascimento
Saulo Augusto Ribeiro de Azevedo
Sheny Alida Coriolano Monteiro
Simone Fonseca Silveira
Suerda Balbino Vieira
Valéria Dionizio Duarte
Vanessa Giffoni de M. N. Pinheiro
Vilaneide Cortez de Medeiros
Wanderley Costa dos Anjos

Ex-membros da diretoria

Antônia Maria Augusta (In Memoriam)
Bernardino Franco Marcolino
Francisca Etelvina de Aráujo
Francisco Canindé da Silva
Ivanildo Hermínio da Silva
Jailson Germano Nascimento
Jair Emiliano Carneiro
Joana de Araújo Caetano (In Memoriam)
João Carlos da Silva
José Alberto da Silva
José Antonio da Silva
José de Arimatéia da Silva (In Memoriam)
José François Alves de Araújo
José Gonçalves da Silva (In Memoriam)
Letícia Azevedo da Silva (In Memoriam)
Lindalva Gabriel do Nascimento
Maria Aparecida da Silva Souza
Maria Dantas da Silva (In Memoriam)
Maria de Fátima Oliveira da Silva
Maria de Lourdes Rodrigues
Maria Emília do Nascimento
Maria Juraci da Silva
Maurício Damião de Souza
Oscar Manoel da Silva
Paulo Tadeu da Silva
Rosa do Nascimento Sebastião
Rosenilda Maria da Silva
Sabino Gentili (In Memoriam)

Membros da diretoria 2017–2021

Edilsa Gadelha do Nascimento
Edval de Araújo Castro
Francisca Etelvina de Aráujo
Gentil Barbosa do Nascimento
Ion Garcia Mascarenhas de Andrade
Josélia Silva dos Santos
Loyse Madeleine Raboud M. de Andrade
Luíz Marinho Júnior
Maria Elizabeth de Souza
Robério Camilo da Silva

Pessoas da comunidade que contribuiram

Benedita Pereira Silva de França (In Memoriam)
Edneide Batista de Lima
Francisco Gomes de Lima
Iranilde Bernardo
José de (Zé de Souza) Souza (In Memoriam)
José Humberto da Silva
Josefa Matias da Silva
Manoel Wilson de (Palá) Souza
Margarida Maria Barbosa da Costa (In Memoriam)
Maria da Paz (In Memoriam)
Maria Dantas da Silva (In Memoriam)
Silva Severina Dantas da Silva
Solange Gouveia de Oliveira

Amigos e parceiros ao longo dos anos

Álvaro José Pires Júnior
Ana Célia Cavalcanti
Carlos Eduardo Nunes Alves
Crinaura Maria (In Memoriam)
Eleika de Sá Bezerra
Elisabeth Raboud (In Memoriam)
Ernandes Teixeira
Francisca Iara Lopes Soares
Genoveva Calda (In Memoriam)
Heitor de Andrade Silva
Hermano Morais
Hudson Brandão
Iedson Marques do Nascimento
Irene Alves de Paiva
Ivanildo Soares da Silva

Agradecimentos

Jean-Joseph Raboud
Jessé Dantas Cavalcanti (In Memoriam)
João Batista
João Helder Cavalcanti
Kelvin Johnson Barros da Costa
Lerson Fernando dos Santos Maia
Lucas Batista Neto
Lúcio Medeiros
Marcus Vinícius de Faria Oliveira
Maria Bernadete Pinheiro
Maria Dulce Bentes
Maria Fátima Jorge de Oliveira
Maria Gloria do Nascimento
Maria Virgínia Ferreira Lopes Jean
  Luc Julien Gentil
Marjorie da Fonseca e Silva Medeiros
Marta Maria Castanho Almeida
  Pernambuco (In Memoriam)
Paulo Fernando Batista de Almeida
Paulo Roberto Palhano Silva
Roberto Antunes
Thales Thaynan Lemos Saldanha de
  Araújo
Ubiratan de Lemos
Verner Max Liger de Mello Monteiro
Vinicius Pessoa Albino

Secretaria de educação, cultura e desportos do estado Rio Grande do Norte (SECD)

Ana Zélia Maria Moreira
Martha Vargas Soliz
Patricia Luz de Macedo

Secretaria do meio ambiente e urbanismo do município (SEMURB)

Ana Karla Galvão
Carlos Eduardo da Hora
Daniel Nicolau
Rosa de Fátima de Souza
Ruy Pereira (In Memoriam)

Colaboradores e amigos

Anna Ferrari
Bianca de Bocage
Christian Bannholzer
Erik Schoen

Heiko Klemme
Iwan Baan
Leonadi Finotti
Manuel Herz
Vitoria Barbosa
Xenia Vytuleva-Herz

Suiça

Ameropa Foundation

Membros da Conselho 2001–2019
Andreas Zivy (Co-fundador)
Nicole Miescher (Co-fundadora e Presidente)

Membros da Conselho a partir de 2019
Alix Zacharias
Céline Miescher (Presidente)
Nina Zivy

Membros e amigos da Associação os Amigos de Mãe Luiza

Alain Collioud
Anne Pascale Galletti
Anne Terrettaz
Brigitte Fontannaz
Claude Terrettaz
Corinne Tornay
Dominique Perraudin
Edwige Perraudin
François (Tounet) Perraudin
Georgette Reuse
Isabelle Bruchez
Isabelle Raboud
Jean Jacques Howald
Laurent Bruchez
Maryline Terrettaz
Melinda Bellwald Terrettaz
Michèle Howald
Monique Paini
Muriel Paccolat
Odile Maury
Pierre Tornay
Suzanne Raboud
Victor Terrettaz (In memoriam)
Yves Raboud

Pessoas e organizações que contribuíram ao longo dos 25 anos de parceria da associação dos amigos de Mãe Luiza fundada em abril 1995

Club Archytas
Fernand Terrettaz
Gérard Reymond
Jean Philippe Terrettaz
Sylvaine Rémy Association Constellation

Herzog & De Meuron
"Uma visão para Mãe Luiza", 2009 e Arena do Morro, 2010–2014

Sócios
Ascan Mergenthaler (Partner in Charge)
Jacques Herzog
Markus Widmer
Pierre de Meuron

Equipe de projeto
Caesar Zumthor
Daniel Fernández Florez
Diogo Rabaça Figueiredo
Edyta Augustynowicz (Digital Technologies)
Kai Strehlke (Digital Technologies)
Mariana Vilela (Project Manager)
Melissa Shin
Stephen Hodgson
Tomislav Dushanov (Associate, Project Director)

Estagiários Suíços que trabalharam no Centro Sócio

Aline Raboud de Oliveira Santos
Aude Neuenschwander
Catherine Barman
Céline Dufner
Clélie Riaz
Elizabeth Raichenbach
Eric Hildenbeutel
François Barras
Jocelyne Jean Jacquet Perrin
Lionel Perraudin
Marielle Rupp
Marlene Barbosa
Martina Kiess
Maud Terrettaz

Marc Gavillet
Melanie Grutzner
Nathalie Howald Silva do Nascimento
Nathalie Nicollerat Gabioud
Nicolas Gubler
Salomé Steinman
Stephanie Dessimoz
Vincent Bircher

Jovens da região do vale de Bagnes que participaram do mutirão do SOPAPO (urbanização da favela hoje Conjunto Brisa do Mar)

Beatrice Fellay
Boris Michellod
Claudine Frossard
Damien Frossard
David Chaton
Delphine Frossard
Fabien Terrettaz
Frédéric Terrettaz
Jean Philippe Terrettaz
Marc Frossard
Michel Frossard
Myriam Frossard
Nicolas Terrettaz
Pascal Tornay
Pierre Yves Bourgeois
Raphaelle Bessard
Sarah Abbet
Viviane Gabioud

Estagiários do exterior

Frank Sweetman (Canada)
Heide Hollands (Holanda)
Sérgy Khudenko (Russia)

Alemanha

Amigos do Padre Sabino

Agathe e Friedel Zitar
Barbara Braunmüller
Barbara Höcherl
Dorothee Teufel
Ignaz Dreyer
Johanna e Alfred Mayer
Josef e Rosa Drüszler
Maria Stoppel
Pfarrer Konrad Albrecht

Estagiárias da Alemanha

Barbara Fischer
Carsten Löb
Christiane Lubus
Gabriela Konrad
Isabelle Brunner
Katharina Diener
Nina Matschl

Parceria Mãe Luiza Penzberg

Alessa Peuker
Alexandra Zirn
Benedikt Bernhard
Bertold Grolig
Ernst e Gabi Amschler
Gerd e Margot Klose
Gerhard Prantl
Gisela e Klaus Matschl
Irmi Obermeier e Johannes Deiss
Isabella Watzlawek
Joachim e Ingrid Keller
Manfred e Brigitte Fischer
Monika Aigner
Paula Nagel
Pfarrer Josef Kirchensteiner
Ulrike Schulte-Kulkmann
Willi Berchtold
Wilma Nitsch

Eine-Welt Laden Penzberg (Loja de um mundo Penzberg)

Angelika Siebert
Barbara Braunmüller
Dorle Thanbichler
Regina Herele
Todos os "mulheres da loja"

Coros que atuam no GOSPELS & MORE para o benefício da Mãe Luiza

Regenbogen (Peiting)
Spirit of Generations (Penzberg)
Spiritual Profanists (Weilheim)

Parceria de St. Michael, Kochel am See

Barbara Samm
Erwin e Veronika Fleissner
Hubertus Klingebiel
Pia Pössenbacher
Sandra Heigl

Frauengemeinschaft Mülhausen (Comunidade de Mulheres Mülhausen)

Inge Duffner e amigas

Ajuda Brasil Eggenthal

Christiane Beer
Franz e Angelika Binn
Hanni Steidele
Lisa Trem
Remigius e Rosina Kirchmaier
Sabine Straber

Quando tantas pessoas estão envolvidas em um projeto durante um período tão longo do tempo, é possível, e até provável, que alguém foi esquecido ou não reconhecido na função correta. Os editores pedem compreensão.

Lista dos principais apoiadores

Suiça

Fundação Ameropa

Em 2001, a Ameropa, uma empresa familiar internacional, fundou a Fundação Ameropa.

A Fundação apóia projetos humanitários em países em desenvolvimento. Com uma abordagem de longo prazo, o foco é em a projetos de empreendedorismo, educação para crianças, adolescentes e adultos, bem como projetos de promoção da cultura e do esporte, dando assim à população local a possibilidade de poder realizar um sonho, além de lhes proporcionar uma perspectiva concreta de avançar na vida. Nos últimos vinte anos a Fundação deu vida a 53 projetos, muitos dos quais passaram à uma gestão local sustentável. No final de 2020, o número de beneficiários atingiu mais de cem mil pessoas, criaram-se cerca de cinco mil empregos e mais de sessenta mil crianças, adolescentes e adultos receberam educação.

No início da década de 1990, a Ameropa iniciou sua parceria com Mãe Luiza, uma comunidade de cerca de quinze mil pessoas na cidade de Natal, Brasil. A iniciativa do Padre Sabino, apoiada por parceiros no Brasil, na Alemanha e na Suíça, buscou realizar um projeto holístico, baseado nas prioridades expressas pela comunidade. O Centro Sócio Pastoral Nossa Senhora da Conceição, uma associação comunitária fundada em 1983, implementou projetos para cobrir as necessidades humanas básicas, tais como redução da mortalidade infantil, acesso à água e eletricidade, educação básica, habitação e, por último, mas com igual relevância, as necessidades dos idosos. Esta primeira fase durou cerca de vinte anos. Na segunda fase, que continua até hoje, estão sendo atendidas as necessidades espirituais da comunidade: lazer, esporte e cultura. (Ver a tabela dos marcos historicos nas páginas 105–109). Inclui a Arena do Morro, um centro de esporte e cultura construído pelos arquitetos Herzog & de Meuron, e a Escola de Música.

Desde 2009, a Fundação também atua com um fundo de microcrédito em Kamwokya, uma favela com cerca de trinta mil moradores em Kampala, a capital da Uganda. Depois de ver o positivo impacto das infraestruturas sociais em Mãe Luiza, a Fundação decidiu estender as suas atividades em Kamwokya e investir na construção de infraestruturas sociais, da mesma forma como fora feito no Brasil. Um amplo playground e um salão comunitário, que oferecerão uma variedade de atividades possíveis, foram projetados pela Kéré Architecture e estão em construção. A previsão de conclusão e inauguração é para 2022.

Association des Amis de Mãe Luiza

Em 1986, Loyse Raboud, suíça, estagiou em Mãe Luiza durante um ano. Ela veio para o Brasil para colaborar com os projetos do seu primo Jean-Joseph Raboud e de sua esposa Elisabeth Raboud. Conheceu Ion de Andrade com quem se casou. Juntos continuaram a trabalhar no Centro Sócio com o padre Sabino.

Ao conhecer o trabalho do Centro, amigos e familiares de Loyse passaram a promover eventos para apoiar o trabalho.

Em 1995, decidiram fundar a Associação dos Amigos de Mãe Luiza para favorecer contatos e encontros entre realidades diferentes, promover intercâmbio e trocas culturais como para ajudar financeiramente as atividades permanentes desenvolvidas pelo Centro. Sem fins lucrativos, a Associação acompanha de perto as atividades desenvolvidas pelo Centro e se encanta com a caminhada percorrida.

Laços de amizade e solidariedade se firmaram com o tempo. Hoje Nathalie Nicollerat, presidente da associação, trabalha com um comitê de 9 membros e outros voluntários que colaboram na preparação das diversas atividades desenvolvidas pela associação, como festas anuais e o Dia das Pipas que ocorre a cada dois anos, um boletim é editado duas vezes por ano e distribuído às pessoas amigas para divulgar o trabalho da Associação e do Centro Sócio.

Alemanha

Associação Mãe Luiza de Penzberg

A pedra fundamental da associação foi lançada em 1983: Padre Sabino, então um jovem vigário paroquial em Mãe Luiza, e o Konrad Albrecht, então padre de Penzberg se encontraram pela primeira vez e se tornaram amigos. Eles concordaram em cuidar das necessidades e das preocupações de suas comunidades, superar problemas existentes e dar dignidade e esperança às pessoas que vivem nas periferias da sociedade.

Já em 1983, os "Amigos de Sabino" pensaram em como poderiam apoiar o trabalho de Sabino e, assim, tornaram-se então os pioneiros das "Lojas de Comércio Justo". Eles incentivaram os responsáveis em Mãe Luiza a tornar mais simples os brinquedos infantis que eram vendidos em Penzberg. Com o tempo, a Loja de Comércio Justo precisou de um patrocinador oficial. Assim, em 1987, uma associação foi fundada na paróquia.

Logo começaram contatos intensos com visitas mútuas e anos de voluntariado em Mãe Luiza. Em 1990, a Loja de Comércio Justo foi inaugurada junto à sua associação patrocinadora. Nasceram eventos recorrentes e anuais, como o Dia do Brasil ou Noite do Evangelho. Em 1995, um grande grupo de trabalhadores e responsáveis por Mãe Luiza foi convidado pela primeira vez à Alemanha. Em 2005, por ocasião da Jornada Mundial da Juventude em Colônia, também foi possível que um grupo de dez jovens de Mãe Luiza pudessem passar duas semanas em Penzberg. Desde 2011, Gisela Matschl é a presidente da associação – depois de Joachim Keller – e cuida de manter viva a parceria. A partir de agora, serão organizadas visitas regulares para permitir que a população de Penzberg participe do do que ocorre em Mãe Luiza.

Eggenthal – Ajuda ao Brasil

Como parte da preparação para a primeira comunhão em 1991, a ideia de envolver as crianças em um projeto de ajuda ao desenvolvimento nasceu na paróquia de Santa Afra. As crianças devem ser capazes de ajudar concretamente e compartilhar. O contato com os "Amigos de Sabino" foi estabelecido através de Johanna Steidele.

O que começou naquela época agora se tornou uma tradição: os coroinhas de cada ano e seus pais confeccionam velas de Páscoa e ramos de palmeira e assistem antecipadamente a um filme-palestra sobre o trabalho em Mãe Luiza. Com alegria e sucesso, esses ramos de palmeira são transportados e vendidos pelas crianças de casa em casa. Todos os anos, as crianças arrecadam dinheiro para ajudar o Brasil. O dinheiro arrecadado vai para o Centro Sócio, assim como o lucro com a venda de peças de fabricação própria na festa da padroeira. Também são realizados concertos numa capela, nas proximidades, em favor de Mãe Luiza.

Quando uma visita é organizada pela parceria Mãe Luiza e Penzberg, os apoiadores de Eggenthal sempre se comprometem e se interessam com muita alegria por um encontro.

Paróquia de São Miguel, Kochel – Parceria Mãe Luiza

Em 2003, foi lançado o primeiro alicerce da parceria com Mãe Luiza. Na forma de projeto com candidatos à confirmação da paróquia de São Miguel, em Kochel, Joachim Keller (então presidente da parceria Mãe Luiza) ficou tão entusiasmado com a colaboração com o Padre Sabino Gentili e os vários projetos em Mãe Luiza que se juntou ao comitê missionário em Kochel. Também desejava apoiar o Padre Sabino em seu trabalho.

Tudo começou com a aproximação entre Mãe Luiza e Padre Sabino e os coroinhas por meio de uma apresentação de fotografias, a fim de que o dinheiro arrecadado com a campanha de canções fosse transferido para o Brasil. A parceria com Mãe Luiza também foi discutida na preparação das crianças em primeira comunhão e dos candidatos à confirmação. Isso tem se repetido anualmente desde então.

O contato pessoal com o Padre Sabino e depois com o Padre Robério e colaboradores individuais do Centro Sócio fortalece e consolida essa parceria e se torna cada vez mais visível durante as excursões preparadas com carinho e os serviços religiosos teuto-brasileiros.

Biografias

Paulo Lins nasceu no Rio de Janeiro, em 11 de junho de 1958. É poeta, romancista, roteirista de cinema e televisão e professor licenciado em Língua Portuguesa e Literatura Brasileira pela Universidade Federal do Rio de Janeiro. Consagra-se como romancista com *Cidade de Deus*, publicado em 1997 e adaptado para o cinema por Fernando Meirelles, em 2002, com quatro indicações ao Oscar. Paulo Lins passou a infância e a adolescência no conjunto Cidade de Deus, na periferia da cidade do Rio de Janeiro, cenário de seu premiado romance. Suas publicações foram traduzidas em vários idiomas.

O **ETH Studio Basel** (1999–2018) foi fundado por Jacques Herzog e Pierre de Meuron, Roger Diener e Marcel Meili. Seguiu, até seu fechamento, um programa internacional de pesquisa sobre a cidade contemporânea e sobre os processos de transformação no contexto urbano. Todos os projetos estão documentados em publicações individuais.

A **Herzog & de Meuron** foi fundada em 1978 em Basileia e é liderada por Jacques Herzog e Pierre Meuron, juntamente com os sócios seniores Christine Binswanger, Ascan Mergenthaler, Stefan Marbach, Esther Zumsteg e Jason Frantzen. O trabalho do escritório abarca todos os projetos integralmente. Estes variam de casas particulares de pequena escala, museus, estádios, hospitais, laboratórios, edifícios de escritórios e residenciais, projetos de espaços públicos e praças a planejamento urbano e visões territoriais.

Ion de Andrade é pediatra, epidemiologista e pesquisador da Escola de Saúde Pública do Rio Grande do Norte. É o atual vice-presidente do Centro Sócio Pastoral Nossa Senhora da Conceição em Mãe Luiza.

Lars Müller é editor e designer gráfico. Em 1982, inaugurou seu estúdio e, um ano depois, publicou seu primeiro livro. Como Lars Müller Publishers, publicou mais de oitocentos títulos nas áreas de arquitetura, design, fotografia, arte e sociedade. Há muitos anos leciona em várias universidades na Europa e nos Estados Unidos.

Nicole Miescher cresceu na Suíça e estudou cinema no Institut de Hautes Études Cinematographiques (IDHEC) em Paris, bem como fotografia no CCA em Oakland, Califórnia. Gerenciou uma fábrica de parafusos na França e foi diretora da Ameropa AG. É cofundadora da Fundação Ameropa e atuou como sua presidente até 2019.

Tomislav Dushanov é arquiteto. Estudou na Harvard Graduate School of Design e atualmente é associado da Herzog & de Meuron. Com mais de dezoito anos de experiência, liderou e concluiu projetos de arquitetura na Espanha, na França, no Brasil, na Rússia, no Reino Unido na Suíça. Nasceu na Bulgária em 1970 e atualmente mora em Basileia, na Suíça. Dushanov foi diretor de projetos para a Arena do Morro.

Andrea Lorenzo Scartazzini, nascido em Basileia, na Suíça, onde ainda vive, é compositor de música clássica contemporânea. Suas obras incluem óperas, música para orquestra e música de câmara, interpretadas em renomados teatros por orquestras de toda a Europa.

Ascan Mergenthaler é sócio sênior da Herzog & de Meuron. Dirigiu a conclusão de vários projetos internacionais, incluindo o de Young Museum em San Francisco, o Tate Modern Project em Londres e o Elbphilharmonie em Hamburgo. Mergenthaler foi sócio responsável pelo Ginásio Arena do Morro.

Dulce Bentes é professora titular do Departamento de Arquitetura da Universidade Federal do Rio Grande do Norte em Natal, Brasil.

Edilsa Gadelha é pedagoga. É responsável pela Escola Espaço Livre e faz parte da Diretoria do Centro Sócio Pastoral Nossa Senhora da Conceição.

Erminia Maricato é arquiteta e urbanista brasileira, professora titular aposentada da Universidade de São Paulo. Ocupou cargos na prefeitura de São Paulo e no governo federal brasileiro. Maricato formulou a proposta de criação do Ministério das Cidades, em que atuou como vice-ministra.

Jacques Herzog estudou arquitetura no Instituto Federal Suíço de Tecnologia (ETH Zurique). Junto com Pierre de Meuron, ele fundou a Herzog & de Meuron em Basileia em 1978. Foi professor visitante na Universidade de Harvard, professor na ETH Zurique e cofundador do ETH Studio Basel Contemporary City Institute.

Josélia Silva dos Santos é professora de história e educadora popular. É responsável pela Casa Crescer e faz parte da diretoria do Centro Sócio Pastoral Nossa Senhora da Conceição.

Loyse Raboud de Andrade é assistente social especializada em gerontologia. É responsável pelo Espaço Solidário, lar de idosos de Mãe Luiza.

Mô Bleeker é antropóloga, especialista em transições políticas, desenvolvimento e questões humanitárias. Ela passou várias décadas trabalhando em uma variedade de ambientes afetados pela violência, guerra ou em transição de regimes autoritários para democráticos. Muitas vezes atuando como mediadora, ela se especializou em questões de participação, lidando com o legado de atrocidades do passado e a prevenção de atrocidades no futuro.

Nicholas Fox Weber dirige a Fundação Josef e Anni Albers há mais de quarenta anos e é o fundador e presidente da Le Korsa, uma organização sem fins lucrativos que atua nas áreas de medicina, educação e cultura na zona rural do Senegal. Escreveu dezesseis livros e contribuiu para The New York Times, Le Monde, Vogue e The New Yorker, entre outras publicações.

Pierre de Meuron estudou arquitetura no ETH Zurique. Junto com Jacques Herzog, fundou a Herzog & de Meuron em Basileia em 1978. Foi professor visitante na Universidade de Harvard, professor na ETH Zurique e cofundador do ETH Studio Basel Contemporary City Institute.

Raymund Ryan é curador e crítico de arquitetura. Nascido em Cork, Irlanda, atuou duas vezes como comissário irlandês na Bienal de Veneza. Desde 2003, é curador do Heinz Architectural Center no Carnegie Museum of Art em Pittsburgh, Pensilvânia.

Robério Camilo da Silva é sacerdote, nascido na cidade de Poço Branco, RN-Brasil, em 1959. Mestre em Teologia Bíblica, professor de Bíblia, presidente do Centro Sócio Pastoral Nossa Senhora da Conceição, mora no Bairro de Mãe Luiza, Natal-RN.

Verner Monteiro é professor assistente do Departamento de Arquitetura da Universidade Federal do Rio Grande do Norte. Também é professor do Instituto Federal do Rio Grande do Norte.

O projeto que descrevemos nesse livro é a prova do valor da paciência, persistência e determinação e também do impacto e sucesso que pode resultar da construção comunitária de iniciativas de longo prazo. Tem sido muito gratificante ser parte da ampla colaboração que vem produzindo uma contínua transformação em Mãe Luiza.

Estamos determinados a continuar com essa parceria e estamos ansiosos em compartilhar os ensinamentos e os sucessos desse projeto com outras comunidades de Natal, do Brasil e de todo o mundo, como a Fundação Ameropa já está realizando em Kamwokya, Uganda. Lá a Fundação tem desenvolvido vários projetos desde 2011 e está agora, inspirada pela experiência de Mãe Luiza, construindo um centro esportivo e comunitário, projetado pela Kéré Architecture.

Fundação Ameropa e Centro Sócio Pastoral Nossa Senhora da Conceição, 2022

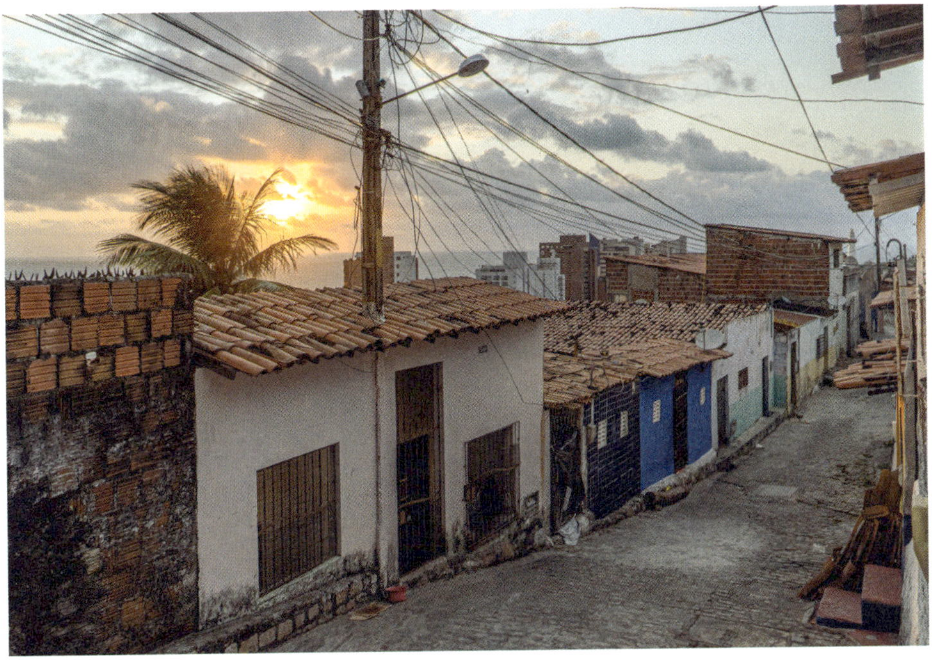

https://www.facebook.com/GryphusEditora/

twitter.com/gryphuseditora

www.bloggryphus.blogspot.com

www.gryphus.com.br

Este livro foi diagramado utilizando a fonte Garamond e Suisse Int'l
e impresso pela Gráfica Vozes, em papel offset 90 g/m²
e a capa em papel cartão supremo 250 g/m².